特洛伊战争是历史，还是神话和诗篇？

解构荷马史诗，
探索特洛伊战争背后的谜团和真相，
重现英雄人物以及
那个鲜明多彩的世界。

BARRY STRAUSS

THE TROJAN WAR: A NEW HISTORY

〔美〕巴里·施特劳斯 / 著

王舒琴　杜萍 / 译

Published by agreement with Baror International, Inc., Howard Morhaim Literary Agency,
New York, U.S.A. through The Grayhawk Agency Ltd.

特洛伊
The
战争
Trojan
旧史新解
War
A New History

社会科学文献出版社
SOCIAL SCIENCES ACADEMIC PRESS (CHINA)

谨以本书献给

斯考特和凯伦，朱迪和乔纳森，拉里和
莫林，以及罗娜和理查德

作者说明 / 001

特洛伊战争相关事件时间线 / 002

关于古代史和考古学的说明 / 004

地　图 / 012

前　言 / 016

Contents /

第一章　红颜祸水 / 028

第二章　黑船起航 / 047

第三章　滩头堡行动 / 066

第四章　攻墙之战 / 087

第五章　肮脏战争 / 103

第六章　陷入困境 / 121

第七章　杀戮场 / 137

第八章　夜色下行动 / 152

第九章　赫克托尔的进攻 / 166

第十章　阿基琉斯之踵 / 182

第十一章　特洛伊木马之夜 / 195

尾　声 / 206

重要名词解释 / 213

注　释 / 224

参考文献 / 249

致　谢 / 281

作者说明

本书大部分引文来自亚历山大·蒲柏的《伊利亚特》和《奥德赛》译本，少部分为精确起见为作者自译。

荷马本人从未使用过"希腊人"一词，而是用阿开奥斯、达南人、阿尔戈斯人，有时也会用赫伦人。现代学者所指的希腊人是青铜时代晚期的迈锡尼人。为简洁起见，本书所提希腊人一般是指青铜时代的希腊人。

除非另做说明，本书所有青铜时代（约前3000~前1000年）的时间皆为近似时段。

特洛伊战争相关事件时间线

青铜时代	公元前 3000~ 前 1000 年 *
迈锡尼文明高度繁荣	前 1450~ 前 1100 年
后迈锡尼文明时期	前 1180~ 前 1050 年
特洛伊 VI	前 1740/1730~ 前 1300 年
特洛伊 VI i（之前被称为特洛伊 VII a）	
	前 1300/1210~ 前 1180 年
特洛伊 VI j（之前被称为特洛伊 VII b1）	
	前 1210/1180~ 前 1130 年
特洛伊 VII b2	前 1130~ 前 1050 年
特洛伊战争	前 1210~ 前 1180 年
赫梯帝国时期	前 1380~ 前 1180 年
古埃及新王国时期	前 1550~ 前 1075 年
美吉多之战	前 1479 年
阿马尔奈文书	前 1382~ 前 1334 年
卡迭石之战	前 1274 年
青铜时代亚述帝国鼎盛时期	
	前 1300~ 前 1200 年
乌加里特毁灭	前 1187 年
古希腊王宫被毁	前 1180 年
海上民族	前 1200~ 前 1100 年
古希腊黑暗时代	前 1050~ 前 800 年

---

* 所有时间皆为近似时段。

希腊古风时代　　　　　前 800~ 前 700 年
希腊字母发明　　　　　前 750 年
荷马时代　　　　　　　前 8 世纪
《伊利亚特》和《奥德赛》于雅典问世
　　　　　　　　　　　前 560~ 前 527 年

关于古代史和考古学的说明

传统意义上，古希腊历史始于公元前 776 年，正值第一届奥林匹克运动会举办。巧合的是，希腊字母的样本最早可以追溯到约公元前 750 年。因此无论是传统上还是学术上，人们一致认为所有发生在希腊公元前 8 世纪之前的事件都应归为"史前史"。但很大程度上多亏了考古学家，我们才能了解到很多"史前"希腊历史。部分认识甚至来自珍贵的文字文献，因为在希腊字母发明的几个世纪前，希腊抄写员①都是用一种特殊的书写系统做记录，即线形文字 B（Linear B writings），它约在公元前 1450~前 1180 年使用，之后便销声匿迹。不过其他史前文化中存留下来了更多的书写文字，为我们研究史前希腊提供了许多重要的历史信息。

接着我们会进行更加详细的说明：首先大致了解一下古希腊的历史。公元前 750~前 323 年，古希腊城邦发展到鼎盛时期。其中，公元前 750~前 480 年被称为古风时代（the Archaic Age），而公元前 480~前 323 年则被称为古典时代（the Classical Period）。古典时代晚期，马其顿（Macedon）国王亚历山大三世，也就是闻名遐迩的亚历山大大帝（Alexander the Great），征服了整个希腊和其东部的波斯帝国（the Persian Empire），由此开启了希腊－马其顿王国（Greco-Macedonian kingdoms）的新纪元，即公元前 323~前 30 年的希腊化时代（the Hellenistic Age）。之后希腊－马其顿王国又被罗马帝国（the Roman Empire）取代，而后者延续到公元 476 年，分裂为西部的蛮族王

---

① 这些抄写员多为有知识和有身份的僧侣。——译者注（后文页下注皆为译者注）

国和东部的拜占庭帝国（the Byzantine Empire）。

关于特洛伊战争的几乎所有书写证据均产生于从古风时代到罗马帝国时代的1200年间。但为了了解到底发生了什么，我们需要再往前看。古风时代开始前的400年统称为希腊黑暗时代（the Greek Dark Ages，约公元前1150~前750年）。"黑暗"指的是这段历史没有文字记录，但考古学家发现的实物证据可以帮助我们了解那个时代。

另一个重要的时代就是从公元前1000年到公元元年的黑铁时代（the Iron Age）。在这1000年间，炼铁术的改进使铁器成为农耕中最耐用的农具和战场上最坚韧的武器。黑铁时代前的2000年，即约公元前3000~前1000年，为青铜时代。其间最广泛的农耕用具和战时武器是青铜器，铁器虽已为人知，却十分稀少。这个青铜时代就是本书的设定背景。

古希腊的青铜时代一般分为三个阶段：早期（公元前3000~前2100年），中期（公元前2100~前1600年），以及晚期（公元前1600~前1150年）。显然，要把年代如此久远的事件与特定时间一一对应是相当困难的，所以本书的大部分时间仅为相对和接近，并不能十分肯定。也就是说，我们或许会说A比B年代久远，或者说A处于公元前1600~前1500年这个时段，但在此基础上就很难说得更加精确了。

有时我们可以从现存文献中得到帮助，如可以得知埃及有哪些国王和他们各自的统治时期（尽管我们还是不能确认具体日期）；有时获知曾经发生过一次日食或月食，就可以依靠天文学知识得到相应时间。在极少的情况下，还可以根据过去的生物遗迹（骨骼、贝壳、矿物等），在实验室通过放射性碳年代测定法、中子活化分析、树木年代学（在结合树木生理学、降水和其他环境因素的基础上清点树木年轮）来推测相应年代。比如，通过树木年代学，就可以粗略推测出火山爆发导致锡拉岛（the island of Thera）树木毁灭的时间大概是在公元前1628年。

但是这样的例子实在少之又少，因为最后的结果取决于样本保存质量好坏，同时在实验室检测十分昂贵。树木年代学检测需要大量古代树木样本和发掘地附近年轮相似的树木，与正在研究的样本进行比对，而放射性碳年代测定法只能把范围缩小到百年而非年。

因此，许多发掘出来的文物只能用更加简易的方法粗略估计年代。对历史学家来说幸运的是，过去文明的遗迹往往会分层沉积。举个例子，试想一座建于公元1700年的老房子在一个世纪后被拆除，在此又重建了一座新房子，那么就可以知道老房子的遗迹必定在新房子遗迹的下面。所有玻璃、木头、砖瓦、艺术品和其他事物，以及老房子的地基，其时间都可以确定在距今1700~1800年。如果我们能抽取古代陆地土壤的一个历史“层段”，如在古希腊，就会发现历史上的不同层段一个摞着一个。这些不同层段的学名为地层（strata），专门研究它们的学科叫作地层学（stratigraphy）。地层学是考古学家在确定年代时最重要的工具之一。

以特洛伊为例，其在青铜时代被划分为数层，每层都对应这个城市的不同时期。比如，特洛伊 I 是约公元前3000~前2600年；而特洛伊 VIi（以前称为特洛伊 VIIa）则是约公元前1300~前1180年。两个分层有时表现差异巨大，有时几乎没有任何差别。比如，特洛伊 VIh（约公元前1470~前1300年）和特洛伊 VIi 间几乎没有差别，但特洛伊 VIj（以前称为特洛伊 VIIbl，约公元前1180~前1130年）和特洛伊 VIi 则差异显著。

在古文明遗迹的地层中最常见的是陶器。仔细追溯陶器形状和风格的变化，谨慎记录地层中发现的特殊陶器碎片，相关专家就可以确定考古地层的相应年代，有时甚至可以把范围缩小到30年左右。

学者们以陶器分析和地层学结合为主要手段，设计出了研究古希腊青铜时代的相对年代测定系统。由于一些年代已经确定，所以早期、中期和晚期青铜时代就成为架构古希腊史前史的基础。在此基础上细分，又有青铜时代中期Ⅲ和青铜时代晚期ⅡB1等。

测定陶器生产年代有时可以精确对应到某个地区，而这些年代主要适用于希腊本土和其周围岛屿。在特洛伊所在的安纳托利亚半岛，年代测定主要采用岛上自产的陶器，其中许多是仿制受众广、对外销量好的希腊产品。因此，特洛伊的陶器年代测定与希腊不同。

考古虽然主要是发掘陆地土壤里的东西，但也包括搜寻海面以下。过去几十年，地中海水下考古以可观的发现异军突起。对于了解特洛伊战争的背景，两艘发现于土耳其、一艘发现于希腊的青铜时代沉船起到了巨大作用，它们分别是约建造于公元前1300年的土耳其乌鲁布伦沉船（Ulu Burun wreck）、约建造于公元前1200年的土耳其格里多亚角沉船（Cape Gelidonya wreck）和希腊伊利亚角沉船（Point Iria wreck）。这三艘沉船带来了出人意料的有趣发现。

正因为牵涉如此众多的因素，确定青铜时代的大事时间才十分复杂且常常存在争议。把这些作为大致依据考虑一下：公元前2000~前1450年，克里特岛上的文明繁荣兴盛。这个文明围绕宏大的王宫建筑群铺开，即著名的米诺斯文明（Minoan）。米诺斯人是勤劳的农民、勇敢的水手、聪明的商人和伟大的艺术家。尽管尚不清楚他们是何民族，但可以确定的是，他们并不是希腊人。

约公元前 2000 年，第一批说希腊语的人从东部岬角来到希腊。这是一个好战的民族，他们从早期居民手里夺取了希腊半岛。青铜时代晚期（约公元前 1600~前 1100 年），一批尚战尚武的国家崇尚新移民文明并以此统治希腊半岛，这些国家中最重要的是迈锡尼、底比斯（Thebes）、梯林斯（Tiryns）和皮洛斯（Pylos）。我们称他们的文明为迈锡尼文明。从线形文字 B 文献可知，他们说希腊语，并和他们的古风时代和古典时代的后代一样，崇拜异教神明。总之，他们是希腊人。有证据表明，迈锡尼人自称阿开奥斯（Achaeans）或达南人（Danaans）——与阿尔戈斯人（Argives）一样，都是荷马对他们的称呼。新王国时期（New Kingdom）的埃及文本称"达南亚"（Danaja）王国及其城市为迈锡尼和底比斯。这是对荷马政治框架的独立确认。

迈锡尼人多是水手、士兵、入侵者和商人。公元前 1490 年前后，他们征服了克里特的米诺斯人，占领了其殖民地东部爱琴海诸岛和安纳托利亚的米利都（Miletus）。接下来的几个世纪里，迈锡尼人主动参与战争、外交、贸易和文化交流，并与地中海东部大国进行王室联姻。至少赫梯国王在外交信函中给予了一位迈锡尼国王地位平等的称呼。尽管从线形文字 B 中我们无法发现事件细节，但在武器和战争方面我们得到了大量信息。如果特洛伊战争真实发生过，那它就是迈锡尼时代的一件大事——在公元前 12 世纪迈锡尼文明衰落前的最后的大事之一。

迈锡尼人最大的竞争对手是安纳托利亚的哈梯（Hatti），亦即今天所知的赫梯（the Hittites）。赫梯大帝地位显赫，足以与亚述（Assyria）、巴比伦（Babylon）、米坦尼（Mitanni）和埃及统治者平等对话，也足以向他们发起战争。这六个王国贯穿青铜时代晚期，实力强悍。

赫梯帝国从他们建在安纳托利亚高原中部的据点哈图沙（Hattusha）俯视四方，角逐当时的世界霸权。他们本欲向南扩张到安纳托利亚的地中海沿岸，向东扩张到叙利亚，但是后期却被卷入西安纳托利亚风云变幻的政治局势当中。多亏考古学和金石学带来的证据，我们才得以知晓其间丰富的故事内容——其中多不为人所知。

证据主要来自哈图沙的赫梯王室档案，包括数千块泥板，此外还有从赫梯其他城市发现的几百块泥板。这些泥板上的文字大部分是赫梯语，楔形文字为其书写系统，约使用了 500 个楔形符号。还有从各地发现的刻在石头上的碑文或刻在金属上的铭文。其中一些是象形文字，是一种类似画谜的图片文字书写系统，但和著名的埃及象形文字不同，他们使用的语言是卢维语（Luwian）。卢维语十分近似赫梯语，在安纳托利亚南部和西部使用广泛。青铜时代过后，卢维语依然存在。现存卢维语碑文或铭文甚至迟至公元 3 世纪。还有就是青铜时代的巴莱语（Palaic），主要在西北安纳托利亚使用，但还未发现相应的书写系统。

东地中海地区在青铜时代还有其他的书写系统。阿卡德语（Akkadian）原本在美索不达米亚地区（现今伊拉克）使用，是当时的国际外交语言。阿卡德泥板发现于塞浦路斯（Cyprus）、叙利亚西北海岸的商业之城乌加里特（Ugarit）、埃及以及它和赫梯间的边境王国阿穆鲁（Amurru）。除此之外，还从强大的马里（Mari，公元前 1800~前 1750 年）发现了许多关于战争的资料——这些记载早于特洛伊战争 500 年左右，因此需要谨慎使用。公元前 13 世纪亚述帝国的阿卡德铭文和碑文也是关于国家争端和战争的巨大资源库，它们大致与特洛伊战争同期。

再把目光转向黎凡特（Levant）的阿马尔奈文书（Amarna Letters，大多数是在公元前1382~前1334年），它们是地中海东部的王公贵族尤其是埃及法老与其属国迦南（Canaan）间的往来书信。这些信件记载了许多外交活动和战争，多是小型战争和低强度冲突。这些信表明，在公元前1450~前1250年出现了历史上第一个国际体系。站在埃及新王国时期（公元前1550~前1070年）能征善战的法老们的角度上看，他们确实为后世留下了一批宝贵的军事财富。

最后，各种史诗神话、古代近东地区留传下来的祈祷仪式、苏美尔人的《吉尔伽美什》（Gilgamesh）和乌加里特的《基尔塔》（Kirta）等，都和特洛伊战争相关。尽管有一些要追溯到公元前2000年甚至更早，但我们从中可以得知其活动轨迹和技术发展。

青铜时代晚期西安纳托利亚的众多王国中，对我们来说最重要的是维鲁萨（Wilusa），因为它是各种国际争端和城市战争的主体。许多学者都认可这样一种说法：希腊人一开始称其为维利昂（Wilion），接着是伊利昂（Ilion），也就是特洛伊。

从公元前3000年到前950年的2000多年里，特洛伊是青铜时代的一个大型城市。黑铁时代初期，特洛伊被弃城；大约在公元前750年，特洛伊被希腊殖民者重新入主，但此后只是希腊一个不起眼的小城市。青铜时代曾有一批又一批不同民族的人住在特洛伊，他们虽未留下判断他们种族的线索，却留下了发生在这片土地上有关财富、战争，有时还是悲剧的痕迹。这座城市时不时就会被火灾、地震、战争毁灭，然后再重建，周而复始。从废墟里发掘出的文物有闪闪发光的金子、珍贵的艺术品，还有曾经富丽堂皇的建筑物的遗址。青铜时代晚期，特洛伊是爱琴海附近最大的城市，是重要的中心城市，与安纳托利亚中部、黎凡特或美索不达米亚地区的大城市相当。青铜时代晚期的特洛伊控制了附近一个重要港口，且周边有大量的城墙、壕沟、栅栏，以防止入侵。要说哪个时代的特洛伊对应特洛伊战争时的伟大城市的话，那么这个就是。

关于特洛伊战争的文本资料中，两部史诗极为重要：《伊利亚特》（Iliad）和《奥德赛》（Odyssey）。之所以被称为史诗，是因为它们讲述的是很久以前的人类英雄事迹。《伊利亚特》的背景是在特洛伊战争尾声，包括两个月之久的军事冲突。《奥德赛》则讲述了英雄奥德修斯（Odysseus）从特洛伊长途跋涉回到故乡的故事，只添加了少部分关于特洛伊战争的细节。这两部史诗均被认为是诗人荷马所作。

还有其他著于古风时代描写早期希腊的诗篇，它们一起被称为"史诗集成"（Epic Cycle）。其中6部讲述了《伊利亚特》和《奥德赛》中未曾描述的特洛伊战争的部分。这些诗篇是：《库普利亚》（Cypria），讲述了特洛伊战争爆发和之后九年的故事；《厄提俄皮斯》（Aethiopis），讲了特洛伊的埃塞俄比亚和亚马孙女战士联军；《小伊利亚特》（Little Iliad）说的是木马计；《伊利昂的毁灭》（Iliupersis）讲的是特洛伊的沦陷；《返乡》（Nostoi）则是英雄尤其是阿伽门农返回故乡的故事；《泰列格尼》（Telegony），是《奥德赛》的后续。不幸的是，现在仅有一些史诗集成中的引文和故事简介留存于世。后来许多古代作家通过这些史诗或其他文献来评价荷马。

最后，在绘画和雕塑上，古代艺术常常表现出特洛伊战争的细节部分，这对于后世历史学家的研究有不可估量的价值。

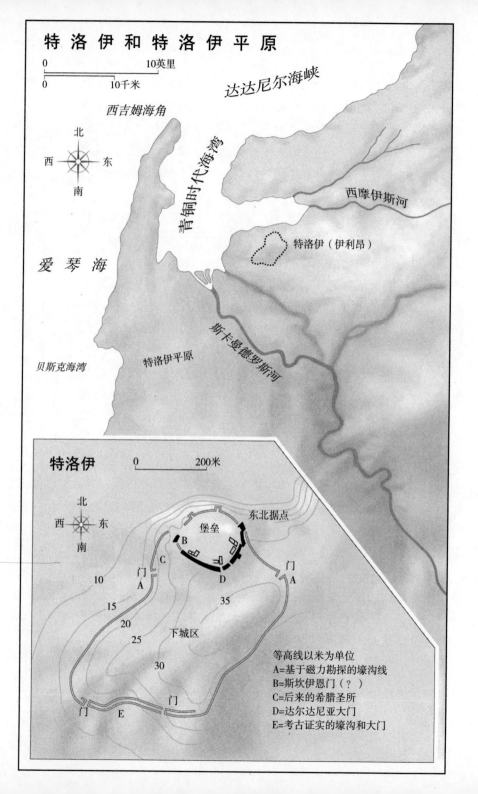

特洛伊和特洛伊平原

0 ——— 10英里
0 ——— 10千米

达达尼尔海峡

西吉姆海角

北
西　　东
南

青铜时代海湾

西摩伊斯河

特洛伊（伊利昂）

爱琴海

斯卡曼德罗斯河

贝斯克海湾

特洛伊平原

特洛伊

0 ——— 200米

北
西　　东
南

堡垒

东北据点

B

C

门
A

D

门
A

10

15

20

25

下城区

30

门

门
E

35

等高线以米为单位
A=基于磁力勘探的壕沟线
B=斯坎伊恩门（？）
C=后来的希腊圣所
D=达尔达尼亚大门
E=考古证实的壕沟和大门

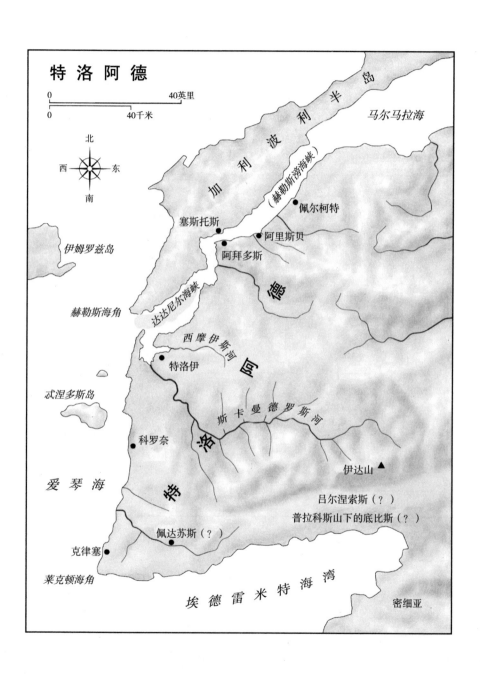

特 洛 阿 德

0 ——————— 40英里
0 ——————— 40千米

北
西 ✦ 东
南

马尔马拉海

加利波利半岛

（赫勒斯滂海峡）

佩尔柯特

塞斯托斯

阿里斯贝

阿拜多斯

伊姆罗兹岛

达达尼尔海峡

德

赫勒斯海角

西摩伊斯河

特洛伊

阿

忒涅多斯岛

斯卡曼德罗斯河

洛

科罗奈

伊达山 ▲

特

爱琴海

吕尔涅索斯（？）
普拉科斯山下的底比斯（？）

佩达苏斯（？）

克律塞

莱克顿海角

埃 德 雷 米 特 海 湾

密细亚

青铜时代的希腊

黑海
博斯普鲁斯海峡
马尔马拉海
达达尼尔海峡
斯特律蒙河
赫布鲁斯河
色雷斯
马其顿
奥林匹斯山
萨摩色雷斯岛
伊姆罗兹岛
利姆诺斯岛
特洛伊
斯卡曼德罗斯河
安纳托利亚
伊庇鲁斯
色萨利
弗提亚
爱琴海
莱斯博斯岛
希俄斯岛
赫穆斯河
爱奥尼亚海
帕纳苏斯山
斯基罗斯岛
以弗所
门德雷斯河
伊塔卡
底比斯
彼奥提亚
萨摩斯岛
科林斯海湾
奥利斯
阿提卡
米利都
科林斯
雅典
迈锡尼
梯林斯
哈利卡纳苏斯
阿卡迪亚
阿尔戈利斯
基克拉迪群岛
希腊十二群岛
伯罗奔尼撒半岛
斯巴达
拉科尼亚
罗德岛
克里特海
克诺索斯
克里特岛

0   150英里
0   150千米

北
西 东
南

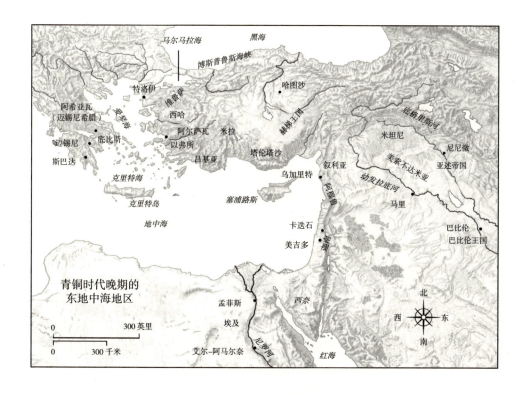

青铜时代晚期的东地中海地区

马尔马拉海　黑海
博斯普鲁斯海峡
特洛伊　维鲁萨　哈图沙
阿希亚瓦　西哈
（迈锡尼希腊）　爱琴海
底比斯　阿尔萨瓦　米拉　赫梯王国　底格里斯河
迈锡尼　以弗所　米坦尼　尼尼微
斯巴达　吕基亚　塔伦塔沙　美索不达米亚　亚述帝国
克里特海　乌加里特　叙利亚　幼发拉底河　马里
克里特岛　塞浦路斯　巴比伦
地中海　卡迭石　巴比伦王国
美吉多
青铜时代晚期的
东地中海地区　西奈
孟菲斯　北
0　　300英里　埃及　西　东
0　　300千米　南
艾尔-阿马尔奈　尼罗河　红海

前　言

特洛伊地处亚欧交界处，既是战争要塞，也是贸易枢纽。它虽频频遭受战争，却仍然繁荣昌盛，备受瞩目。达达尼尔海峡（the Dardanelles Straits）钢青色的海水于特洛伊汇入爱琴海，并以特洛伊为通向黑海的出海口。在古代，北风常常干扰这里的航运，而特洛伊这座城始终得到避风港庇护，于是商人逐利而来，大批掠夺者蜂拥而至。自此，城墙、勇士和流血成了这座城市生活的主旋律。

荷马史诗记录了希腊人如何攻打特洛伊，在此之前的 2000年，人们为了特洛伊争夺不休。以后的数百年间，从亚历山大大帝入侵到 1915 年的加利波利之战（the Gallipoli Campaign），场场战役的军队都越过特洛伊的古老城墙。

考古学家也来到特洛伊。1871 年，海因里希·施里曼（Heinrich Schliemann）声称在达达尼尔海峡入口附近的土墩发现特洛伊遗址，一时引起轰动。施里曼是一位极有天赋的业余考古迷，却也不排除他只是个欺世盗名之徒的可能。但是，130 年来，大批训练有素的考古学家都愿意追随他的脚步，并为出土工作打下了坚实且科学的基础。因为相信荷马史诗具有真实性，所以他们接踵而至。

但荷马史诗所描述的确实是真的吗？就算特洛伊古城真的存在，那么它是否同荷马所描述的城市一样壮观？它是否遭到过希腊舰队来犯？特洛伊战争真的发生过吗？

新的证据证明特洛伊战争似乎确有其事[1]，再次震惊世人。自 1991 年以来，考古发现层出不穷，几近于一场考古革命。这种种发现，皆可以印证荷马所言不虚。二十年前，特洛伊看起来只是一个仅有半英亩的小城堡。而现在，根据从 20 世纪 90 年代开始的新的考古研究结果，我们知道特洛伊面积实际上约为 75 英亩，是一座黄金之城，琥珀色的麦浪摇曳其间。

我们的研究范围不仅仅局限于荷马史诗和希腊文献，我们还从赫梯文献中发现了这里的塔瑞萨或维鲁萨指的就是荷马史诗中的特洛伊或伊利昂——"伊利昂"是希腊语早期形式中的"维利昂"。由此可见，特洛伊其实是用来指代古代近东某地区的一个名词。

大约三十年前，当时的学者认为特洛伊人就是希腊人，与攻击他们的人同族。最近发现的特洛伊城市规划证明并非如此，因为它看起来很像安纳托利亚城市，却不像希腊城市。新文献显示，特洛伊人可能会说一种与赫梯密切相关的语言，特洛伊是赫梯的盟友。特洛伊盟友的敌人是希腊人。

希腊人是青铜时代的维京人。他们建造了历史上第一批战舰中的部分类型。希腊人左手操纵方向舵，右手紧握剑柄，就这样乘船横跨爱琴海，浩浩荡荡，一路驶入地中海东、中部地区。他们的策略或是大规模远征，或是小规模突击；他们的名义或是应国王号令出战，或是做强盗出海抢劫；他们的身份或是正式兵、水手，或是可以随时摇身一变，成为商人掠夺者，抑或是雇佣兵、信使、世代的宾朋。维京船干柱上的龙头之于盎格鲁－撒克逊人的意义，正如希腊军舰干柱上的鸟喙之于地中海岛民或安纳托利亚人。公元前 15 世纪，希腊人征服了克里特岛、爱琴海西南诸岛和安纳托利亚爱琴海沿岸的米利都城，然后东驱吕西亚（Lycia），越海抵达塞浦路斯。公元前 14 世纪，他们奋起反抗西安纳托利亚的赫梯首领。公元前 13 世纪，他们开始与爱琴海东北部诸岛对峙，这对特洛伊构成了巨大的威胁。公元前 12 世纪，他们成为"海上民族"的一支，加入了劫掠的浪潮，先后来到塞浦路斯、黎凡特、埃及，最终定居非利士（Philistine）。这就是青铜时代希腊人的生活状貌：哲学家勉强糊口，掠夺者盆满钵盈。

公元前1200年前后的特洛伊战争也许只是一个更大谜团的一小部分。不论特洛伊战争场景是否取证于荷马史诗，我们大多数读者对荷马史诗的印象都是与该场景截然不同的。像阿基琉斯之踵、卡珊德拉的警告等故事，我们都认为它们源于特洛伊战争，但其实荷马史诗对于这些只字未提。所以说，"印象"这个词真是极其贴切。

请先细想荷马所言：他借两部长诗讲述故事，一部是《伊利亚特》，又称《伊利昂的故事》或《特洛伊的故事》；另一部是《奥德赛》，又称《奥德修斯的故事》。根据荷马的说法，富裕的特洛伊城及其盟友与所有希腊人结成的联盟发生冲突，双方战士奋勇厮杀，这一仗一打就打了十年。这是历史上的一场大战，双方军队至少有10万人，包括1184艘希腊军舰。双方各有英雄人物。这也是一场十分重要的战争，甚至连奥林匹亚众神也主动参战。

特洛伊城宏伟壮观，其堡垒坚不可摧。战争的起因一是特洛伊王子帕里斯受美丽的斯巴达王后海伦的诱惑，二是斯巴达的宝藏失窃。之后，希腊人兵临特洛伊，要求对方将海伦和宝藏一并归还斯巴达的国王墨涅拉俄斯（Menelaus）。但特洛伊人拒绝了。在随后的九年战争中，希腊人不断抢劫、摧毁特洛伊的乡村和周围的岛屿，不过一直没能攻入特洛伊城内。具有讽刺意味的是，《伊利亚特》只肯着墨于特洛伊平原上的对阵。其实，平原之外爆发的战争要更多，而且时不时还会有突袭战。甚至，关于这场旷日持久的对抗冲突，《伊利亚特》只记载了其第九年里短短两个月的战事。[2]

第九年，希腊军队先是遭遇了凶猛的流行病，紧接着希腊最伟大的勇士阿基琉斯又率领部下发动了兵变。这样一来，希腊军队几乎瓦解。这次兵变仍是为了女人，只不过这一次女主角成了美丽的布里塞伊丝（Briseis）。她本是阿基琉斯的战利品，却被希腊总指挥官阿伽门农抢去。阿基琉斯怒不可遏，率领部下直接撤离战场。阿伽门农亲率其余兵力顽强抵抗敌军，整整四天，战况惨烈。《伊利亚特》以此为重点，进行了详尽的描述。赫克托尔王子率领的特洛伊军队趁阿基琉斯不在，差点把希腊人赶下大海。10小时后，为保住希腊营地，阿基琉斯派出高级指挥官和密友帕特洛克罗斯（Patroclus），让他们二人率军重返战场。帕特洛克罗斯初期获胜，后来因为野心太大反而战败。赫克托尔在特洛伊平原上杀了他。阿基琉斯复仇心切，立刻奔赴战场，不仅手刃赫克托尔，还将敌军打了个落花流水。他怒气冲天，不停虐待赫克托尔的尸体。特洛伊国王普里阿摩斯（Priam）央求阿基琉斯归还赫克托尔的遗体，因为他还想要将儿子火化或土葬。而阿基琉斯最终点头答应。此时的阿基琉斯悲伤更甚，却也更加智慧。他十分清楚，不久他也要命丧战场，这是命中注定的。

《伊利亚特》以赫克托尔的葬礼作结。《奥德赛》主要描述的是战争结束后希腊英雄奥德修斯的艰难返乡之路。在一系列的倒叙中，它解释了奥德修斯如何设计并实施他天衣无缝的计划，即让希腊战士藏身于特洛伊木马中，并运送特洛伊木马入城。阿基琉斯在先前的战斗中死去，未能看到最后的胜利。《奥德赛》还提到了海伦与墨涅拉俄斯同返斯巴达。不过，关于特洛伊战争的大部分内容，荷马史诗都未记载。所以要想知道更多的细节，我们还得从别的诗歌里寻找答案，或者说不要全部指望希腊、罗马诗歌。

埃涅阿斯（Aeneas）原本只是《伊利亚特》中的一个小角色，维吉尔著拉丁语史诗《埃涅阿斯纪》时，却将他描写成了大英雄。维吉尔认为，是埃涅阿斯一手建成了罗马。（或者，更确切地说，是他建造的小城之后发展为罗马。）不过在荷马史诗中，等希腊人收兵、特洛伊重建以后，埃涅阿斯受神的指引成为特洛伊之王。

请再来看看新证据如何帮助我们改变刻板印象：我们对特洛伊战争的大部分认知其实是错误的。过去我们认为，特洛伊平原上勇士的决斗就能决定这场战争的胜负；特洛伊人被困城内，根本无法反击希腊人；特洛伊木马一定只是个神话传说。但是，今天我们发现，特洛伊战争期间，低强度冲突是战争的主要形式，有时无辜百姓也会受到牵连。它与第二次世界大战不同，更像是一场反恐战争。特洛伊城没有被围。希腊人反而是处于弱势地位的，只有一招可以帮助他们攻下特洛伊城：这招很可能就是"特洛伊木马"。

《伊利亚特》讲述的是一场王者之间的拳击比赛，比赛公开透明，在正午时分进行，以击倒对方结束。特洛伊战争是一千个单独的摔跤比赛，选手在黑暗中战斗，通过绊倒对手获胜。《伊利亚特》是一个关于英雄阿基琉斯的故事。特洛伊战争是一个关于骗子奥德修斯和幸存者埃涅阿斯的故事。

《伊利亚特》之于特洛伊战争，犹如《最长的一日》（The Longest Day）之于第二次世界大战。《伊利亚特》中为期四天的战斗不能代表特洛伊战争，第二次世界大战中盟军在西欧发起反攻的诺曼底登陆战役（D-Day）也不能代表第二次世界大战。《伊利亚特》既未记载特洛伊战争的全部细节，也称不上收录了

/ 005

典型事件。事实上，这些故事更显古怪离奇。

荷马在陈述事实的同时，也会夸大、扭曲事实。但持怀疑论的学者，走向极端，直接对荷马全盘否定。新的发现证明，诗人荷马对青铜时代的了解程度超乎我们的想象。史诗中可以见到明显的古希腊后期的痕迹，因为荷马生活在公元前 700 年前后，大约是特洛伊战争后 500 年。还好，他保留了故事的基本事实。

如果荷马是青铜时代的诗人，那么特洛伊战争就是青铜时代的冲突。这是一个关键的突破点，因为青铜时代战争的相关记录保存完好。考古学家们很久以前就表明，在青铜时代希腊确实存在荷马描述的武器和盔甲；最近的发现又将它们指向特洛伊战争的时代。像荷马一样，线形文字 B 文献将希腊军队称为勇士首领的集合，而不是希腊后期文献中的野蛮人的组织。

但是，证明特洛伊战争发生在青铜时代的最充分证据来自古代近东。在公元前 13 世纪和公元前 12 世纪，青铜时代的文明是国际性的。贸易和外交、移民、王朝婚姻甚至战争都能促进文化交流。因此，来自亚述、迦南、埃及、赫梯和美索不达米亚的充足证据，也可以帮助我们准确理解《伊利亚特》和《奥德赛》中的事件。

/ 006

荷马笔下的一些看似难以置信的事情可能是真实的，因为这与古代近东的青铜时代文明存在相同或相似的地方。例如，假扮逃兵，夜间偷袭，争夺牲畜，使用青铜时代的铁箭头，双方将领出战代替军队交战，侮辱敌人尸体，集会时国王争相喊叫，战场上士兵也以嘶喊声的大小作为衡量勇气的标准，把流泪作为男子气概——这些与许多其他细节并不是荷马的发明，而是青铜时代生活的真实写照。

除了记录青铜时代的习惯，荷马还再现了青铜时代的文学风格。荷马虽是希腊人，但他借鉴了近东的宗教、神话、诗歌和历史。通过借鉴法老、赫梯或汉谟拉比（Hammurabi）的年代记录者所用方式创作，荷马为他的诗赋予了一种真实的气息。例如，荷马描绘的双方的斗士像超人一样冲入敌军，杀出一条血路——就像法老一样，经常被描绘成战斗中的超级英雄。具有讽刺意味的是，荷马越夸张，人们反而越觉得他作为青铜时代的代表是真实可靠的。甚至要进一步了解青铜时代，必须明白荷马笔下神灵的重要性，即使它令无数历史学家头疼，毕竟那个时代总是把神放在战争的核心地位。那个时代的人们，总是认为战场上会有神显灵，坚信女神的庇护是胜利法门，而冒犯神灵则会遭受传染病之害。这些都有据可查。

那么荷马是否有可能描述了在他五个世纪以前发生的战争的真相？诗中没有记载公元前 1200 年到公元前 750 年间的希腊，但是近东有关事件还留有记录，如公元前 1200 年后希腊和近东之间的商贸之路。大约公元前 1000 年，希腊人再次强渡爱琴海并沿着安纳托利亚海岸建立了殖民地。传说荷马去过其中一个殖民地或附近的爱琴海岛屿。如果是这样，这位诗人就有机会接触到特洛伊战争的相关记载——甚至可能读过特洛伊版本的《伊利亚特》。

不过，讲故事的形式可不止写作一种。《伊利亚特》和《奥德赛》作为口头诗歌，是吟唱时即兴所作，在很大程度上基于历史悠久的短语和主题。当荷马创作史诗时，他站在一个悠久的传统的尽头，在那里，诗歌经由专业歌手代代传唱。他们就没有借助写作这一形式。他们是吟游诗人，借歌唱光辉岁月里的种种伟大事迹来娱乐消遣。通常情况下，吟游诗人的成功之处在于他能够推陈出新——但太新颖也不行，因为听众最喜欢听到的还是优秀的老故事。

我们可以假设特洛伊战争确实发生了。也就是说,希腊联盟袭击并最终击溃了特洛伊。在确认这是真的之前,我们必须仔细检查荷马所写的所有细节。以战争的长度为例,荷马说特洛伊战争持续了十年;确切地说,他说希腊人在特洛伊战斗期间遭受了九年的苦难,在最后的第十年才取得胜利。但我们不能按字面意思理解这些数字。先排除其他理由,单看这一点:在古代近东,有这样一个表达——"九次,再来一个第十次"[3],意思是说"一遍又一遍直到最后"。这是一种修辞手法,就像今天英语里的短语"十有八九"是表示"通常"而不是指字面数字。这样看来,荷马极有可能使用了历史悠久的表达来表示特洛伊战争持续了很长时间,但其实不到十年;要么还有一种可能,那就是在荷马那个时代这个短语被曲解了。

那么特洛伊战争到底持续了多久呢?我们不得而知。我们只知道,它持续了很长一段时间,但可能还远远不止十年。这是一场持久战。毕竟,特洛伊是值得争抢的宝地。

/ 008

特洛伊的富有得益于它的地理位置。荷马称特洛伊为"多风的特洛伊",不仅是因为这里阵风多发,更因为它是一个气象奇迹。这座城市崛起就是因为它位于达达尼尔海峡入口,这条水道连接爱琴海和黑海。在其鼎盛时期,特洛伊占地 75 英亩,人口有 5000~7500 人,这样的实力使它成为青铜时代的大城市和地方中心。[4]

特洛阿德(Troad)确实是一块风水宝地。这里淡水丰富,田地里谷物丰收,牧场非常适宜养牛,小鹿满林子奔跑,金枪鱼等鱼类在海里畅快地游着。还有来自北风之神玻瑞阿斯(Boreas)的特别礼物:夏季通航时,玻瑞阿斯通常在达达尼尔海峡唤起大风，为期30~60天，有时一次持续数周。在古代，由于技术所限，人们无法掌控航向，船队只能以"之"字形逆风而行，这样北风就阻碍了在达达尼尔海峡的航行。在通航季节的大部分时间里，船长必须在特洛伊的港口待命，直至风势减弱。特洛伊人成为滨水区的领主，变得富有，少不了玻瑞阿斯的功劳。

特洛伊人是世界上最伟大的掮客之一。掮客很少受到爱戴，特别是当他们利用恶劣的天气挣钱时。除了纺织品之外，特洛伊人或许只有一类商品可卖，就是他们那出了名的良驹。马匹经销商类似于今天的二手车销售员。当时，花言巧语的特洛伊人可能找到了骗人的法子，骗了不知多少底比斯人或迈锡尼人。

特洛伊可能并不受欢迎，但凭借其天然优势和商业头脑，特洛伊和平且繁荣——要不是被幻想蒙蔽，它或许可以一直这样和平与繁荣下去。不幸的是，特洛伊处在夹缝中，见证了两个帝国的碰撞。在古代再找不到哪个地方比它还危险。东边是赫梯人，伟大的将士驱赶着战车，冲出中部高地，控制着安纳托利亚以及近东大部分地区。在西方有一股力量——希腊人正在崛起，其海军在爱琴海上施压。这两个好战的民族算是一对表亲。他们都讲印欧语，都是在公元前2000年前后从更远的东方来到地中海。这对对手从未侵入对方的心脏地带，却将脾气撒在夹在他们中间的人身上。

西安纳托利亚是青铜时代晚期的"波兰"，富有，文明程度高，但夹在两个帝国之间。在大约40000平方英里的区域（大致相当于美国肯塔基州，或者大约五分之四个英格兰）内，国家之间利益纷争，局势动荡不安——又有赫梯人和希腊人在其间随时准备煽风点火。长期以来，数十个王国之间发生了一系列无休止的战争，在动荡的无主之地上争权夺利。

对于那些声称拥有爱琴海岛屿且在安纳托利亚立足的希腊人来说，特洛阿德是一个威胁也是一个诱惑，既是直指希腊人心脏的匕首也是通向赫梯人心脏地带的桥梁。它还是眼前最丰富的战利品来源。特洛伊是一个主要的区域中心，是从叙利亚和埃及，甚至从高加索和斯堪的纳维亚运发的货物的中转站。掠夺成性的希腊人怎能忍住不去争抢呢？但这颗果子可不是好摘的。

特洛伊是一个坚固的堡垒。特洛伊的平原很宽广，但除此之外，它并不是个适合血腥斗殴的地方。一年中的大部分时间地面是湿透的，战车难以推进。可能这里发生过疟疾——没有确切证据。另外，特洛伊还有自己的军队和众多盟友。特洛伊虽然强大，但也有一些弱点。其腹地分布有 28 个城镇，更不用说附近岛屿上更多的城镇，然而没有一个城镇拥有与大都市城墙相匹配的防御工事。这些地方有大量货物供应，希腊人爱抢的女人不计其数。

希腊人是经验丰富又有耐心的入侵者，他们已准备好应对旷日持久的冲突。居住于魔鬼海域与酒红色的海之间的帐篷和避难所的人命运悲惨，但没有人是为了舒适而成为维京人。特洛伊人享受着财富和文化修养带来的所有回报。但希腊人有三个优势：他们不那么文明，更有耐心，而且得益于船只他们具有战略机动性。最终，希腊人超越了特洛伊的文化优势。特洛伊战争由此爆发。

这场战争可能发生在公元前 1230 年至公元前 1180 年之间，更确切是在公元前 1210 年至公元前 1180 年之间。后一段时间里，特洛伊城被熊熊烈火摧毁。武器（箭头、矛头和吊索）的存在以及未埋葬的人体骨骼都证明曾有一场洗劫，即突然的暴力袭击。根据考古学家最近的一项调查，特洛阿德的城镇可能在公元前 1200 年前后遭废弃，与入侵时间一致。

然而，一些怀疑论者否认特洛伊战争的真实性，因为在特洛伊废墟中发现的武器数量相对其他被洗劫的古城较少。但特洛伊从来不是一个远离纷扰的地方。它是古代的最佳旅游景点，其土壤被挖出来以便亚历山大大帝和奥古斯都等贵宾游客探宝。后来为修建希腊和罗马神庙的阶梯，城堡被彻底夷为平地。这不是在重建城市，这是在破坏青铜时代的遗址层。特洛伊被烧杀抢掠的传说，在之后的世纪里，吸引各路游客前来一探究竟。考古证据与这一图景相吻合。

但一些历史学家仍对特洛伊战争的时间感到疑惑。公元前1180年前后希腊本土的豪华宫殿，从迈锡尼到皮洛斯，以及其间的许多地方，都被摧毁。在这种情况下，希腊人是否还有可能在公元前1210年到公元前1180年之间袭击特洛伊？是，历史总是充满了戏剧性的逆转。例如，大多数日本城市在1945年成为废墟，但仅仅四年前，也就是1941年，日本袭击了美国。此外，希腊神话说特洛伊战争其实是希腊内部的战争和混乱，这可能恰好符合考古证据。最后，公元前1210~前1180年希腊的骚乱使特洛伊战争发生的概率更大，因为它可能诱使希腊政客向海外输出暴力。

历史不是石头或文字的历史，而是人的历史。是不是有一位名叫海伦的王后，海上千帆皆为她的美貌而战？有没有一个名叫阿基琉斯的勇士，以一腔怒火屠灭了数千人？埃涅阿斯艰苦奋战，只是为了当上国王，笑到最后？赫克托尔、奥德修斯、普里阿摩斯、帕里斯、赫库芭（Hecuba）、阿伽门农、墨涅拉俄斯和忒耳西忒斯（Thersites）又如何？他们是真实存在的还是诗人虚构的？真实情况不得而知，但我们知道名字是口头文化中最容易传递的东西，这增加了他们是真人的可能性。此外，我们几乎可以说，要是荷马笔下的英雄真的不存在，我们还得自己创造出他们。假如没有阿基琉斯，别的希腊勇士也会使用他那种计策来攻城，并徒步与战车对抗。也许海伦的美貌真的引动了一千艘战舰出战，也许没有一艘军舰是因她而出海。不管怎样，青铜时代的王后一直有强大的权力。国王们会为了联姻联盟发动战争。普里阿摩斯也许不曾统治特洛伊，而阿拉克桑都斯（Alaksandu）和瓦尔姆（Walmu）却有统治经验，从与傲慢的贵族结交到奉行一夫多妻制，种种迹象表明，荷马描写的普里阿摩斯的生活，恰如其分地反映了安纳托利亚统治者的生活。所以本书将视荷马史诗中的角色为真实存在的人物。读者应该牢记，他们的存在虽是合理的，但未经证实。本书有关他们的描述以荷马史诗为基础，但细节之处必尽我所能求证于考古学、金石学、艺术等。

有了这些资料支撑，让我们先和我们的女主角打个招呼。她是她那个时代的精神代表，新的证据增加了她的确存在的可能性。而且她离家出走，去了多风的城市。玻瑞阿斯是这座城市的常客。在它所停留的水路要道，常有士兵偷牲口、抓人。

/ 013

　　她就是特洛伊战争的导火索——海伦。海伦身穿一袭飘逸的毛料礼服长裙，由女奴精巧织就，配以黑色、灰褐色和深红色条纹，由于事先用油脂处理过，触感柔滑，还闪着淡淡的微光。虽然袖子遮住了海伦的上臂，却露出了她珍珠般白皙的小臂，并配以金臂镯缠绕手腕。领口处饰以同样风格的两枚胸针；衣服裁剪修身，高腰的设计再配上金色的腰带更显海伦丰满的胸脯。为防头发干涩，特地涂了一层护发油脂，并在头上恰到好处地束了一根缀有宝石、装饰华美的发带，海伦的脸庞在她美丽长发的映衬下显得愈发动人。海伦的额前垂有一缕卷发，头上的一部分头发盘成卷发样式，其余披垂腰间，波浪般的黄褐色卷发闪耀着淡淡的光泽，十分优雅动人。[1] 侍女每天早晚都要用象牙梳子为海伦盘发。由于健康状况良好并且妆扮得宜，海伦显得面色红润而有光泽；细致描画的眼线，与海伦亮晶晶的眼睛相得益彰。喷过香水后，海伦身上散发出鸢尾花和康乃馨的馨香。用一句赫梯谚语来形容的话，就是爱情像一只小狗，对她紧追不舍。[2]

　　但这天晚上，却是一个男人在追求海伦。他就是帕里斯，特洛伊王子，带着最新的现役军舰来参加希腊一场重要的外交活动。他很清楚他最好在希腊留下一个好印象，因为希腊和特洛伊是竞争对手，而且希腊不会放过特洛伊暴露出的任何一丝软弱。但也正因如此，帕里斯会尽力施展他的外交手段。在受到斯巴达

/ 014

国王墨涅拉俄斯的盛情款待后，帕里斯认为他也必须表现出绅士风度。但在情场和战场，他皆不厌诈（all's fair in love and war）——某些情况下可以为了达成目的不择手段。

　　试想这样一个场景：海伦和帕里斯第一次见面是在为帕里斯

接风的国宴上，毫无疑问是在松林里的墨涅拉俄斯的宫殿[3]里，拉刻代蒙（Lacedaemon）富饶的小山[4]上。这一行人坐在觐见室里用餐。[5]觐见室是个高大宽敞并建有四根柱子支撑的大厅，柱子中间有一个壁炉，壁炉的烟徐徐升起冒出天井。武装卫兵站在壁画前，壁画上绘有猎鹿的狮群和原地警戒的狮鹫（鹰头狮身兽，griffin）。祭神后，宾客在镶银的椅子上就座。帕里斯坐上座，即坐在国王和王后之间。

帕里斯和墨涅拉俄斯可能上身着亚麻无袖长袍（linen tunic），下身着束有腰带的褶裥短裙（kilt）；短裙由精细的手工羊毛织物做成，可能会做成有图案装饰且裙边缀有平整流苏的裙片。墨涅拉俄斯戴了一顶王冠，以示他是希腊人民拥护的国王，而帕里斯可能也戴了一顶在安纳托利亚常见的冠冕。他们二人都很有可能戴有一枚图章戒指。墨涅拉俄斯可能留有齐肩长发，胡须整洁，但绝不是八字胡；从赫梯的时尚来看，帕里斯可能脸部光洁，但是在后颈处把头发绾了一个结。希腊王室和贵族都穿着皮质凉鞋，而帕里斯则可能穿着安纳托利亚国王穿的靴子。

光脚侍者先是来回匆匆地送上油灯、给宾客洗手用的金银罐和碗，之后就开始上菜。晚宴有蜂蜜、无花果、面包，以及王室库藏的上等肉类，如羔羊肉、小山羊肉、兔肉、鹿肉，还有野猪肉。为了特别欢迎王室出身的客人，还会有鱼。在当时的希腊，普通肉类就算是平民也吃得到，鱼却是国王专享，因为捕鱼需要耗费大量人力物力，同时陆路运输价格高昂，而且鱼肉同其他肉类相比更不易储藏。

这些食物会用大量酒精冲洗干净。更受宾客青睐的是鸡尾酒，这种酒是由葡萄酒、啤酒、蜂蜜酒，可能还有一些松脂在一个大碗里混合调制而成；树脂酒在青铜时代的希腊就已广受欢迎。宾客饮酒的杯子是一种两侧有耳、宽口浅底的高脚杯，绘有精美纹饰的陶杯，或是纯金、纯银杯。一旁有吟游诗人歌唱英雄事迹为宾客助兴。在上无花果和羔羊肉之间的这段时间，海伦和帕里斯可能说了他们之间的第一句话。

他们很可能说的是希腊语。特洛伊人说的要么是卢维语——南部和西部安纳托利亚高原的主要语言，要么就是巴莱语，即北部安纳托利亚高原的主要语言。这两种语言都属印欧语系，与赫梯语十分接近。但是外来语在特洛伊那样的转口港城市想必会被广泛使用，尤其是希腊语，商人、陶工甚至与安纳托利亚贵族联姻的贵族都说希腊语。所以特洛伊的精英阶层似乎都会说两种语言——他们的母语和希腊语；他们都有两个名字，比如帕里斯——这只是荷马用希腊语译的卢维语名字帕里－兹提斯（Pari-zitis）[6]，而他的希腊名字就是亚历山大。特洛伊精英人士可以自由进出希腊世界，包括墨涅拉俄斯的宫殿。

事实上，希腊和特洛伊很可能缔结友谊并代代相传，因为这层关系对商业发展十分有利，也会让他们威名远扬。譬如希腊王国皮洛斯，位于斯巴达以西，此地的线形文字 B 文献记录下了一个名为"特洛伊男人"[7]的军事指挥官和一个名为"特洛伊女人"[8]的拥有小块土地的房屋承租人。这些名字可能被赋予了象征国际友谊的意义，就像在后来的希腊，斯巴达的一位雅典朋友就给他的儿子取名为"拉刻代蒙尼俄斯"（Lacedaemonius）[9]，即斯巴达。

一些古代文献坚信那时墨涅拉俄斯将要去往国外：一个紧急事件把他匆匆叫去克里特。但如果他真的留下海伦给他们独处的机会，那墨涅拉俄斯真的就是自克洛诺斯（Cronus）以来最大的傻瓜了。克洛诺斯相信瑞亚（Rhea），但瑞亚却利用这份信任帮助他们的儿子宙斯夺取王位。墨涅拉俄斯应该更关注海伦的感受：显然海伦的其他追求者做到了这一点。

一句出自某个希腊使者之口的话，一封来自某个间谍的信，一首从某个特洛伊客栈传出的下流小曲，个别或所有这些关于海伦并不快乐的暗示，促使帕里斯行动起来。这位斯巴达王后总是四处暗送秋波，而帕里斯希望成为她视野中的唯一一人。帕里斯爱女人，他对待女人的手段就如同对他那张著名的弓一样娴熟。但是在海伦这里，棋逢敌手。

荷马笔下的海伦对生活充满激情，为人聪慧，善于操控人心。荷马给了海伦一双敏捷的手，使得她能够在对方毫不知情的情况下成功下药。她向后靠着椅子，把脚放在凳子上休息，仿佛一位即将宣判的法官，或者像一只拱起背部、蓄势待攻的猫。海伦可能是爱与美的女神阿佛洛狄特（Aphrodite）的宠儿，但她绝不是任何人的玩物。尽管她很年轻——可能现在还只是二十出头，但已是一个经验丰富的女人。她是一位王室公主，斯巴达国王廷达瑞俄斯（Tyndareus）的女儿，在一些神话版本中，她是宙斯的女儿；母亲是勒达（Leda）或复仇女神涅墨西斯（Nemesis）。

那只是神话，但作为青铜时代的王后，海伦手中握有的权力可是实打实的。在安纳托利亚尤甚。这片母神的土地，可是名副其实的女强人的家园。考古发现可能会证实希腊王后的位高权重，但根据现有证据，我们只能寄希望于东方。就海伦而言也是如此。帕里斯就是一张去往安纳托利亚的车票，这可能是上天对海伦祈祷的回应。在特洛伊做一个拥有权势的公主，也好过在斯巴达做一个懊恼沮丧的王后。

荷马笔下的帕里斯可谓英俊潇洒、风流多情。他品位高雅，敏捷强壮，而且是一个天资过人的弓箭手。历史也为这幅画面增加了可信度。安纳托利亚以盛产弓箭手闻名。特洛伊比希腊任何城市都要古老，所以特洛伊人会发现在遥远的爱琴海的另一侧，他们依然能以他们旧世界的魅力而被人喜爱。但另一方面也会加深希腊对他们的偏见，认为这些特洛伊人手无缚鸡之力。确实，荷马把战场上的帕里斯写得像个懦夫。但毫无疑问，真正的帕里斯十分迷人，而且是个不折不扣的骗子，后者在特洛伊这个马贩子国家绝对不少见。

然而，迷人这个词你是绝对不会用到墨涅拉俄斯身上的。海伦赞美他才智过人和英俊潇洒，但那只是发生在海伦被从特洛伊拽回家后，那时她迫切需要得到墨涅拉俄斯的恩赦；当然，墨涅拉俄斯也并未被愚弄 10。可以肯定《伊利亚特》中的墨涅拉俄斯接近历史上的真人。他是个高大强壮的战士，有着一头引人注目的红发；他当众讲话时直截了当、实事求是 11，但我们从未听说过他像他的对手帕里斯那样，是个会弹里拉琴（lyre）或善于在舞池起舞的人 12。作为战士，墨涅拉俄斯是二流的，他攻击不到敌人要害，遑论与特洛伊最骁勇善战的赫克托尔比肩。墨涅拉俄斯是那种从无战绩的战士，用埃及的文献来说，就是"技术蹩脚"（feeble）或"为人卑鄙"（despicable）。13 神明阿波罗对他的奚落可谓毁灭性的：墨涅拉俄斯就是个"会使矛的软蛋"14。事实上，墨涅拉俄斯确实有点荒唐可笑。海伦可能就发现了他的无趣——或者还可能有暴力倾向。

海伦把她当时着魔的状态都归咎于帕里斯的诱惑，为此她不惜离开家乡，背弃丈夫，还扔下女儿赫尔弥俄涅（Hermione）。但这不过都是幻灭后不得不回归现实的赌徒之言。有人猜测，其实真正的海伦，很清楚自己在做什么。

帕里斯也不是沉醉于爱情的傻瓜。他劫持海伦基本不是出于个人欲望，更多的是对政治权力的渴求。劫走海伦，帕里斯就可以在敌人的领土上兵不血刃。他可能有谋士、大臣相助，却未用一兵一卒。帕里斯通过海伦不仅要提高自己在特洛伊王室中的地位，还要提高特洛伊在国际舞台上的地位。最后，自我利用也是帮助他实现目标的重要一环，所以这对通奸的男女并非罗密欧与朱丽叶，而更像是贝隆夫妇。

现代读者对荷马史诗记叙的故事持怀疑态度。毕竟大到引发特洛伊战争的事件绝不会仅仅只因夺妻之恨。许多古人也持有同样看法。希腊历史学家希罗多德（约公元前485~前425年）就引述了这个观点：希腊人不会愚蠢到因为海伦和帕里斯通奸大惊小怪，还发动战争。[15] 如果引发特洛伊战争的唯一原因只是墨涅拉俄斯的漂亮妻子，那么希腊人就真的是愚蠢。事实上，希腊有众多对特洛伊宣战的理由，与内部政策和外交政策都有关系。

但是荷马的记述绝非谬论，而是更加贴合实际。青铜时代的人更倾向于把事情放到个人层面而非更宽泛的意义上。不像我们评论现在的战争时会牵扯到公平正义、国土安全等，青铜时代的人更喜欢提及家庭与友谊、犯罪与惩罚。一些近东国家的国王在他们的碑文中宣称，他们为向敌人复仇和惩罚反叛者而战，他们为让狂妄者、背德者、侵犯国王领土者、向王室同盟举兵者付出代价而战，他们为扩展国家领土和为好友带回礼物而战。[16] 一位赫梯国王说在他即位的时候敌人来犯，是因为他们认为他年少无知、意志薄弱——但是他们错了！[17] 同盟国都是王室附属国，国王的敌人即为他们的敌人。

比如这个公元前14世纪迦南国的例子。[18] 示剑（Shechem）统治者的几个儿子询问美吉多（Megiddo）的首领是否加入他们与杰宁（Jenin）的战争，他们把战争置于个人层面：发起这场战争是因为他们的父亲为杰宁人所害。不参与战争也是个人选择，但是示剑从此便与美吉多为敌。

所以我们当然也会猜测青铜时代特洛伊战争的发生是否也同样出于个人原因：谋杀、背叛或夺妻之恨，而不是侵略、竞争、仇恨、贪婪和安全隐患引发了特洛伊战争。但后面的这些原因确实存在，并且在希腊和特洛伊的考古发现，以及赫梯和其他近东国家的文献中有迹可循。我们现在就这些文字材料进行分析。

双方都看到战争的阴影即将笼罩希腊和特洛伊。赫梯文献记录了公元前 13 世纪时双方愈演愈烈的问题。大约在公元前 1280 年，特洛伊放弃了一以贯之的光荣独立政策，转而与赫梯结盟。特洛伊国王，亦名阿拉克桑都斯[19]，资产雄厚却苦于没有强大的军事实力来保护他的国土、子民、葡萄园、禾场、田地、牛羊，更不用说他的妻子、情妇还有儿子，而不得不选择与赫梯结盟以利用其中条款保护自己。而赫梯一直在风云变幻的西安纳托利亚寻找同盟，这转移了它对南进和东进的主要注意力。

因此，特洛伊就成了赫梯口中的"士兵仆人"（soldier servant）[20]，这就是说，特洛伊作为赫梯的附属国负有军事责任，与赫梯共进退，反之赫梯也要为特洛伊提供军事保护。但随着时间的流逝，可能是由于统治阶层间爆发了内战，赫梯实力下降。同时，希腊也在向特洛伊施加压力，这被约公元前 1250 年阿希亚瓦（Ahhiyawa，亦即希腊）国王给赫梯国王的信件证实。收信人可能是哈图西里什三世（Hattushilish Ⅲ，公元前 1267~ 前 1237 年）。寄信的希腊国王姓名不详，但很明显是底比斯的某位国王。至少他认为他的祖先与希腊神话中的一位知名人物——卡德摩斯

（Cadmus），底比斯鼎鼎大名的开国先祖关系密切。[21]

　　卡德摩斯是一个新发现而且作用巨大。这项发现不仅给青铜时代的传奇人物提供了一个参考标准，而且显示，在阿希亚瓦底比斯地位举足轻重。也就是说底比斯过去对希腊来说极为重要：公元前 13 世纪晚期底比斯被毁灭之后，我们以为迈锡尼会出现一位在希腊叱咤风云的国王，但是现在看来底比斯才是青铜时代真正赫赫有名的国家。

　　这封信的主旨是安纳托利亚海岸的岛屿控制权问题，可能是爱琴海东北部的利姆诺斯岛（islands of Lemnos）、伊姆罗兹岛（islands of Imbros）、萨莫色雷斯岛（islands of Samothrace）。这封信写道，很久以前，卡德摩斯把女儿嫁给了这些岛屿的主人——一位安纳托利亚国王。因此，在这位写信的希腊国王看来，这些岛屿应该属于希腊而非赫梯。注意，按照青铜时代的习惯，这个问题是从个人和家庭层面来讲的。这并不是国际法问题，而是继承问题。

　　同样要注意的是，希腊和哈梯（赫梯）之间的任何冲突都会直接殃及特洛伊，而且南方也是山雨欲来。希腊国王的兄弟，一个叫塔瓦伽拉瓦（Tawagalawa）[22]——希腊语可能是厄忒俄克勒斯（Eteocles）的人，从米利都撤军去援助赫梯的一个叛乱分子，想借此胁迫哈图西里什三世把西安纳托利亚的一块土地送给他作为封地。之后不久，另一个叫瓦尔姆的特洛伊国王，在一场军事政变后不得不逃离特洛伊。[23] 因为瓦尔姆是他的封臣，所以赫梯国王图达利亚四世（Tudhaliya IV，公元前 1237~ 前 1209年）想要帮助瓦尔姆重返王位。但瓦尔姆被困在特洛伊附近的另一个国王手里。我们不知道后事如何发展，我们也只能自行想象这场发生在特洛伊的军事政变焦点为何。这只是一场权力的角逐，还是关乎某些原则问题？是否可能与特洛伊和希腊之间的关系相关？

帕里斯的希腊名字——亚历山大，可能意味着他是缔结特洛伊与赫梯同盟的国王阿拉克桑都斯的后裔。当然，帕里斯在完成任务前也面临一个相似的问题：特洛伊怎样做才能在不过度冒险的条件下，以最小的损耗实现安全最大化？他找到的答案是对待敌人要像对待有竞争关系的强盗头子一样，他的权力取决于他的荣誉，他的荣誉则意味着他至少要能控制得了他的女人。因为事情发生得突然，希腊人被打了个措手不及，一脸茫然，一直在为小事争吵的希腊人要么联合起来——本质上这绝不是小事，打一场硬仗，要么接受特洛伊兵不血刃地凯旋。帕里斯在这场游戏中游刃有余。

但墨涅拉俄斯也清楚这些规则。他发动战争不是因为他独守空房，而是因为他的未来将因此摇摇欲坠。帕里斯不仅给这位斯巴达国王戴了绿帽，还辜负了墨涅拉俄斯盛情招待他的美意。这个特洛伊人就像是当着赌场老板面公开作弊的豪赌者。除非墨涅拉俄斯惩罚了帕里斯，否则他将被世人认为是个好欺负的糊涂虫。因为他是通过和斯巴达联姻而非生于斯巴达王室才坐上的王位，那么他最终一定会遇到某个想要把他从王位上赶下来的人，除非他重新夺回他的妻子。但墨涅拉俄斯眼下有一个亟待解决的问题：海伦带走了与她王后身份等价的巨额财富，导致墨涅拉俄斯财力不足。

海伦到底带走了什么金银财宝尚且不得而知，但肯定不是货币，因为当时货币还未出现。至少这笔私房钱必然包括海伦的嫁妆，而且一定相当丰厚，因为她原来毕竟是一个王室出身的公主；不仅如此，谁知道她和帕里斯私奔的时候还顺便带走了多少

战利品呢？这些金银财宝一定都闪闪发光。希腊金匠以其杰出的
手艺闻名，由他们打造出来的杰作足以与希腊从世界其他地方进
口的顶尖精品匹敌。希腊历代国王和王后都喜欢金银制的花瓶、
杯子、镶有金饰的青铜匕首，纯金耳饰，镶有琥珀或青金石的纯
金戒指，配有金针的银制胸针，象牙匾牌和梳子，金制冠冕和手
镯，还有以稀有矿石做吊坠的金项链。这些东西多是螺旋状和叠
加的玫瑰花结形状，并饰以一系列常春藤叶、番红花、八字盾、
公牛、狮子、猎人、诸神和祭司。这是数代人的积累，是任何小
偷垂涎三尺的。

因此，帕里斯不仅偷走了斯巴达的王后，还带走了斯巴达的
"诺克斯堡"。后来，帕里斯形容特洛伊战争是

为美丽的海伦和她带走的财宝而战。[24]

阿伽门农同样如此认为。荷马是一个非常讲求实际的人，所
以他没有把这场战争写成一个浪漫的爱情故事。

地区政治也在其中扮演了一定角色。阿伽门农的迈锡尼王国
是当时希腊最为强盛的王国，但并非一枝独秀。其他的希腊国家
也确实可以各自为政，在当时那个尚武的时代，这就意味着流血
战争。大约在公元前 1250 年，伟大的城市底比斯被一支军队洗
劫，尽管多数来自其他希腊国家，但这和底比斯王室内部争端颇
有渊源。阿伽门农当然更愿意让希腊人联合起来对抗特洛伊而非
彼此倾轧。

总之，如果说特洛伊战争"与爱情有什么关系"，那么答案
就是"没有关系"。

海伦被斯巴达人敬为女神，但在其他地方就褒贬不一了。雅

典悲剧大师埃斯库罗斯（Aeschylus）多次提及，当他写到这个引发特洛伊战争的女人时用了有关海伦名字的双关语"Helandros"和"Helenaus"——意为"男性杀手"和"船只毁灭者"。25 然而，这位出身王室的斯巴达公主曾经也是一个宜室宜家的新娘。

墨涅拉俄斯也出身王室，是迈锡尼国王阿伽门农的兄弟，但他不能继承王位。在当时的赫梯一个男人可以通过与王室家庭联姻来获得王位 26，那么有可能希腊也是如此。27 这一般只出现在国王没有儿子的情况下，但海伦有两个兄弟——卡斯托尔（Castor）和波吕丢克斯（Polydeukes）。可能他们像《奥德赛》中的忒勒马科斯（Telemachus）一样年纪太小不能继承王位，或者更有可能是廷达瑞俄斯认为不让他们继承王位更有价值，这样他的家族就可以与邻近的强大王国迈锡尼结成同盟。

斯巴达不仅富有而且宜居。在拉科尼亚（Laconia，这个河谷因为斯巴达位于此而闻名）出土了许多青铜时代的珍宝，比如在一个叫瓦斐奥（Vapheio）的村落的坟墓里发现的雅致、纯金的对杯。这些公元前 15 世纪的珍品绘有一些追赶公牛的画面。最近考古学家在拉科尼亚北部佩拉那（Pellana）的村庄外围，发现了一座青铜时代的坟墓，这是个出土完整、高大雄伟的蜂窝墓〔圆顶墓，beehive（tholos）tombs〕，也是目前发现的同类墓穴中规模最大的。附近有一座山，考古学家认为在这座山上发现的或许是他们寻找多年未果的墨涅拉俄斯和海伦的宫殿。这一说法尚未被证实，但从佩拉那的这座坟墓，可以窥见青铜时代拉科尼亚的繁荣。

但这里不是特洛伊。墨涅拉俄斯是一个守旧的武士，而帕里斯则是一个见多识广的王子。特洛伊是一座充满光明与活力的城市，世界各地的人们来此交流集会。同时，这也是一个女人安身立命的好去处。青铜时代生活在安纳托利亚的女人要比她们在迈锡尼的姐妹更加自由，也拥有更多权利。考古学和金石学为我们提供了许多证据，而荷马所言在这方面完全符合。想想考古学家最近的重大发现：一个青铜圆盘状物品，两面凸起，直径不到1英寸，厚度仅1.5英寸，重量仅为4盎司。但它对于我们研究特洛伊的社会生活却是以小见大。这个圆盘每一面都刻有文字，这说明它是一个印章。这个特洛伊印章可以追溯到公元前1150~前1100年，但它指向的是普里阿摩斯统治下的特洛伊世界，因为它很可能是一个传家宝。这枚印章的风格在公元前1200年后就已过时，而且从表面的磨损程度来看，它应该使用了很久。

在古代近东国家，包括安纳托利亚，使用印章是一件十分常见的事。印章被用于签盖地契、法庭裁决、签订条约、王室声明，甚至包括保存合同的泥制"信封"。印章在贸易中也占据着十分重要的地位，它能用来标记容器和其他商品。如果印章损坏，则代表容器已被开封。就像现在一样，如果一个信誉良好的商人在商品上盖了章，那就是对商品质量的保证。

这个特洛伊印章如此引人注目有两个原因。首先，在所发掘出来的青铜时代的特洛伊文物中，只有这个印章刻有文字。再者就是这个印章正反面皆刻有文字。一面刻着一个男人的名字，他是个抄写员；而另一面刻着一个女人的名字，可能是他的妻子。文字的书写系统是卢维语的象形文字，很显然属于后青铜时代的安纳托利亚。青铜表面磨损得太厉害，以致我们无法读出任何一个名字，但"男人"和"女人"的象形文字每个都很清晰。总之，这枚印章证实女性在特洛伊确实享有一定程度的平等和自由。

/ 023

但这在青铜时代的安纳托利亚并不少见。比如，在赫梯王国，无论是王室还是平民的已婚夫妇都没有什么不同，都是印石一面刻着丈夫的名字一面刻着妻子的名字。赫梯女性甚至可以拥有自己的印章。

而在希腊世界与特洛伊，夫妇联名印章的作用完全不同。在安纳托利亚，印章是贸易工具，而在希腊印章主要是作为装饰品存在。希腊官僚用印章签盖仓库货物，但通常情况下希腊人更多是把印章当作珠宝首饰，作为自己财富和地位的象征，常常戴在脖子上。希腊印章不会刻有文字。女性偶尔会有文字记述，但通常是男性占据主导地位。不过这看起来很符合迈锡尼文化。

在荷马笔下，特洛伊男性，比如赫克托尔，会担心特洛伊女性的看法。当他的妻子安德洛玛刻请求他为了她和他们的孩子离开战场的时候，赫克托尔回答说：①

> 但是我羞于见
> 特洛伊人和那些穿拖地长袍的妇女，
> 要是我像个胆怯的人逃避战争。[28]

赫梯的历史不时被有手腕的王室女性的职业生涯打断。是的，赫梯大帝和其他安纳托利亚君主一样，实行一夫多妻制。但当家管事的妻子可能拥有相当大的权力，尤其是如果她还负责王室子弟的养育和他们的婚姻。在赫梯，享有那些权力和其他种种权力的伟大王后就是蒲杜海跋（Puduhepa），国王哈图西里什三世的妻子。蒲杜海跋来自南安纳托利亚，出生于一个世代大祭司

---

① 本书《伊利亚特》中译参考罗念生、王焕生译本（人民文学出版社，2003），有改动，后同。

的家庭，之后在赫梯王国占据了极为重要的地位。她也干预法律和外交，和她丈夫有一个联名印章的同时也有一个独立印章。比如，当埃及和赫梯在商定一个和平协议时，这个协议被记录在一块银板上，一面是国王哈图西里什三世的印章，另一面就是王后蒲杜海琶的印章。她被认为是可与法老拉美西斯二世（Pharaoh Ramesses II）匹敌的人。[29]

青铜时代的希腊给我们提供了许多这样德高望重的王后形象，比如《奥德赛》中可能是虚构的费阿刻斯（Phaeacia）王国的王后阿瑞忒（Arete），但这样一来就没有讨论蒲杜海琶和性别平等的余地了。这是一个首领和国王会把他们的枕边人称为"礼物"并像"小饰品"一样随意买卖的世界。[30]海伦对此可能既不接受也不抗议；有人猜测，海伦选择的，可能是逃避职责。

这对野鸳鸯从斯巴达逃到帕里斯的船上并装满了财宝。他们行动匆忙，却有时间在科拉奈伊（Cranae）这样一个海上小岛停留，可能像传统认为的那样，他们在此圆房，终于满足了对彼此的渴望。他们横渡爱琴海，在快要接近安纳托利亚海岸时，海伦一定会不由自主地注视特洛伊高塔映射出的闪闪微光。自特洛伊港口下船后，当她乘车路过小镇时，她可能会看到远处山丘的小麦田。与他们靠大麦和小扁豆为生的祖先不同，帕里斯时代的特洛伊繁荣昌盛，大规模种植小麦。

海伦一到达特洛伊城就会十分激动地发现这里和希腊完全不同。城门处立着刻有文字图案的石碑，这些耸立的石头代表特洛伊人对神明的敬意，是一个在安纳托利亚而非希腊常见的习俗。另一个十分具有安纳托利亚特点的是在木制城墙里面、海伦即将见到的城镇布局：下城区环绕着一个筑有防御工事的城堡。在特洛伊气势宏伟的大门里面，海伦会发现一个熙熙攘攘的城市，这个城市的大街铺设石板，下置下水管道，周围还有许多狭窄的小巷子。这个城市有许多圣殿、集市、庭院，还有用石头、土坯、砖块、木头建起的房子。

牧人黎明时分放牧，黄昏时分带牛羊回家，这时牛羊声和牧人说话的声音交织一片，城镇变得嘈杂。白天这里充斥着商人的叫卖声，奴隶和家庭主妇去小溪浣衣的谈话声，还有孩子们爽朗的笑声。晚上吃饭的时候，这里又响起陶器碰撞发出的清脆响声、守夜人的脚步声、琉特琴（lute）的拨弦声，还伴随着水管发出的哗哗声。在炎热的夏季午后，几乎人人都午睡的时候，这个城市又变得鸦雀无声。

下城区人口众多，密密麻麻的，以致房屋都建到了堡垒墙下，或者我们可以像荷马一样将此堡垒称为帕加马卫城（Pergamos）。帕加马卫城高约100英尺，占地半英亩，俯瞰平原，总长约1150英尺、高30英尺的城墙环绕其外。从下城区延伸出来的蜿蜒小径将引领海伦到达山顶的王宫。

海伦很可能已经与墨涅拉俄斯正式离婚。赫梯法律允许女性主动提出离婚诉讼，而且社会大众也不会容忍长期通奸。比如，阿马尔奈文书中就有言论认为，没有丈夫的女人凄凉孤独、被忽略忘记、徒劳无用——就像一块无人耕种的荒地。[31]帕里斯将海伦从这种命运中拯救出来。这二人现在活得十分潇洒：他们住在卫城上的漂亮房子里，这些房子由特洛阿德手艺最为精湛的匠人筑成；睡在有高高的拱顶、香气弥漫的卧室里。海伦有一大群侍女照料，她可以指导她们做诸如织布之类的家务事。她很享受作为一个安纳托利亚王妃享有的各种自由，也很享受住在这个处于国际贸易中心的大城市所带来的五光十色的生活。一些特洛伊人不满海伦住在这里，不过国王普里阿摩斯是她坚定的后盾，而且

海伦称呼他为父亲。只有一个问题摆在面前，那就是海伦那胳膊
伸得很长的合法丈夫。

　　王室的包办婚姻是青铜时代一种常见的外交手段。一桩
婚姻，事实上，就是一个条约。就以西安纳托利亚的马杜瓦塔
（Madduwatta）为例，他是公元前 1400 年前后的一个狡诈的赫
梯附属国国王。此人把女儿嫁给了附近的阿尔萨瓦（Arzawa）
国王库旁塔－库伦塔（Kupanta-Kurunta）。[32] 赫梯国王毫无顾
虑地相信，联姻是使两个仇敌变为盟友的第一步。但是他又怎能
相信马杜瓦塔会为了支持赫梯的利益而去反对库旁塔－库伦
塔这个女婿呢？

　　如果王室联姻代表结盟，那么王室通奸就意味着战争。赫
梯法律对未获女方家庭同意与女人私奔的男人有这样一句惊人的
话："你现在变成了一匹狼。"[33] 这实际上代表这个男人被流放了。
通奸是一项更为严重的罪过，如果丈夫捉奸在床，杀了奸夫淫妇，
根据赫梯法律其将被无罪释放；一个男人强暴了别人的妻子会被
判死刑，而诱奸则不用负任何责任，在这种案子里只有女人会被判
刑。[34] 如果希腊或特洛伊的法律与此相似，那么海伦应该很清楚
和帕里斯私奔就是拿自己的生命冒险。即使海伦不介意，她
应该也不想遭受惩罚。

　　这并不是一厢情愿。如果海伦和帕里斯认为他们挑战了当
时的婚姻制度且还不会引发战争的话，那完全是白日做梦。但
此类事情早有先例。埃及法老艾（Pharaoh Ay）有谋杀赫梯王
子扎南扎（Zannanza）的恶名。[35] 这是扎南扎与法老图坦卡蒙
（Pharaoh Tutankhamun，今日众所周知的图特王）遗孀安赫塞
娜蒙（Ankhesenamun）之间的包办婚姻，而扎南扎在迎娶的路
上就被杀了。被杀王子的父亲苏庇路里乌玛一世（Shuppiluliuma

Ⅰ，公元前1344~前1322年），是赫梯史上最强大的国王之一。但他对此的报复只是对埃及在叙利亚南部领地的寻常袭击。几千名囚犯被强行带往哈图沙，而这并不是最后的较量。苏庇路里乌玛一世本人甚至根本没有参加这场战役，或许是因为他同时还要面对北方和东方边境上的威胁。总之，赫梯对王子被杀的回应不过是一次惩罚性的突袭，就像往对方边境随便扔几颗巡航导弹一样。法老心里一定长舒了一口气。

至于希腊这边，扬言进攻特洛伊和真的拿下特洛伊完全是两码事。想象一下普里阿摩斯听闻海伦被劫时的反应：无论他担心什么，希腊大军兵临城下确实是可能发生的。如果希腊大军压境，届时就是后悔也晚了，因为打退堂鼓会毁了普里阿摩斯的名望。但他或许并不需要后悔。普里阿摩斯坚信有盟军和城墙保护，特洛伊城将固若金汤，坚不可摧。而希腊人将会处于被动，只能搞几次突袭，然后就开始为争夺战利品而自相残杀。最后这个远征队一定会在几个月后回家，而帕里斯还是拥有海伦。就像法老艾在扎南扎事件中得以全身而退，普里阿摩斯可能会想着为儿子的不当行为做出弥补，赔偿对方，但肯定不会付出巨大的代价。

无论如何，阿伽门农要说服其他希腊人加入这场充满风险的大型战争绝非易事。荷马未提到的一项传统说法，记录了一个誓言，称所有希腊王子都承认墨涅拉俄斯对海伦的所有权，海伦被说成世界上最美丽的女人，更不用提她还是希腊大笔财产的头号女继承人。冷静顽固的修昔底德（Thucydides）否认了这个故事。[36] 他认为，这些希腊人之所以会追随阿伽门农，并不因为这是正义之举，而是因为他们惧怕阿伽门农的权势。

毫无疑问阿伽门农可以向别人施加压力，但修昔底德的分析只是一方面。这位迈锡尼国王身边有神助佑。青铜时代通常把打仗看作神在执行正义：战争会惩罚那些触怒神的罪人。赫梯人微妙地改造了这个概念，把战争想象成置于神面前的一场诉讼，神会帮助其中一个起诉人获得胜利。[37] 在希腊人看来，帕里斯两次违背了神的原则，第一次是犯了通奸罪，第二次是侮辱了主人墨涅拉俄斯的美意。与墨涅拉俄斯同行的国王责任明确，他们要为神复仇，因此奔赴战场与特洛伊开战，直到后者还回海伦和那些金银财宝。而在此过程中一丝懈怠都会让他们受到神的惩罚。

但就算是最虔诚的希腊人在下定决心与特洛伊巍峨的城墙对立时也会畏缩不前。何况事后他们也不会获得任何补偿。希腊国王当然知道这场战争会让战场上的战士疲于奔命，与此同时，国内却可以风平浪静，而且可以洗劫特洛伊城外的土地，收获颇丰。青铜时代的入侵通常包括突袭，就像赫梯国王哈图西里什一世（King Hattushilish I，公元前 1650~ 前 1620 年）的军队抢劫安纳托利亚的敌军农民的牛羊一样。[38] 希腊人当然也喜欢劫掠特洛阿德和其周边岛屿。

对于这场战争，他们不会再考虑另找托词，因为在青铜时代开战并不需要滴水不漏的借口。征服敌军就是最大的奖励。它会带来荣誉、敬意，还很有可能被国王和民众认为拥有赫梯人所称的"男子气概"。[39] 胜利者一定会获得战利品，有人有物。敌方无论男女都会被卖作奴隶。举个例子，哈图西里什三世统治时期，有 7000 个赫梯人被从吕西亚（在安纳托利亚西南）运到希腊。[40]

这些赫梯人里有男有女，但青铜时代更容易把女性当作商品买卖。有几个例子：凯旋的马里（位于叙利亚）国王兹姆里－利姆（King Zimri-Lim，公元前 1789~ 前 1752 年），带回一批女战俘，充作纺织女工或者后宫女眷。[41] 在公元前 14 世纪，法老命令他的属国为他寻找 40 个"倾国倾城之姿"的女性酒政（cupbearers）[42]；他分发了 1600 谢克尔（shekel）的白银给这些女性，平均每人 40 谢克尔，还有一队弓箭手保驾护航以把她们安全送到埃及。在希腊的皮洛斯王国，女性在纺织业中扮演的角色极其重要，比如她们可以织布、纺纱，还可以剪羊毛。公元前 1200 年前后的线形文字 B 石板证实确有约 1500 名女性和儿童在做这些工作。有的来自安纳托利亚沿海地区和爱琴海诸岛，其他人则是"俘虏"[43]，他们应该是在希腊人突袭时被抓来的。所以难怪几个世纪后希腊历史学家希罗多德称，自帕里斯把海伦带回特洛伊后，偷妻就成了一个古老的习俗。[44]

海伦并非引发特洛伊战争的原因，却是契机和导火索。通过引诱一位希腊王后，特洛伊得以插手希腊王国的政治，还羞辱了一位强大的国王。不对敌人斩草除根是极其危险的；正如阿马尔奈文书所言，蚂蚁遇到袭击会反咬，而人被袭击会反击。[45] 引发这场战争的根本原因仍然是仇恨、贪婪、对权力的渴望。特洛伊拥有希腊觊觎的一切。阿伽门农召集军队是去挖一个富矿。如果帕里斯来自多帕奇区（Dogpatch）而不是特洛伊，阿伽门农根本不需要找人接受任务去为神复仇、维护墨涅拉俄斯的荣誉、渲染海伦的倾国之姿。

但特洛伊是一座黄金之城①。因此，奥利斯（Aulis）海港停满了黑船，希腊人计划在此出海，与特洛伊人开战。

---

① 亦称黄金国，人们长途跋涉寻找的富庶之地，想象中的富饶城邦。

阿尔戈斯及众岛屿的国王站在石质土上，检阅他的舰队。数百艘木船停在他前面的港口，船体涂有黑色沥青，舱内装载着人员和物资，准备一举歼灭普里阿摩斯国王和特洛伊人。或许我们可以想象一下，阿特柔斯之子阿伽门农国王在希腊人奔赴战争前夕的样子。

山间回荡着码头管理员和船长的呼喊声。马儿嘶鸣，声音由慢变紧。水手们歇斯底里地咒骂着。奴仆一偷懒，就会吃上几记闷棍，不多久便能听到棍子被打断的声响。祭司们聚在一块咕哝着什么，牛儿哞哞叫，远处喧哗声中，海水腥咸，浪打船声依稀可辨。

阿伽门农比他的仆人都高。他是个大个子，健康又强壮。荷马说他有着标枪冠军的宽阔肩膀，他当了国王，一日三餐应该是营养充分的，因而身高也该有近6英尺。从迈锡尼王室坟墓中发现的骷髅来判断，他的身高在当时算是很高了。当时希腊男性平均身高只有5.5英尺。他是一名经验丰富的战士，而没有任何迹象显示，阿伽门农曾在战场上折过一两根骨头，就算折过，也有宫廷御医帮他医治，直到痊愈。他满头青丝，目光如炬，却又暗含一丝热情、野蛮和妥协。他下巴上的胡子贴着他的唇，他的牙齿是闪闪发亮的白色。他身披一件无袖斗篷，内搭新做的柔软长袍，脚蹬一双精致的皮质凉鞋，肩挂一把由牛皮带系着的镶银宝剑。荷马称，在多少个不眠之夜，被战事烦扰的阿伽门农都会取出那块狮子皮披在身上，静静地怀想那些英雄往事。[1]

他是希腊最伟大的国王。潜在的竞争对手统治着皮洛斯和梯林斯，但斯巴达掌握在他弟弟的手中，底比斯的势力也在上一代的内战中被瓦解。难怪荷马为阿伽门农保留了 anax 的称号，这让人回想起青铜时代国王的称谓——wanax。阿伽门农十分富有，拥有规模庞大的海军与陆军。他的统治中心位于伯罗奔尼撒半岛东北部，但延伸到爱琴海的岛屿，也许向东远至罗德岛（Rhodes）。

荷马笔下的阿伽门农性格傲慢，这使他像许多青铜时代的国王——他们的纪念碑吸引人们前来瞻仰，即使伟大的人看了他们的杰作，也深感望尘莫及。以马里（在叙利亚）国王雅弗多·利姆（Iahdun-Lim，公元前 1820~ 前 1798 年）为例，他在碑文中自述道："通运河，建城墙，物阜民丰，皆得于君民一体，上下同心，故立此碑以咏怀。"[2] 毫无疑问，阿伽门农认为自己也是这样的君主。只不过他不是独裁者。

阿伽门农的王国是其时代的典型：与其说它是一个国家（state），倒不如说它是一个集团（estate）。也就是说，它本质上是一个大家族。王宫有宏伟的大厅，但其大部分空间用于工场、储藏室和军械库。这是一个庄园，工人们在这里为"wanax"生产奢侈品，以供商贸或赠礼。工场的原材料向国王的臣属以税收名义收取。

更重要的一点是，从军事的角度来看，王宫制作青铜胸甲和箭头，制造战车，饲养马匹。"国王"控制了一队战车兵和弓箭手，还可能有一队步兵。但即便其权力如此强大，"国王"也可能无法垄断王国的军事力量。

国王的土地所有权最强有力，特别是宫殿周围的土地。该地区的其他部分由当地的大人物或"巴西勒斯"（basileis）管理，他们无疑都拥有自己的武装。"国王"可以从他的手下召集一支陆军和一支海军，但是对于一场非常大的战役，他需要得到巴西

/ 033

勒斯的支持。简而言之，无论是依靠魅力还是势力，"国王"都必须至少拥有强大的领导能力。相比学习谜一样的记录希腊文明的线形文字B，他更应该把时间花在别的事上。荷马遭到了一些学者的批评，其证据是史诗中完全未见线形文字B泥板。但事实是使用线形文字B只是为了管理方便。与赫梯人或埃及人不同，迈锡尼希腊人并没有在他们的纪念碑、界碑、壁画或印石上写字。所以像阿伽门农这样的统治者很可能知道线形文字B，就像维多利亚女王知道速记一样。

但像吟游诗人在宫廷宴会上所吟唱的诗句这种文本，国王可能有所了解。迈锡尼艺术表明，吟游诗人早于荷马几个世纪出现。诗歌提供了不朽的可能性。阿伽门农已经拥有道义、权力和荣耀，成了"手持权杖之王"[3]——借用荷马的表述，但权杖在特洛伊战争前两千年，就已经成为苏美尔（Sumer）的权力象征。[4] 阿伽门农已拥有许多，但现在他想要更多。

当这位"国王"的传令官召集其他国王行动起来，希腊人热血沸腾。当国王的人把他们集中起来，命令他们为国王服务时，阿伽门农的农民需要看起来很热情。希腊君主无疑是傻子：特洛伊是一个坚不可摧的堡垒，只有傻瓜才会试图攻下它。难怪荷马说，在奥德修斯同意加入远征之前，他让阿伽门农和墨涅拉俄斯在多岩的伊塔卡（Ithaca）岛上吃了闭门羹。[5] 但最终，恐惧、贪婪、荣耀和众神赢了。所以他们来到了希腊人眼中最好的地方奥利斯，也许他们之前从未一起出征。

/ 034

其中有：涅斯托尔（Nestor），皮洛斯的元老和希腊人中口才最好的；奥德修斯，统领着伊塔卡岛、扎金索斯岛（Zacynthus）和其他岛屿的精明领主；菲洛克忒忒斯（Philoctetes），来自奥萨山（Ossa）和皮利翁山（Pelion）周边地形崎岖国家的伟大弓箭手；墨涅拉俄斯，阿伽门农的兄弟和斯巴达国王；狄奥墨得斯（Diomedes），"战争号召者"（great war cry）[6] 和希腊军队最年轻的将军，带领一支来自阿尔戈斯和梯林斯的特遣队；埃阿斯（Ajax），萨拉米斯（Salamis）的忒拉蒙（Telamon）之子，即大埃阿斯，即便不说是他们的智囊，也称得上希腊人的堡垒；洛克里斯（Locris）的俄琉斯（Oïleus）之子埃阿斯，即小埃阿斯，一个沉溺于战斗、热血沸腾的大汉；色萨利（Thessaly）的无畏的普罗忒西拉奥斯（Protesilaus）。这样一群人——从米诺斯人手中夺取的克里特岛的伊多墨纽斯（Idomeneus）；赫拉克勒斯（Heracles）的儿子特勒波勒摩斯（Tlepolemus）是个暴徒，他在大陆谋杀了他的叔叔，后又搬到了罗德岛——证实了希腊人先前对爱琴海的渗透。此外，还有来自爱琴海东南部十二群岛（Dodecannese）另一端的人。最后，回到大陆，还有一位希腊最伟大的战士，他被称为希腊最厉害的人，即希腊中部佛提亚（Phthia）地区的王子，令人闻风丧胆的米尔弥冬人（Myrmidons）的头领——阿基琉斯。

也许这些人物纯属虚构，但共同代表青铜时代的战争艺术。他们身经百战，见惯了流血，双手因偷运牲畜而磨出了老茧。他们可以像踩毛毯一样把敌人踩在脚下，同时也可以安抚军心。他们是马中伯乐善相马，海上水手能识船，最重要的是他们知人善任。他们可以像亚述人用来砌泥砖的蜜糯糊那样温柔[7]，也可以像老橄榄树上多节的枝干那样粗鲁。他们知道哪些士兵值得奖励银戒指，哪些士兵该切鼻子、割耳朵。[8] 他们可以激励战士跟在他们的马车后面进军，在他们面前奋勇战斗，赢取荣誉。[9]

他们武可以徒手折断长矛，文能用谎言取胜。他们知道养活一支军队要用多少包面粉，火化一具尸体要用多少根木头。他们懂得安营扎寨、下海开船，听取间谍汇报、派出通风报信的人。他们会拉弓，劈开铜锭就像劈开芦苇一样简单，一根长矛就能刺穿敌人的盔甲。他们抖掉泥巴和雪水，蹚过深深的海浪和雨水。他们像珠宝商一样懂得鉴定青金石，像刽子手一样拧断商人的脖子。他们向挤奶女工求爱，他们掳走公主。他们喜欢在暗夜和正午进军之后伏击。他们害怕众神，却迷恋死亡的味道。

　　他们以各种血腥的方式通晓战争，但他们共同拥有一个梦想：从特洛伊出发回家，并且满载而归，战利品压得木船吱吱响。阿基琉斯说，他在特洛伊战争中掠夺了至少23个城市，而奥德修斯自豪地称自己为"城市的掠夺者"。[10] 对于青铜时代的战争作风来说，这是再合适不过的座右铭，也是阿伽门农手下指挥官的动力源。奥德修斯和阿基琉斯与青铜时代晚期几个世纪的安纳托利亚前辈相呼应。公元前1400年以前，一个赫梯语名字为阿塔里希亚（Attarissiya）的希腊人——用希腊语说，大概是叫阿特柔斯——在安纳托利亚海岸登陆。[11] 他经历了一场战争的狂欢，以100辆战车和一队步兵横扫安纳托利亚西南部，后又越过大海袭击塞浦路斯。阿伽门农的父亲也叫阿特柔斯，所以也许与此人有关。大约两百年后，即公元前1250年前后，一位名叫皮亚马拉都斯（Piyamaradu）的卢维人的将军不断袭击西安纳托利亚的赫梯属国。[12] 皮亚马拉都斯得到了默许，甚至得到米利都的希腊王子——赫梯语称塔瓦伽拉瓦，这个希腊人可能是厄忒俄克勒斯（Eteocles），即神话故事中底比斯城的王子，也有可能是忒克洛斯（Teucer），和大埃阿斯的弟弟同名——的帮助。

　　阿伽门农麾下的每位大将都统领一队勇士；勇士队在希腊语中是"laos"，这是荷马的常用语。战士受到强烈的个人关系的约束。比如说，从荷马强调米尔弥冬人对阿基琉斯的忠诚度上，我们可以窥见这一点。线形文字 B 碑文中将王室官员和勇士队统领分别称作"追随者"和"*laos*"。[13] 后者可能就是迈锡尼希腊的法律官员（lawagetās），有学者认为奥德修斯的父亲拉厄耳忒斯（Laertes）的名字正是这个词的缩写。虽然我们和后来的希腊人都倾向于将军队视为一个机构，将战争视为人员和物资的部署，但是荷马和青铜时代的希腊人更倾向于从个人的角度出发来考量两者。例如，古典希腊语中军队（stratos）意为"营地"，而战争（polemos）意指"反抗敌军的战斗"。但荷马和线形文字 B 都避免使用这些表达，而宁愿选择"勇士队"、"战争精灵"（war spirit）或"战神"（阿瑞斯）。因此，在奥利斯会合的军队是真正意义上的"勇士队"及其统领的集合。

它也可以说是一个兵团。青铜时代的文献倾向于将军队称为"步兵和战车"[14]，但这样的说法过于简单化。公元前 1200 年前后装备精良的军队拥有多种战士，包括重型和轻型步兵、战车兵、弓箭手、投石兵、攻城战能手（梯子兵、撞墙车兵、坑道兵以及攻城墙时操作攻城塔楼的技术兵）、侦察兵、间谍、号手，以及军旗手。希腊海军实力强大，拥有领航员、水手长、各类海员，以及在海上战斗中有能力挥舞 40 英尺长的长矛的海军陆战队员。

支援人员数量也不少。这些人中精英有祭司、占卜者、兼任兽医的医生、书吏和使节。平民则包括木匠、修船工、修车工、男仆、马夫、牧民、屠夫、厨师、葡萄酒管家、铁匠、五金匠、修补匠和奴隶。他们需要承担各种事务，包括做农活、缝纫以及维护营地厕所等。其中也可能有情妇和妓女，但随着向东方推进，女人并不会稀缺，要是再招揽一堆床伴到奥利斯，就显得太不自信了。

奥利斯坐落在墨萨庇翁山（Mount Messapion）脚下的岩石高地间，墨萨庇翁山高出优卑亚湾（the Gulf of Euboea）3350英尺。守望员居高临下，有一天他们会点燃山上的烽火。从伊达山（Mt. Ida）到阿尔戈斯一路长明，宣告了特洛伊的沦陷。[15] 在山下的海岸线，在奥利斯，一个迈锡尼小镇立于隔断两个海港的山脊上。这使得奥利斯成为维奥蒂亚（Boeotia）北部最好的港口，而维奥蒂亚是希腊舰队会合的天然地点。该地区位于希腊最伟大国王阿伽门农治下的迈锡尼与其最伟大的战士阿基琉斯之家佛提亚之间。维奥蒂亚是一块富饶的土地，有足够的勇士可以参加特洛伊远征。由奥利斯向东，风平浪静时，到特洛伊只需三日航程。

但这风对于希腊人来说是出了名的不公平。奥利斯是狩猎女神阿耳忒弥斯（Artemis）的圣地。而尊贵的阿伽门农却总是拍脑袋做决定；他没有猎人的狡猾，也没有猎人的耐心。他会触犯神灵，但这也不是什么稀罕事。

荷马不但对此事只字未提，反而暗示它从没发生过。不过，有其他资料记载了伊菲革涅亚（Iphigeneia）的故事。[16] 与其他奥林匹亚诸神一样，女神阿耳忒弥斯的名字来自线形文字 B；更有意思的是，某个"风之女祭司"也得名于线形文字 B，她是某个对希腊航海人非常重要的信仰的守护者。[17]

关于阿伽门农冒犯阿耳忒弥斯的传闻有很多。有人说是因为女神的圣物被杀了，有人说是因为国王食言了，没有举办一场特别的献祭，也有人说就是因为他过于傲慢自大。与其他青铜时代的国家一样，希腊人为他们的神提供了大量祭品，从牛、羊、猪到葡萄酒、小麦，应有尽有。不管怎样，阿耳忒弥斯生气了，她唤来北风之神玻瑞阿斯，把希腊船队堵在港口。北风在夏天怒吼整整两周本就不寻常，奥利斯的强大激流更是雪上加霜。

为了安抚女神并使风停下，据说阿伽门农冷酷地同意牺牲自己的女儿伊菲革涅亚。虽然无法验证，但这个故事听起来合情合理。希腊在叙利亚和迦南的贸易伙伴进行儿童献祭，特别是在极度紧张的时期。迈锡尼和米诺斯人从近东引进了许多习俗。希腊神话中充斥着儿童献祭的故事。考古学并不能证明这些神话是真实的，但它已经找到了令人印象深刻的详细证据。

在克里特岛的克诺索斯（Knossos）附近，挖掘人员发现了四个儿童的骨头，他们都很健康。通过他们的牙齿可以识别出其中两个大约十岁。他们的骨头就像屠夫屠宰动物那样被剁开。这是同类相食吗？如果真是这样，那么它是宗教仪式的一部分吗？另一个案例来自四英里之外位于克诺索斯以南山坡上的阿卡尼斯（Arkhanes）村附近。这里有一座神庙，里面有三具骸骨，两具是男性，一具是女性。一些证据，如青铜匕首和骨头变色（失血过多死亡的迹象），指向人体献祭。虽然缺乏绝对的证据，但这些都暗示青铜时代克里特岛存在活人献祭的情况。不可否认，这个证据是米诺斯人的而不是迈锡尼人的，但迈锡尼人从他们的前辈那里学到许多。所以，阿伽门农确实这样做过吧。

阿伽门农迫切需要重新获得众神的青睐，因为他所面临的不只是天气问题，还有政治上的问题。他和众人都知道一位好将军必须有好运。风刮的时间越长，阿伽门农就越麻烦。为了激励军队并引起众神的注意，阿伽门农可能想要做一些大胆的事情，那就是用伊菲革涅亚献祭。

传说她从迈锡尼来，与她的仆人一同乘坐骡子车——青铜时代一种普通的交通工具。她以为迎接她的是一场婚礼。其实等待她的是祭坛。毫无疑问，这个女孩曾经期待一场有盛宴、音乐和舞蹈的王室婚礼。想象一下，她走向祭台：戴着白色的头巾，穿着闪闪发光的新娘礼服，像阿耳忒弥斯一样轻盈，直到看到一片本该有用来屠宰牲畜的旷地，她开始感到惊恐万分。通过杀死自己的女儿，阿伽门农让手下意识到他残酷的献祭，以此激励他们，让他们对自己产生敬畏之情。第一次净手时，他是否感到懊悔，然后从刀鞘中抽出短刀，接着以刀刃封喉，最后看着鲜血迸出？阿耳忒弥斯在最后一刻是否拯救了伊菲革涅亚并拿一头鹿顶替她，就像某些故事版本流传的那样？我们不得而知，只知道风停了。

于是阿尔戈斯及众岛屿的国王开始检阅他的海军。阿伽门农可能不会想到这一点，但是他正在见证古希腊文明的荣耀之一。它是技术性的，它是血腥的，它是新奇的：它在军事方面与其他青铜时代的发明如战车相比，一样具有革命性。公元前14世纪和前13世纪是海上创新的伟大时代。那个时代的希腊人是欧洲大陆历史上第一支海上力量。他们可能从爱琴海岛民那里学到了专业的造船和航海知识，尤其是克里特岛上的米诺斯人，他们本身就是伟大的航海家，但希腊人在大陆的港口建立了一支海军，他们发明了一种新船——桨帆船（galley）。[18]

桨帆船是一种带桨的快速木制船，主要用于战争或海上掠夺。迈锡尼桨帆船轻盈而有斜度。船体狭、直、浅，符合流体动力学原理，以减少风的阻力和节省把船拖上海滩的力气。一名领港员站在船尾，用一把大型单桨掌舵。（顺便说一句，荷马对青铜时代的这个细节描述是正确的：在他那个时代，桨帆船使用的是双桨舵。）船头绘有一双眼睛，可能还有象征船名的图案，如狮子、狮鹫或蛇。[19] 在艉柱上有一个鸟头图案。

桨帆船造得非常成功，以至于在整个罗马时期地中海人都以它为标准。但青铜时代的桨帆船上还差一样东西——古典希腊和罗马时期的撞墙车。它直到几个世纪后，可能是在荷马时代，才被发明出来。青铜时代海战时，撞墙车不能起到关键作用，胜负取决于士兵。他们刺矛、射箭，还有拔剑，或是小心远攻，或是混战肉搏。

桨帆船可以用于远航，但要想开得快，还是得靠人工划船。在奥利斯，最常见的桨帆船可能是桨帆并用的古希腊战舰——长约90英尺的大船，配有25对桨，每侧各25名撑桨手。那里也有十桨船，有10名撑桨手，每艘船都有两层，船体长度估计为35英尺。

青铜时代的希腊人在海战中享有优势，他们拥有优良的海军，掌握了一定的技术。像今天的导弹、飞机或坦克一样，桨帆船提供了战略机动性。又如在现代战争中一样，青铜时代大部分战斗的关键在于"以绝对速度和绝对数量压倒敌人"。[20]一支管理得当的舰队，可以使国王从容指挥战斗，实现人员和物资从一个地方快速移动到另一个地方，并抢占先机。

迈锡尼舰队确实运转良好。国王的人在镇上征兵。这些应征入伍的撑桨手也能得到报酬，有时他们能分到一块地，在他们出海时家人也能得到照顾。这些是他们应得的，因为他们除了需要划船以外，还要充当海军陆战队员。一旦船只靠岸，他们就要像步兵一样向前冲。相比于青铜时代埃及尼罗河上的船员，希腊的桨手不得不忍受更严格苛刻的纪律。在埃及，挨鞭子抽和挨棍子打是家常便饭。[21]

希腊王国还有专业海员，如领航员、吹笛手（为撑桨手计算时间的人）、织帆工和其他人员。[22]海军建筑师监督木工队施工，木工们造起桨帆船来十分熟练，在维护方面也有一套方法。根据专家的估计，在建筑师的监督下，十几名木匠建造一艘青铜时代的桨帆船，需花费 6 个月的时间。[23]

希腊人对海上活动的狂热，使他们对船也异常痴迷。他们给儿子起的名字，都带有船的意思，比如"有名的船"（Famous Ship）和"精致的船"（Fine Sailing）。[24]线形文字 B 碑文上记录了不下 500 个撑桨手的名字。抄写员会偷个懒，画一张船的速写；艺术家在宝石、壶和柱子上创作更复杂的图像。荷马对船的热情也不逊于他们。要是他在公元前 8 世纪就创作了他的诗篇，诗中的海上世界——详细地描述——会更接近青铜时代的模样。《伊利亚特》是一部关于土地的战争史诗，但是海上力量像金线一样贯穿整个故事：没有它，整部史诗的结构就会显得松散。

没有空心的船只，希腊人根本无法在特洛伊供应他们的军队，也没有办法袭击特洛阿德海岸周围敌人的城市以及忒涅多斯岛和莱斯博斯（Lesbos）岛，更不可能向特洛伊发动战争。最谦卑的人在最让人意想不到的地方一遍遍提醒人们希腊作为航海国度的事实。宛如幽灵般的形象：在克里特岛发现的一个人，可能是活人祭祀的牺牲品，他的腕带上刻着一个标志，即一块石头上刻着一艘船。

奥利斯不乏船只和士兵。但真的有荷马口中所说的 1184 艘船那样多吗？修昔底德（约公元前 460~ 前 397 年）是雅典历史学家兼海军指挥官，出海的士兵真像他说的那样多达 102000 人吗？特洛伊人和他们的盟友是否如荷马所言，有 5 万人？

可能性几乎没有。赫梯人在公元前 1274 年的卡迭石之战（the battle of Qadesh）中拥有 47500 名士兵，这是历史文献中提到的青铜时代规模最大的军队之一。海军方面从未记载过这么大的数字，但是据说公元前1185年乌加里特（Ugarit）海军力量强大，拥有150艘船。[25] 如果这是真的，那么人数约1200人的希腊联盟可能在奥利斯召集了数百艘船——但不是10万人。派遣这样一支军队参加长期战争似乎超出了青铜时代社会的承受力。

还有一个比较合乎逻辑的数据。这是更有根据的猜测：特洛伊的挖掘人员估计这座城市的总人口为5500~7500人。在前工业社会，通常处于军人年龄段（18~49岁）的人口占总人口的20%，因此特洛伊的军人在1125~1700人。此外，阿伽门农在《伊利亚特》中称，希腊军队人数大大超过特洛伊城的特洛伊士兵——事实上，二者之比大于10:1。问题是，阿伽门农接着又说，特洛伊人有听命于他们的盟友，"无论我多么渴望征服，他们的盟友都会大力阻挠我们，不让我如愿毁灭人烟稠密的伊利昂"。[26] 由此可以推算出，希腊军队人数在11250~17000人。因此，双方军队至少各有15000人。

把这15000人运到特洛伊，假设每个人都划船，希腊人需要300艘均配有25对桨的大船。有些船可能比这种大船要小一些，即十桨船。有些船可能更大，即商船。所以从奥利斯驶往特洛伊，估计要使用"大约300"艘希腊船，这是个合情合理的数字。

估计希腊人可能在奥利斯有一些商船，尽管他们表面上愿意将贸易交给黎凡特船只和船长。乌鲁布伦沉船暗示了希腊的优势地位。约公元前1300年，当这艘船在安纳托利亚西南海岸沉没时，它携带着包括铜锭和河马牙齿的所有物品，但只有一种希腊产品：武器（两套长矛、剑和刀）。然而，商船非常适合载人，运送动物，以及运输希腊人可能为特洛伊远征购买或建造的物资。一艘青铜时代的商船可以携带多达 250 人，这就是为什么法老时期埃及要使用商船运送士兵、马匹和战车。[27]荷马提到，色萨利（位于希腊中部）的欧墨洛斯（Eumelus）将他的一等母马带到特洛伊，他肯定会发现商船的便利。

也许商人也习惯携带武器和盔甲以及有限的食物和水。但是这补给十分有限，因为古代军队靠敌人的土地生活。理想的情况应当像埃及法老图特摩斯三世（Tuthmosis III，公元前1504~前1450年）的军队在叙利亚北部一样。在那里取得胜利之后，他的士兵在树上看到了果子[28]，在打谷场上发现了谷粒，还有满是葡萄藤的大桶①。他们像在埃及的家里开派对一样喝得酩酊大醉。

无论是否清醒，终于到了离开奥利斯的那一天。黎明时分，起风了。为防止出现纰漏，船员们已经将黑乎乎的船体检查完毕。装备已装好，马已上船，饲料已入仓，所有人整装待发。剩下的就是首领们向众神供奉了。他们在一棵梧桐树下的一眼泉水边搭了一个祭坛，并将公牛带到屠宰场。

/ 043

然后，当一切都完成后，出现了一个不祥的预兆——这事为荷马提及。一条蛇爬上祭坛，再爬到树上，发现树枝上有一个鸟巢，里面住着一只大麻雀和八只雏鸟。蛇咬死了它们一家。接着蛇变成了石头。这一记述背后的事实是，蛇当场死掉了！只有宙斯可以做到这一点：大家心里都明白，都十分害怕。

忒斯托尔（Thestor）之子，先知卡尔卡斯（Calchas）打破了这个魔咒。想象一下，他身披一件长袍，头戴一顶月桂花环，随行一人系着阿波罗神的缎带。他以近似神灵的威严，告诫国王

---

① 穷人用葡萄藤酿酒。

阿伽门农，国王的孩子必须牺牲。

占卜——依据自然现象预测未来——在青铜时代很常见。鸟是重要的预兆，特别是在安纳托利亚，蛇也是如此。卡尔卡斯解释说，奥利斯的预示意味着他们将要面临长期艰苦的战争。前九年他们都将挣扎，但在第十年，绝对的胜利将是对他们的回报。首领们选择相信积极的一面：他们会迎来最后的胜利。

于是，首领们终于上了船，舰队出发了。远征的规模非同寻常，但起航的过程很平常。荷马很好地描述了这样一个场景：

> 他们就开船回返，向阿开奥斯人的
> 广阔营地出发，远射的阿波罗给他们
> 送来温和的风，他们就立起桅杆，
> 展开白色的帆篷。和风灌满帆兜，
> 船行的时候，紫色的波浪在船头发出响亮的歌声，
> 船破浪航行，走完了水程。[29]

风一减弱，船员就开始划桨。他们坐在长凳上，边上有两个敞口又通风的看台。看台的皮革屏障可以保护他们的头部。看台外面是开着的舷墙。船每边有 25 个人，每个人都要撑一支桨。大家的谷物储存在皮包中，水和酒都储存在泥罐或皮制瓶子中。他们的装备在长凳下面。要是被袭击了，这些人就会抄起盾牌、长矛和剑，迎击敌人的登船队。但他们不会遭到袭击，他们是世界上最伟大的船员。

离开奥利斯后，光滑的船体将会驶入希腊海岸和优卑亚岛之间的航道，然后向东继续航行，从斯波拉泽斯群岛（Sporades）到利姆诺斯岛再到伊姆罗兹岛。从那里开始，黑船只需在明亮的

海面上行驶 20 英里，就能抵达特洛伊。

到了那以后，希腊人还有一堆事需要关心，如在哪找到合适的登陆点；如何保护自己，特洛伊肯定早就制定好了投石、刺矛，还有射箭等袭击策略，就等他们上岸；当地的食物、饲料和水源是否安全；能不能赢得一些战利品，鼓舞士气。但有一样东西希腊人不必担心，那就是特洛伊海军。令人惊奇的事实是，尽管位于海边并且经济上依赖海上贸易，但特洛伊没有海军，或者至少没有一支重要的海军。

这不是一个微小的弱点，而是特洛伊一个主要的弱点。希腊人因此可以在海上呼风唤雨，甚至在敌人的海岸边肆意掠夺。要是特洛伊同样拥有有竞争力的海军，它就可以向敌人发起反攻，从爱琴海一路打到希腊中心地带了。然而，由于没有舰队，特洛伊人一直处于战略防御状态。阿伽门农的感受可能就像赫梯国王哈图西里什三世一样，他说他可以"瞥一眼"敌国，但敌人无法看到他的国家。[30]

这是一个悖论：特洛伊是一个没有海上作战经历的海港。内陆人建造了海港，他们由大海向外展望。靠给水手一个落脚点，它富了起来。它没有发展自己的海军。特洛伊符合修昔底德对青铜时代人们的描述，他说："尽管居住在低地，但他们不是海上游客。"[31]——至少在海上战斗时是如此。特洛伊人无疑拥有船只，但没有希腊战舰的质量，数量上也比不上希腊。

/ 045

例如，当帕里斯前去斯巴达带走海伦时，他专门命人制造了船只。建筑师是菲里克卢斯（Phereclus），此人为忒克同（Tekton）之子和哈蒙（Harmon）之孙。菲里克卢斯是一位出色的工匠，荷马称他"知道如何用他的双手，巧妙地制作许多精巧的手工品"。[32]的确，他的名字有"出名"的含义，父亲名字的意思为建筑师，爷爷名字的意思为细木工。荷马说：

> 忒克同的儿子菲里克卢斯，这人手巧，
>
> 能做奇异的东西，深受帕拉斯（雅典娜）宠爱，
>
> 他曾为帕里斯建造平稳的船只，
>
> 那是祸害的根源，成为特洛伊人
>
> 和他的灾难，因为他听不懂众神的预言。[33]

菲里克卢斯为帕里斯建造了"平稳的船只"[34]，助他逃离斯巴达。这说明特洛伊人的船只与墨涅拉俄斯的舰队无法匹敌。

特洛伊没有建设一支海军的动力。掮客哪里需要出国掠夺？桨帆船对那些可以通过养马获得财富、荣耀和安全的人几乎没什么吸引力。

考古学和神话均表明特洛伊并不是马最早的原产地。神话里说特洛伊的马是宙斯的礼物。发掘表明马的原产地也并不在特洛伊，马在公元前 1700 年前后——以近东的标准来看稍晚——来到特洛伊，人们在废墟中发现了大量的马骨。特洛伊人以皈依者的热情接受了马匹。荷马笔下的普里阿摩斯在特洛伊拥有皇家马厩，在达达尼尔海峡附近的阿拜多斯（Abydos）附近有一个马场。安德洛玛刻为丈夫赫克托尔的马匹喂谷物和葡萄酒，而潘达罗斯（Pandarus）更甚，为了不耽搁坐骑进食的时间，自己徒步战斗。

这些王子可以与任何年龄段的贵族交往，包括特洛伊的强大盟友、爱马的赫梯人。和赫梯人一样，特洛伊人除了熟悉丝绸般的鬃毛外，其他一无所知。由于处于安纳托利亚中部，赫梯人倾向于将海岸想象成世界的边缘。赫梯国王吹嘘自己的领土拓展到

了"海的边缘"[35]，好像那就是世界尽头。比如，他们与特洛伊的条约在船舶方面没有任何说明，却特别提到特洛伊有义务在赫梯需要时派遣步兵和战车。马似乎反倒成了"统领"，但危险却是来自海洋。

荷马说，特洛伊战争前一代人，特洛伊国王拉俄墨冬（Laomedon）曾向赫拉克勒斯许诺，如果他能帮特洛伊摆脱海怪，特洛伊就会献出马匹。赫拉克勒斯杀死了野兽，但拉俄墨冬却违背了诺言。这位英雄愤怒之下，攻打特洛伊并杀死许多男人，"使他们的妻子成为寡妇"。[36]

赫拉克勒斯只有六艘船可供使用，但他的儿子特勒波勒摩斯吹嘘父亲摧毁了特洛伊，乌加里特的证据支持这一点。在公元前1200年前后的一封信中，乌加里特的最后一位国王阿穆拉比（Ammurapi），抱怨敌人仅用七艘船就对他的国家造成了严重的破坏。[37] 赫拉克勒斯的六艘船的船员只有几百人，他们不可能占领像特洛伊那样一个有围墙的城市，但是特洛阿德的港口城镇、农舍和其他没有围墙的村落都受他们控制。谁知道呢？在赫拉克勒斯出了名的暴脾气下，他们甚至可能攻破了城墙。

我们不应该忽视他们在特洛伊内部的朋友提供的帮助。他们的人数不必很多；事实上，鉴于迈锡尼文化中的暴力倾向，大多数特洛伊人看到迈锡尼船只后可能会产生畏缩情绪。当受到蒙骗的时候，就像赫拉克勒斯一样，又有多少迈锡尼商人变成入侵者呢？

然而在特洛伊确实有迈锡尼商人活动。考古学家就在这个地方发现了许多的迈锡尼陶器（包括进口产品和由当地黏土制成的仿制品），以至于要不是对特洛伊有所了解，我们可能会认为这个地方是迈锡尼的殖民地，而不是特洛伊。证明迈锡尼商业存在的最有力证据就是特洛伊港口墓地中的一块印石，刻得很有特色，其上的人物一副龇牙咧嘴的样子。这是典型的迈锡尼风格，也许印章是商人的，用于标记他的商品。特洛伊有人同像他这样的人做生意。这人——可能是特洛伊人，也可能是移民——与迈锡尼人交易马匹、纺织品或奴隶。或许就是他帮助赫拉克勒斯的人打开城门。再想想《伊利亚特》里的安忒诺尔（Antenor），一位对希腊人有好感的特洛伊老者，他建议将海伦归还给他们。特洛伊人溃败时，他却活下来了——有人说，其实是因为他为敌人打开了城门。

专注于陆权，拒斥海权，特洛伊人做出了明智的选择——或许他们这样认为。特洛伊人也许有足够的战舰管理附近的岛屿，但他们无法抵抗像希腊人那样的舰队。特洛伊战略家可能推断他们的陆地防御足以击退任何海上来犯之敌。

特洛伊不是历史上唯一一个位于海边却没有强大海军的国家。例如，日本是一个岛国，拥有出色的步兵和骑兵，但在 19 世纪后期之前未建立自己的海军。日本不是一个贸易国，但历史记载了它的商业集团，而其强大的是海上贸易，却没有海军。想想中世纪晚期汉萨同盟的城市——北欧的约 60 个大商业城市，主要在德国。它们掌控了波罗的海的贸易，但它们没有常备的陆军或海军。只有在面对 14 世纪 60 年代丹麦的严重威胁时，它们才组建了一支舰队，但几年后，丹麦败北，舰队也随之解散。到 15 世纪，瑞典和波兰这样的北欧新民族国家很容易就超越了这个缺乏海军力量的混乱联盟。另一个案例是荷兰，它是 17 世纪 50 年代海上贸易的巨头，但它只有一支小型海军，所以受到英国舰队的打击。如果荷兰人及时壮大海军，纽约也许仍可被叫作新阿姆斯特丹，而不是在 1664 年为英国舰队夺取。

和特洛伊一样，荷兰和汉萨同盟城市富裕却不切实际。它们都深受生产性的东西或有名望的东西的诱惑，不把资源投到必需品上。它们错了。

阿伽门农没有重蹈覆辙。阿尔戈斯及众岛屿的国王建造了适应各种天气的战争机器。阿尔戈斯，一块荷马称为"良驹之乡"[38]的土地，是盛产战车的地方，而岛屿则被希腊舰队守卫着。希腊人的战术灵活多变，有着几个世纪的实践。现在，阿伽门农坐在他的旗舰上，他的黑船舰队正越过波涛汹涌的海浪。我们可以想象，每划一次桨，划桨手布满老茧的双手都会握紧木桨，而马夫则抚慰被拴系着的马儿不要害怕大海。奴隶检查战车是否被海浪晃得松动。一阵海浪拍过，有的人恶心想吐，有的人想到就要挣着金子了。勇士们开始想念妻子，先知向海神波塞冬祈祷，经验丰富的海员伸手去舀一小杯山羊皮装的葡萄酒。随着船只的推进，死亡女神哈尔庇厄（Harpies）飞临特洛伊平原。

看清万物、知晓众神的太阳神赫利俄斯（Helios the Sun），开始乘着他的驷马日辇在天空驰骋，从东至西，这使得天空蓝得透明，海水如同寡妇的眼泪般清澈。海鸥朝着加利波利半岛（Gallipoli peninsula）的悬崖飞去，飞过达达尼尔海峡，飞向北方，周围是伊姆罗兹岛和西北部的萨莫色雷斯岛荒芜耸立的山峰。西部忒涅多斯岛褐色的山丘，东部绵延起伏的特洛伊平原和南部伊达山时隐时现的长长山脊，为这幅画添上了完美一笔。这就是我们通常会想到的那种田园式场景，但海面上紧接着就出现了希腊的黑船。

浮在海面上密密麻麻的黑船就像是起跑门前蓄势待发的战马。陆地起初还不太明显，但随着船的行进，田地和灌木丛渐渐显露出来，清晨的清香使得船上的战士精神焕发。如果彼时他们不是在奋力划桨，这些希腊人或许会大声重复一位赫梯国王在挑衅敌军时的呐喊："看，希腊的军队和战车就要到了！"[1] 穿过这片水域，就算是特洛伊身披青铜铠甲的最强悍的士兵，也会被这一景象吓得浑身发抖，这些磨得发亮的木桨齐齐拍水向前划来，气势雄伟，仿佛猛禽扑岸。决定性的时刻就要来临。

但这些依然在特洛伊人的掌握之中：他们已多次收到警报，军队也蓄势待发，随时准备阻截敌人踏上神圣的伊利昂的肥沃土地。他们耐心等待，正如塞浦路斯的军队等待海上的苏庇路里乌玛二世（Shuppiluliuma Ⅱ，公元前 1207~？）带领的赫梯侵略者上岸一样。[2] 沙滩上意欲保家卫国的战士众多。荷马后来述及特洛伊士兵集合时一定会以这一天为例：

> 他很快解散大会，人人奔向武器，
>
> 城门全都打开，步兵车士冲出去，
>
> 巨大的吼声爆发出来，响彻云端。[3]

近海处停泊着部分特洛伊人的战舰；其他船只守备着希腊战舰另一个可能的登陆点。划手已准备就绪，弓箭手和方阵枪兵已经提前为这场并不势均力敌的战斗待命。尽管他们不抱能够击退所有希腊海军的希望，但至少可以迟滞希腊军队进军的步伐，为特洛伊沿岸守军减轻压力。

随着敌军战舰在海平面上变得越来越清晰，岸上的特洛伊人也已准备好随时投入战斗。特洛伊的祭司正在做着赫梯祭司在战前所做的事情：在祭祀仪式上祭拜敌军神明，献上葡萄酒，宰杀羔羊，向神说明完全是由于敌方入侵而不得不应战。当然普通士兵有更多现实任务要完成。老兵可能会检查他们的弓，或者再紧一紧他们绑着盾牌的皮带；而新兵还会互开玩笑，仿佛这只是一次远足。一些人可能希望他们可以够到胸铠（breastplate）下面把汗擦掉，而其他人甚至没有注意到他们的手因紧握长矛而发酸变疼。

滩头堡战役即将打响。对于这场极为关键的战役，荷马只说了特洛伊人杀死了第一个跳上岸来的希腊人。但此后几个世纪的历史学家修昔底德写道，他推断希腊人在踏上特洛伊的领土后一定打赢了这场战斗，否则他们不可能在此安置营地。[4] 史诗集成——除荷马史诗外有关特洛伊战争的希腊诗歌——使我们了解到，普里阿摩斯的儿子赫克托尔第一个出击。

赫克托尔是一个杰出的战士，却是一个平庸的丈夫。他强壮敏捷、无所畏惧、不屈不挠，有时以自我为中心，有时又善解人意。赫克托尔能够记得新婚之夜他是如何撩起新娘的面纱，递给了她一杯口感柔和的葡萄酒；但由于他汲汲于在战场上建功立业，所以一想到未来等待妻子的是守寡的命运，便也只是耸耸肩而已。

荷马把赫克托尔塑造成了一个十分善于用矛，但如果情况需要也一样可以用剑的人，但事实上赫克托尔很可能也是一个弓箭手。大约公元前 1225 年，离特洛伊不远的某位西安纳托利亚国王把自己的画像以浮雕的形式刻在了悬崖上。这位国王昂首阔步，手握一矛，肩悬一弓，腰间塞一匕首。这身装备把他衬得有多么雄姿英发，或许就能把赫克托尔衬得有多么英明神武。

荷马笔下的赫克托尔高大英俊，黑发随风飘扬，眼睛因为他的英勇无畏和锐意进取而闪闪发光。他可能面上无须，头发在脑后扎成了一个马尾，也有可能耳戴金环，身穿绣有图案的褶裥短裙，脚蹬赫梯样式的足尖翘起的鞋子。如果赫克托尔穿上胸铠后不舒服，他不需要像普通人那样用手刮去汗渍，身上也没有普通人因汗渍而发出的臭味，因为赫克托尔不是平民，王室成员每天都会洗澡。

赫克托尔是那种虽尊为王子但依然渴望证明自己是个勇士的类型。古代近东的文献清楚地证实了这一点。他知道唯一能证明自己不再是个小男孩的方法就是去带兵打仗，发号施令，正如一位马里国王在信中尖酸刻薄地挖苦他的废物儿子一样。[5] 一位赫梯国王告诉年轻的巴比伦国王，除非他亲自带兵袭击敌人领土，否则不久后别人就会说他和他的父亲一样，光说不做；而赫克托尔则有一个年事已高的英勇的父亲，经常提醒他小心谨慎。[6]

老国王普里阿摩斯，已头发全白，声音沙哑，只能在特洛伊城内活动，再也无法奔赴他曾驰骋的战场，但他还握有发号施令的权力。普里阿摩斯判断准确、自控力强，是青铜时代用兵打仗的个中老手。在他的带领下，特洛伊组建了一个战略同盟。普里阿摩斯知道特洛伊最好的应战策略就是防御，把敌人赶得离城墙越远越好。普里阿摩斯可能还知道某位赫梯国王的一句话，即在外围放弃抵抗就会被扼杀在敌人步步紧逼的围攻中。[7] 首选就是在敌人登陆的时候将其在沙滩上全部歼灭。如若失败，特洛伊士兵会在平原上与希腊士兵作战，绝不让他们靠近特洛伊城一步。如果这个策略还是没有成功，那么他们应该撤退到战车无法进入的壕沟和用于保护下城区的尖木栅之后。因为有城墙掩护，所以城堡是最后的避难所。但只要众神一如既往地站在普里阿摩斯这边给予帮助，最糟糕的情况就永远不会发生。

　　风暴之神——对希腊人来说即是宙斯——对普里阿摩斯和他的子民比对世上的其他国王和国家更为爱护。[8] 风暴之神以塔亨特（Tarhunt）或特舒卜（Teshub）之名闻名安纳托利亚，他是特洛伊万神殿的主神之一。普里阿摩斯最受他眷顾，主要是因为这位国王懂得自助者天助。普里阿摩斯不仅聪明，而且有着与他年龄不相符的勇敢。这位老国王是如此果敢且杀伐决断，以至于他的敌人在惊讶之余都会对有着"铁铸之心"[9]的他感到钦佩。这个国家没有任何人比普里阿摩斯在财富和子嗣上更为神所庇佑。[10] 接着希腊人来了。

　　特洛伊人当然知道希腊人来了，因为他们附近伊姆罗兹岛和忒涅多斯岛的伙伴给他们发了信号。据赫梯条约记载，盟军充当的是"边防兵"和"守夜人"的角色。[11] 火把作为军事信号至少可以追溯到公元前18世纪的美索不达米亚。这个时代也十分看重情报在战争中的作用。马里城就成立了一个情报机关，领导它的官员有一个很好听的名字——"小蠓"（little gnat）。[12]

特洛伊很可能效仿了这一行为。荷马书中特洛伊人曾征募瞭望员，可能就是像线形文字 B 中记载的皮洛斯王国设置的"海岸观察哨"（coastal watchers）那样。[13] 有一个瞭望员是赫克托尔的兄弟波吕忒斯（Polites），他腿脚快而且视力好。虽然希腊人已经很难掩饰他们的行动了，但波吕忒斯带来的消息依然备受欢迎。

从奥利斯海港到特洛伊的途中，希腊人可能首先在斯基罗斯岛（the island of Scyros）停留，洗劫当地。如果在史诗集成里，阿基琉斯的母亲为了让他躲过战争而强迫他打扮成女孩儿的样子藏在斯基罗斯岛上使他感到十分耻辱的话，那么这次洗劫就是一场美妙的复仇。现在希腊人正在去往特洛伊的路上，斯基罗斯人已经没有机会抵御如此庞大的军队。除解决阿基琉斯的私人恩怨外，这次进攻还使希腊士气大振，士兵都因为这次胜利而跃跃欲试。这也是将军对士兵的一次考验，看看这支未经战争洗礼的军队是否会在战场上露怯。

接着他们继续向东北前进，到了利姆诺斯岛。这个岛的道路虽崎岖不平，却意外地物产丰饶，比如具有药用价值的黏土和甜甜的红葡萄酒。在利姆诺斯岛上希腊人过上了奥林匹亚众神般的生活。他们尽情地享用牛肉，恣意地一口饮尽杯中美酒。他们喝得越多，吹得就越厉害：希腊人可以以一敌百，不，是两百！[14]对于这些年轻的小伙子来说，这是他们最后一次大吃大喝了，但是将军却还不得不考虑接下来的对策。在从希腊北部横跨爱琴海到达特洛伊和达达尼尔海峡的途中，利姆诺斯岛就是一个跳板。对在特洛伊扎营的希腊士兵来说，这是一个潜在的可提供战略物资的重要来源，也是希腊人将俘虏卖为奴隶的潜在市场。因此，在继续行进前，将利姆诺斯岛安全地攥在手里非常重要。

但在利姆诺斯岛上做生意是要付出代价的——这就给了特洛伊人时间去准备应战。除荷马史诗外的史诗传统记载，离开利姆诺斯岛后希腊人走错了方向。他们没有在特洛伊登陆，而是到了往南 75 英里的密细亚（Mysia）海岸。他们误以为自己到达了特洛伊，就与国王忒勒福斯（Telephus）的军队作战。虽然国王的军队让希腊人死伤惨重，但忒勒福斯自己却为阿基琉斯所伤。传说只有从阿基琉斯矛杆上刮下来的碎屑才能医治伤口——这是一个证明希腊人会使用不同寻常的草药疗伤的例子。阿基琉斯巨大的长矛是由白蜡木制成，白蜡木树皮蒸煮后可以得到上好的药膏，涂于伤口之上。为了换得解药，忒勒福斯给他们指出了通往特洛伊的道路。

无论这个故事是否属实，它都突出地表明了早期航海和军事情报的发展十分落后。如果这个故事属实，那么就意味着特洛伊有更多时间备战。事实上，他们也确实准备好对付这些入侵者了。

特洛伊组织了一个庞大的联盟。其中一些来自欧洲——色雷斯和马其顿，但大多数属于安纳托利亚。同盟是安纳托利亚政治风云变幻的源头，赫梯文献也多有记载，因此荷马笔下特洛伊同盟的名单从历史上来说是真实可靠的。首先是特洛伊人，或者更准确地说是特洛伊人和达尔达尼亚人，分别提到了住在特洛伊平原和富饶的斯卡曼德罗斯河谷（Scamander River Valley）中部的人，其中斯卡曼德罗斯河谷地是埃涅阿斯的国家。接下来是特洛阿德其他地区的人，比如阿拜多斯、阿里斯贝（Arisbe）、泽莱亚（Zeleia）。然后是除特洛阿德外的安纳托利亚地区，包括正东边的密细亚、弗里吉亚（Phrygia），黑海边的帕夫拉戈尼亚（Paphlagonia），南边的赫尔墨斯河谷（Hermus River Valley）的迈奥尼亚（Maeonia），再往南的门德雷斯河谷（Maeander

River Valley）的卡里亚（Caria），还有安纳托利亚西南角的吕西亚。盟军可能也包括赫梯人，或许就是荷马所指的哈鲁贝的哈利宗奈斯人（Halizones from Halube）。[15] 所以就像在《阿拉克桑都斯条约》[16] 中承诺的那样，赫梯在特洛伊有难的时候派遣了步兵和战车前去支援——尽管并没有特洛伊所希望的那么多，因为赫梯自家门口也有敌人虎视眈眈。

但是，特洛伊还是召集到了一支令人望而生畏的军队。他们能聚集在一起当然要归功于普里阿摩斯个人的外交手段和财力，因为青铜时代各国往来都要献上顶级礼物。比如，在公元前14世纪的阿马尔奈文书里就有许多这种礼物，像黄金和青金石首饰、马匹、战车、美女，以及银器。荷马举出了金银杯或金银铸块、青铜三脚架、绣花长袍、精美的首饰、盔甲武器、传世之宝、上等佳酿、骡子马匹，还有女人。同时，还有一个古老的习俗，就是收下礼物的国王要一一还礼，更不用说要豪华奢侈地招待各国使臣了。[17] 这些礼物通常用最为周到的礼节赠送，但礼物背后的目的一旦曝光，国王就不得不开始还人情，而且代价高昂。普里阿摩斯可能还痛苦地记得，埃及人曾声称，赫梯国王耗尽全国的银子就是为了酬谢帮他打卡迭石之战的盟军。[18]

领军打仗的责任落到了赫克托尔的肩上。希腊人到达的前夜，他可能在城外召集士兵，或许是在拜提亚（Baiteia）山，荷马提及特洛伊盟军在此整队。这些士兵民族各异，事实上其构成如此复杂，以至于他们的语言混到一起就变成了刺耳的噪声。正如荷马所言：

> 战呼就是这样从军中
> 爆发出来，使用的不是一种语言，

这些人从各地方召来，语言混杂。[19]

　　和希腊人一样，这些士兵毫无疑问要分开扎营，以国家为单位作战。[20]但是为了协同合作，指挥官需要用他们各自的母语或者使用某种通用语来下达命令。

　　每个国家的军队都由不同兵种、军队单位和高层指挥官构成，这是青铜时代的标准做法。从赫梯、美索不达米亚和线形文字B的文献中还能找到一些军队结构的细节，但是最清楚的记载来自埃及。埃及军队中的步兵单位，最大的是师，由5000人构成；最小的是班，由10人构成。基本上是五个班组成一个排，五个排组成一个连，两个或多个连组成一个营。作战命令从上到下传达，即从法老到将军再到作战军官最后到普通士兵。步兵之外还有战车部队和精英士兵，如果情况需要的话，还会有海军、警备部队，以及外国部队。

　　这样就根本不用再多看关于特洛伊军队构成的现存文献。《伊利亚特》提到特洛伊50人一排，希腊100人一连，线形文字B文献罗列了从10人到70人不等、以10的倍数递增的军队单位。除了一些不同之处——当然还存在许多不同，特洛伊和埃及军队的构成单位几乎一样。

/ 056

　　出于军事上的考虑，青铜时代的作战命令大多是按照惯例下达。比如说，公元前1479年，在美吉多战役的前几天，法老图特摩斯三世和几个官员召开了一次紧急会议，接着就通过了一项全军作战计划。希腊人到达的这一天，赫克托尔毫无疑问也是这样做的。他和盟军指挥官共商作战计划，接着以各自的语言向军队传达。

　　在到达特洛伊的首日，所有将军都会召集各自士兵进行一次战前演讲，当时这已经是一项古代传统。如巴比伦国王汉谟拉比（公元前1792~前1750年）就知道在战前问候营帐里的士兵，并很清楚让他们"对这些话感到开心"是多么重要。[21] 无论何时那些过着部落游牧生活的哈那战士（Hana warriors）去巴比伦，他们都会受到欢迎并列队接受检阅，而且汉谟拉比还会亲自陪同用餐。[22] 图特摩斯三世在美吉多战役前发表演说，后来赫克托尔在同样情况下所说的话也是这些慷慨激昂的演讲中的典型。

> 让我们一起去进攻船只，如果你们
> 有人被击中遭到不幸，被死亡赶上，
> 那就死吧，为国捐躯并非辱事，
> 他的妻儿将得平安，他的房产
> 将得保全，只要这些阿开奥斯人
> 不得不乘船返回他们心爱的家园。[23]

勇气是这类演讲中另一个常见的话题，还有荣誉，还有证明自己是个男子汉的需求。"像个男人！"这是赫克托尔和阿伽门农驱使士兵上战场的方法。他们的话会在整个安纳托利亚上空回荡。赫梯士兵宣誓效忠他们的上级——所以神啊，请庇佑赫梯。[24] 他们发誓，如若不然就穿得像女人一样，把手中的弓箭扔下换成纺锤织布。他们还经常嘲笑敌人像女人一样，讥讽他们是驴、牛、狗那样的畜生。

一个好的将军会根据受众不同来调整演讲内容。比如在战争开始前夜，阿伽门农就知道谁该褒奖谁该批评。对于应受褒奖的人，他会这样说：

父亲宙斯、雅典娜女神、阿波罗在上
但愿这种精神在全军的胸中呈现 25

而懒汉则会被这样奚落：

阿尔戈斯箭手们，可耻的东西，不害羞？
你们为什么这样惊慌地站在那里？ 26

　　提振军队的士气很容易，但振奋普通百姓的精神可就是另一回事了。随着士兵涌出城门聚集到平原上，特洛伊遭入侵的消息肯定已经传开。特洛伊百姓无疑会对此做出不同反应。有人意志坚定，有人惊恐不已，但他们所有人都在瞬间警觉起来，因为希腊人马上就要来了。男人抛弃了平原上的牛群，女人也不再坐在织布机前织布。他们紧盯着地平线，看那些黑色帆船何时到来。有些人咒骂海伦给他们带来了血光之灾。有些人向特洛伊军队的守护神——风暴之神（根据赫梯文献，这是特洛伊的第一位神）起誓，他们会一直帮助他们的军队直到把入侵者赶出这片土地，会一直侍奉擅使白蜡木长矛的国王普里阿摩斯。27 其他人则担心希腊人会把他们像猪一样关在猪圈里，占城为主，随意屠戮特洛伊人，或把他们拉到岛屿上或遥远的希腊变卖为奴。28 正如美索不达米亚文献概括的民众面貌：看到家园被入侵时，城内响起"痛苦的呼喊声"。29

　　希腊人并不想一登陆就遭到特洛伊人的袭击，所以他们必须选择一个好地方上岸。实现成功登陆的一个关键点是要选择好一个敌人守备不严的地方。但特洛伊的城市布局让实现这点变得很困难。在西吉姆海角（Cape Sigeum）和今天贝斯克湾（Beşik

Bay）以北 7 英里的特洛伊港之间的爱琴海岸边，有几处沙滩，这些沙滩处于悬崖峭壁下——对守卫方是绝佳的优势位置。这使得特洛伊海港，以及在青铜时代晚期由达达尼尔海峡向南伸出的海湾成为进入特洛伊城的要道。那个海湾现已不复存在，因为早已被斯卡曼德罗斯河和西摩伊斯河（Simoeis River）淤积的泥沙堵住。青铜时代晚期，海湾西部提供了一个就算不是完全理想但也可勉强凑合的登陆点。这个登陆点是一片沼泽，只有通过达达尼尔海峡才可到达，而此处又有疾风暗流，凶险异常。南边有个不错的海港，就在贝斯克湾，被山丘上的堡垒守护着，那里当然有特洛伊士兵驻扎。

那么希腊人究竟是在哪里登陆的呢？荷马并没有给我们一个明确的答案，但为我们提供了线索，线索指向青铜时代海湾的西侧，这与最具可信度的希腊化时代和罗马时期的文献吻合，但现代学者对此却有分歧。一些学者认为希腊人会在贝斯克海湾选择一处更好的海港，亦即特洛伊港。但在特洛伊港登陆明显会伤亡惨重且又捞不到什么好处，这就压过了对长远利益的考虑，因此希腊军队高层很可能选择在青铜时代的海湾登陆。无论在哪里登陆，希腊人最终都取得了对特洛伊港的控制权，从而能够获取给养，或许还能从停泊的船只那里得到收益，这些都是特洛伊人将要失去的。

特洛伊人无疑会在两个海湾间布置兵力，而且他们一旦从瞭望员那里得到消息就会马上行动。如果希腊人幸运的话，特洛伊人会较慢展开行动。希腊人必须幸运，因为他们的首领阿伽门农低估了敌人的实力。希腊士兵的数量远超特洛伊分遣队的人数，以至于他十分自信能够碾压特洛伊。但阿伽门农貌似既不知道特洛伊联军的规模也不知道他们的实力，这点至少从后来他抱怨特洛伊在盟军数量上占有不公平的优势中可以看出。有名言道，要确保胜利，攻方人数须是守方三倍，这么说胜利的天平更倾向特洛伊。

但希腊人有三个优势能够帮助他们抢占滩头。正如荷马所言，他们的船只就是海神波塞冬的"海马"（horses of the sea, 马头鱼尾怪）[30]，迅速，敏捷，甚至只用半甲板，他们也能从高台将矛扔向、用箭射到下面的特洛伊人。希腊人对在沙滩上奔跑经验丰富，相反特洛伊人就没怎么练习过。希腊人知道如何在举盾躲避敌人放出的箭时迅速跳上岸，还知道怎么有序地把船停上岸，从而在最大程度上保护他们的弓箭手。

舰队带来的恐慌也使希腊人具有心理上的优势。荷马一次又一次地提到希腊那前所未有的舰队给特洛伊人带来的恐惧。比如，把普里阿摩斯的女婿伊姆里俄斯（Imbrios）从家乡佩达姆（Pedaeum）吓到了特洛伊城墙后面的，就是即将到来的希腊人的"弧形船"（the curved ships of the Greeks）。[31]而且，正如一位雅典将军后来指出的那样，看着敌军的船队在海浪中径直向你猛攻过来，真的会被彻底吓破胆。[32]

但希腊人最大的优势是他们步兵的实力和陆上军队的支撑。矛和剑是他们的主要武器。诚然阿伽门农也对纳入弓箭手和投石兵分遣队一事十分谨慎，毕竟他没有忘记安纳托利亚人长于弓箭。但是他在应对安纳托利亚的战车和弓箭优势上的主要对策就是方阵（phalanx）。这是一种原始方阵，既没有先进的护甲（advanced armor），也全无古典方阵（classical phalanx）的团队精神。但按照青铜时代的标准来看，它能起到震慑敌人的效果，相对来说，它凝聚力强、有重装加持、威力巨大。

从某种程度上说，希腊的作战方式，与公元前13世纪至公元前 12 世纪早期埃及浮雕上的施尔登（Shardana）军队很像。施尔登人是埃及军队里一支独立的异族军队，也就是说，在他们不忙于驾着长船与埃及交战的时候。就像浮雕所描绘的那样，施尔登人作战用剑和矛，而非弓箭。他们身穿褶裥短裙，手持圆盾，头戴饰有弯曲双角的头盔，有时双角之间还有一个鸡冠状半圆头饰。施尔登人是拉美西斯二世的近身侍卫。希腊人不是施尔登人（尽管年代先后并不清楚），但很像施尔登人，他们是近战专家。这看起来就像是希腊人在与埃及军队作战。

最近大英博物馆有激动人心的发现：一件公元前 14 世纪的绘有图画的埃及纸莎草纸（papyrus），终于从储藏室里重见天日。它于 1936 年即在 1922 年考古学家发现"图特王"墓室的后续发掘过程中被发现，但之后就被遗忘了。尽管这张纸莎草纸已残缺不全且不易重构，但还是可以清晰地看出，纸上所画为战争场景。图上至少有两个希腊战士同埃及人一起和利比亚人作战。之所以能确定图上的是希腊人，是因为他们戴了野猪獠牙头盔（boar's-tusk helmets）——荷马提到过这个装备 [33]，而且其中一人穿着牛皮无袖束带长袍，这是青铜时代爱琴海地区的代表性服饰。利比亚人带有弓箭。过去我们怀疑图坦卡蒙时期的埃及有希腊人出现，因为 1930 年在埃及出土了迈锡尼陶罐。从某种程度上说，我们现在可以在军事上确认这一点。

通常来说，希腊步兵由于缺少战车和投掷武器（箭和投石器），便通过加强团队协作和加快速度来弥补。再者，和施尔登军队不一样，希腊军队，至少军队中的一些人，身着重装盔甲。他们擅长在紧密有序的队伍中作战，让装备齐全的勇士带头。

并不是说希腊人在战车战上缺乏战术，而是战车在实际作战中会被许多条件牵绊。希腊国内基本没有什么好马，尤其是与安纳托利亚相比。可用船运送的马匹和战车数量实在有限。无论是在希腊军队临时扎营的这片狭长的海岸地带养马、驯马，还是在远离家乡的这些帐篷里维修战车，都相当困难。荷马描写了很多像阿基琉斯这样"捷足的"（swift-footed）[34] 士兵，我们在此基础上再多说一些，就是希腊步兵强壮而迅猛，站在地上用矛和剑攻击敌方的驭车兵，这样一个身体灵活、招招致命的复仇者形象就跃然纸上。

/ 061

特洛伊人多是驾车好手，这对于在平原上打仗十分有利。战车是一种多功能工具，它可以在战场上来回穿梭，也可以作为机动火力支援恐吓敌人。战车就像是坦克、吉普车、半履带车和广告宣传车的集合。就像马在赫梯大帝哈图西里什三世的心中是极为亲密且重要的存在——"给我送些种马！"[35] 他在信中向巴比伦国王命令道，普里阿摩斯也很喜欢它们。事实上，他亲自养过一些马，[36] 就像法老阿蒙霍特普二世（Pharaoh Amenhotep Ⅱ，公元前 1427~ 前 1392 年）一样[37]。

但这场沙滩之战不会是一场战车大战。这将是一场肉搏战。希腊船只不断到岸、士兵紧接着上岸，特洛伊士兵前冲阻截，希腊人同时也在努力推进特洛伊战线，此时天上弓箭与石块齐飞，在这种情况下，双方都不能维持紧密有序的队形。最终演变成了一场混战，荷马称之为"各自为战"，这是一场由"拳头和力量"决定的"单打独斗"和"近身肉搏"。[38]

毕竟，在守卫森严的地方实施两栖登陆是打仗时最为艰难的部分。雅典将军狄摩西尼（Demosthenes）提醒他的士兵记住这一点，当时斯巴达人以优势兵力登陆。那是公元前 425 年，地点是希腊西南的一个偏远地方，战争则是伯罗奔尼撒战争。狄摩西尼说，不要惧怕斯巴达人的数量，因为作为经验丰富的水兵，雅典人知道"击退坚守阵地的敌人是多么痴心妄想"。[39]

斯巴达人在公元前 425 年的那一天输掉了战争；雅典人把他们赶到了海里。毫无疑问，斯巴达士兵肯定和阿伽门农的士兵一般勇猛，但特洛伊的沙滩要比斯巴达人面对的岩岸容易进攻得多，况且斯巴达人可是人尽皆知的旱鸭子。总而言之，对青铜时代的希腊人来说，海上入侵就是家常便饭。

青铜时代的桨帆船可以径直冲上沙滩，桨先着陆，而且可以确定希腊人是这样做的，因为和船尾先上岸相比，这样显然更加迅速、更有力量。大部分特洛伊士兵一看到绯红船头的船就吓得四散逃开。训练有素的划桨手和经验丰富的领航员此时就变得至关重要，一些船可以击中目标，另一些就不能。一流的领航员，比如侍奉墨涅拉俄斯的佛戎提斯（Phrontis）——奥奈特（Onetor）之子——就被高度赞扬。[40] 相似的还有《奥德赛》中的顶尖划桨手费阿刻斯人（Phaeacians），他们十分强壮，只用一半力气就能把船推上岸——这可能只是一个夸大英雄能力的例子。[41]

开战前双方指挥官都会给士兵下达命令。弓箭是覆盖海岸和船之间区域的最佳武器，因此两军最好的弓箭手都已就位。投石机会对敌军造成巨大伤害，因此他们也会尽可能地让敌人处于射程之内。特洛伊军官可能强调过，希腊敌军在船刚冲上岸的时候最为脆弱。而希腊军官可能也提醒过士兵，特洛伊人在两栖行动上经验很少，不如希腊人擅长。

双方都努力使他们的英雄也就是贵族去迎敌。这既是合理的策略也是现实政治，因为和普通士兵相比，英雄都更加装备齐全，更加训练有素，而且他们的饮食条件更好。比如特洛伊这边的欧福尔玻斯（Euphorbus），国王普里阿摩斯的顾问潘托俄斯（Panthous）之子，幼时即被教授战车格斗技巧。[42] 再举一个例子，阿基琉斯小时候被英雄菲尼克斯（Phoenix）（荷马史诗中）和半人马喀戎（Chiron）（神话中）指导训练。相比之下，无论是希腊还是特洛伊士兵，虽然和埃及被征召入伍的士兵一样，都受过军事操练，但在战场上，他们所能使出的招数更多还是在谷仓场院或偏僻街道里扭打的。

那天早晨上船前，希腊首领们会决定好船只登岸的顺序，因为海港太小，不够容纳所有希腊船只。指挥官会希望精英士兵首批上岸，但也想为战争后期保存优秀战士。希腊人可能会预想以他们的节奏速战速决，但事实上等待他们的只会是一场恶战。

希腊人跳下船后会迎头碰上栅栏般的一排长矛。特洛伊人因为刺眼的阳光看不清对面的情况，但如果他们能够注意细节的话，或许会发现希腊船只的船头绘有狮子、公牛或猎鹰图案。[43]他们会听见木头撞击沙滩的砰訇声，还有敌人弓弦的弹拨声。

即便是亚述国王萨尔玛那萨尔一世（Shalmaneser I，公元前 1274~ 前 1245 年）那样的人，也从不认为战场是安静的。[44]他应该也知道，噪声是种武器。荷马笔下的英雄有着惊人的肺活量和狮子般的怒吼，在这点上他可能并没有太过夸张。原始条件下要指挥控制全军，领袖就必须总是考虑如何与士兵交流。而咆哮就是一项切实可用的技能。英雄的吼声能起到心理战的作用，很容易震慑敌军。所以荷马对之后战争的描写也可以应用到首战当日，以赫克托尔开场：

> 赫克托尔这样说完，带头冲向敌人，
> 将士们呐喊着跟随他，军队齐声响应。
> 阿尔戈斯人也齐声呐喊，勇气旺盛，
> 等待冲杀过来的特洛伊勇兵强将。

双方的喊声直达太空和宙斯的灿辉。[45]

　　松木船的船头冲上沙滩，紧接着色萨利国王跳船登陆，滩头堡战斗就此开始。他转过身面对敌人。个人领导能力在战争中一直十分关键，在遵循等级制度的青铜时代尤其如此。如果英雄都不打前阵，就不会有人上前。所以，伊菲克勒斯（Iphiclus）的儿子普罗忒西拉奥斯[46]之所以第一个踏上特洛伊的土地，不仅是因为最高荣誉，也是因为必须这样做。但不同以往的是，他还没来得及享受这份殊荣就成了第一个战死之人。赫克托尔——国王普里阿摩斯之子、特洛伊的王子——正候着他。他可能用矛瞄准了普罗忒西拉奥斯盔甲上的接缝处，或者是脖子以及脸上没有被护住的地方，通常这些部位都能被武器刺入并造成致命伤。

　　伟大的阿基琉斯本想第一个上岸，但他犹豫了一下，因为他相信第一个跳到特洛伊土地上的希腊人必死无疑。这是他身为神的母亲忒提斯（Thetis）告诫他的——某种程度上也说明就算糙汉有时也会跟着直觉走。因此，这场战争迎来了第一个受害者，同时也出现了第一个寡妇。在他遥远的家乡费拉刻（Phylace），普罗忒西拉奥斯独守空房的妻子日日垂泪、终日哀痛。

　　特洛伊的前锋可能会努力挤到敌人的船上，或至少用绳子把自己吊高以拿下艉柱上的装饰物作为战利品。所有足够勇敢去尝试的人都会经历一次雨点似的箭、矛齐射，同时还可能会有刀劈剑砍。

　　这一定是场苦战，但是我们没有看到任何有关普通士兵发挥作用的记载，而我们确定他们必然参与了战争中最为激烈的部分。说到普通士兵，文献记载上的寂静无声与真实战场上的喧闹嘈杂相比真是十分具有青铜时代的特色。举个例子，赫梯和埃及文献讲述战事的套路常常如出一辙：大帝或法老单枪匹马打败了不计其数的敌人。一个极端的例子就是埃及版本的卡迭石之战的官方记录：法老拉美西斯二世杀死的赫梯人堆积如山，以致卡迭石平原上血流成河、尸横遍野。[47] 法老有神庇佑。换言之，敌人只是一群乌合之众，但我方胜利是因为有一个拥有神明般能力的卓越的英雄。

荷马和其他史诗集成的作者都用了类似手法。他们着眼于伟大的勇士和他们神圣的庇护者，通常让观众自己填补士兵们激烈的混战场景。尽管荷马并没有对战斗中的普通士兵过多着墨，但其他文献可以帮助我们做出合理猜测。

现在以一块描述公元前12世纪早期的一次近海作战的埃及浮雕[48] 开始接下来的话题。它向我们展示了弓箭手可以给敌军造成的伤害，无论是在海航行还是在岸驻守的情况下。青铜时代普通士兵朝不保夕的原因是他们要么盔甲极为轻薄，要么根本没有盔甲——有时甚至脚上连鞋都没有。[49] 如埃及人所言，战死的士兵倒下船去，就如同鳄鱼沉入水底。[50] 拼命挤上岸的希腊人不得不费力越过地上的尸体，很多还是他们昔日的伙伴。一个见过战争现场的埃及人说，地上的尸体就像渔网里的鱼一样。[51]

一旦希腊人登岸，他们可能就会瞄向他们的敌人特洛伊人。武装完备的特洛伊贵族不易被击中，普通士兵如果握有枪剑，那么双方实力均等，但如果没有，就只能赤手空拳。就像某个希腊士兵在荷马并不会注意到的小兵面前吹嘘，如果希腊士兵结成一队，他们或许还能抓到一个特洛伊英雄，将他五花大绑，索取赎金。[52] 但更常见的情况当然是普通希腊士兵落到特洛伊英雄手里。

希腊人并不确定是否会赢，直到阿基琉斯——此刻终于上岸——杀了一个让希腊蒙受巨大损失的特洛伊盟友库克诺斯

（Cycnus）。库克诺斯天生神力。传说他的父亲是波塞冬，而特洛伊人更熟悉"海神"这个称呼。[53] 在青铜时代，称某人不是凡人而是神明，是对其伟大和强力的敬意。[54]

据说阿基琉斯用库克诺斯头盔上的皮带勒死了他。库克诺斯并没有在荷马史诗中出现，而是出现在史诗集成里。这些文献里的说法并不十分可靠，但是作为青铜时代的象征，作为特洛伊与海洋之间微弱关系的象征来说，库克诺斯还是很值得认真对待的。

库克诺斯是科罗奈（Colonae）的国王，这座城市坐落于特洛阿德的爱琴海岸，特洛伊以南15英里。青铜时代的科罗奈一直有人居住。科罗奈近海，对面就是忒涅多斯岛，在某些神话中库克诺斯的儿子最早来到这座岛上。同样非常有趣的是，库克诺斯是一个希腊单词，意为"天鹅"，但这也会让人想到赫梯文献中提到的特洛伊国王库库尼（Kukkunni）。[55] 我们不知道库库尼的统治时间，但可以肯定是在阿拉克桑都斯之前，而后者大概于公元前1280年坐上王位。怎么会有一个名字那么恰当，既让人想起一位青铜时代的特洛伊国王，又让人铭记第一个在与希腊人的战争中在爱琴海岸牺牲的人？

阿基琉斯的胜利让希腊士气大振。这极大地鼓舞了出色的希腊步兵继续向前推进，而特洛伊方面则考虑撤退和重整军队。当特洛伊士兵听见他们的上级高呼撤退回城的时候，胜利的希腊士兵可能会奚落、侮辱他们，就像埃及人羞辱利比亚人一样，骂他们软蛋，长腿就是为了便于逃跑，他们这种人为了快点逃回城，连弓箭、包裹甚至水袋都会扔掉。[56] 接下来希腊人就会剥落战死的特洛伊士兵身上的盔甲。

与此同时，特洛伊的守门人会敞开大门让精疲力竭的士兵涌进城。士兵死亡和失踪的消息一散播出去，城里的哭声就响了起来。此时普里阿摩斯或许正在城堡里焦急地与顾问商议。城墙上，守夜人可能预料到他们不仅会今夜在此，以后的许多夜晚也都会这样度过。[57] 每次一听到陌生的呼喊，他们就不禁浑身一紧。

希腊人已经占据了滩头。在照料伤员、收集尸体、感谢神明这些事情做完后，他们会继续向前，扎下营地。荷马坚称在接下来的九年里，这些军营都没有设防。像阿基琉斯和大埃阿斯这样的英雄带来的安全感，远非城墙和壕沟可比。只有在后来阿基琉斯因为气恼而罢战时，希腊人才不得不加强他们空虚的营地防备。这虽令人难以置信，却并非不可能。举个例子，卡迭石之战前法老拉美西斯二世的军队扎营时，只用盾牌围成营垒作为掩护。再举一个例子，古典时代的斯巴达没有城墙，而是相信它的精锐部队（还有高山）会吓走来犯者。但是说到特洛伊战争的时候，熟悉斯巴达的修昔底德对此做出的判断使人对他们肃然起敬，那就是希腊人刚来就打了一场胜仗，之后还记得加固营地。[58]

传统上认为希腊人把普罗忒西拉奥斯埋在了达达尼尔海峡对面，就在靠近赫勒斯海角（Cape Helles）的加利波利半岛边上。考古学家没有在这片遗址上发现公元前 13 世纪后，即特洛伊战争前一个世纪有人居住过的痕迹，因此这个传统说法的真实性还有待考证。但这个地方蕴含的悲伤却是真实的。从这里向南，隔着海峡希腊人能够十分清楚地看到特洛伊的高塔，顶部是普里阿摩斯的宫殿和神庙，周围有两圈城墙加护，越过达达尼尔蔚蓝的海面，所有的建筑在晨光中闪闪发亮。

但早在好战的普罗忒西拉奥斯入土为安前——无论他埋在哪里——通讯员都已经把战况带给了普里阿摩斯。当这位国王知道敌军在这场特洛伊海岸上的残酷战争中获胜时，他有没有直视长老们的眼睛？还是感到无地自容，否认他们对他的家庭政策招致的后果的评论？

或许在那天普里阿摩斯想要重新变回一个小伙子，就像很多老年人想的那样，回到过去他和盟军在弗里吉亚的萨卡里亚河（Sangarius River）一起作战的时候。[59] 或者他更想为以后做打算，希望事情能有一个全新的开始。无论如何，这位国王都必须面对这些已成定局的事实。

滩头堡战役结束了，可特洛伊战争的帷幕才刚刚拉开。

门栓被拉回到插槽里，两扇被金属包裹、紧闭的木门缓缓开启。[1] 旅人急匆匆地穿过防御进入城池——他们一声不响。若是城墙会说话的话，它会呼号着"杀！杀！杀！"，它会让将军们为了胜利而怒吼，它会让败兵们哭号着祈求抛下绳索来拉他们上去，它会让民夫们喊着号子用青铜的工具挖地道。然而今天，城墙却是死一般的沉默：这样一座用石头与土筑成的城，不流血是无法攻陷的。

牧民一大早就赶着他们的山羊、绵羊和牛群出城，而旅人正朝着相反的方向行进。这时正处于非常时期，敌人的军队在特洛伊肥沃的牧场上驻营扎寨。荷马描述了旅人旅行的结局；让我们想象一下他们的旅行。

奥德修斯，拉厄耳忒斯之子、伊塔卡的国王，有着拳手般的体格和猎人般的眼睛。他蓄着漂亮的胡须和长发，但是前面的头发剪短了，以免在战斗中被敌人揪住。他身披一件厚重的羊毛斗篷，底下露出丝滑的长衣。斗篷是双折边，紫色的。褶皱由一枚金色胸针扣住，胸针上刻有一只猎犬咬死小山羊的图案。他戴上了他的面具，像王室抄写员撰写最后通牒时使用的兄弟情谊的语言一样虚伪，又像青铜时代将军为抢占先机而趁夜偷袭一样狡猾。[2] 兵不厌诈，没有人比奥德修斯更了解这一点。也许他的伙伴墨涅拉俄斯想一雪前耻，但奥德修斯只想赢。

他脸上的表情是一个谜，让人猜不透；不像墨涅拉俄斯的眼睛里燃烧着愤怒的火焰。这二人各自乘坐一辆双马战车，驾车的是一位值得信任的朋友。他们由一支重装持矛护卫队护送，但不是来自他们自己的军队。他们是特洛伊人，是为希腊使团引路的。

他们是一支精锐之师，青铜盔甲在阅兵场上熠熠生辉。他们既要保护特洛伊不受希腊人侵扰，也要防止特洛伊伤害希腊人。让长发的希腊人看到特洛伊坚固的城墙，避免看到需要修复的地方；不让特洛伊人和他们拖着长裙的妻子看到希腊人，以免生起复仇的怒火。希腊人虽然刚刚抵达特洛伊，但他们已经制造了难民和哀悼者。

两位到访的国王反应各异。墨涅拉俄斯可能已经全身血液沸腾，因为他已身处特洛伊，在此处他通奸的妻子正在侮辱他的名字，而她的情人正使他蒙羞，还藐视众神。帕里斯违反了好客之神宙斯的规定。至于奥德修斯，他是一个经验老到的强盗，是一个天生的侦察兵，是希腊军队中最狡猾的人。我们可以想到他好奇心强于怒火。铺砌的街道，宽阔的庭院，象征军队之神的公牛的异域雕像[3]，蒙着面纱的女人，以及当他们在特洛伊山上往上爬时愈发强劲的风——奥德修斯能够洞察一切。

古代近东礼仪要求国王向对手下挑战书。一位赫梯国王说，以偷袭的方式发起战争，实在有失风范。[4]因此，希腊人到这儿来，给特洛伊人最后一次求和的机会，否则就是死路一条。聪明的特洛伊人知道赫梯的惯例是先礼后兵，一是为了威胁敌人，二是为了达成协议。[5]如果敌人拒绝让步，他们就发动战争。但希腊人没有心情达成协议。特洛伊人应该退让，恢复和平的决定权在特洛伊人手中。为了海伦，付出这么多流血牺牲，值得吗？

奥德修斯和墨涅拉俄斯前往安忒诺尔那里做客。尽管两军交战，他们也不会忘记给他捎点礼物，礼物里面也许有一小尊神像，就像某位希腊国王曾经赠予赫梯国王的那样。[6]安忒诺尔可能住在下城新区的一栋两层豪宅中。当特洛伊在约公元前1300

年的地震后重建时，严格的阶级隔离就结束了；富人不再只住在城堡里，城堡不再只是富人的预留地。

想象一下，安忒诺尔的房子刷了颜色，有一个独立厨房，厨房地底埋了十几个大瓶，以供冷藏。房子里面有进口珠宝和印石、精致的陶器和银碗、编织品和象牙雕刻品。也许连最近出土的祈祷男子青铜立像，都可能是安忒诺尔的藏品，立像中的人物大眼睛、直鼻子，显然是赫梯人的工艺。

虽然安忒诺尔是特洛伊人，但他也是希腊人的朋友——不过他在特洛伊并不是一个卑微的人。安忒诺尔是一位年长的政治家、贵族和皇家顾问。他与希瑟乌斯（Cisseus）的女儿塞阿诺（Theano）结婚，塞阿诺是雅典娜的女祭司，这是安忒诺尔社会地位的标志。安忒诺尔与特洛伊人辩论时，总是站在希腊人这边。可能是商业利益、血缘关系和姻亲关系将他与希腊人绑定在一起。在雅典娜心中是否有和特洛伊相当的城市？我们可以假设有这样一个，因为我们知道安纳托利亚的众多城市一直得到一位女神的保护。

即便没有希腊方面的影响，安忒诺尔也有足够的理由呼吁和平：他有许多儿子，毫无疑问，他不想让他们在战争中死去。因此，当墨涅拉俄斯和奥德修斯在特洛伊集会上发言时，安忒诺尔支持他们。希腊人要求将海伦和被盗的斯巴达财物归还。

两位希腊演讲者给安忒诺尔留下了深刻的印象。墨涅拉俄斯在体格上更有气势，但讲起话来就不是那么回事了。他说了必须说的，但看起来太急于表达。就在几分钟路程之外，他的妻子海伦坐在帕里斯的屋下。墨涅拉俄斯心里知道会上的每个男人都鄙视地看着他。他所说的每一个字都可能被视为软弱的标志，所以难怪这个人的演讲很短暂。

奥德修斯就不一样了。他的讲话富于技巧性，带有他自己的特点。一开始，他假装自己是个乡巴佬，快要被这座大城市给吓死了，只知道抓住自己的权杖，傻傻地盯着地上看。接着他就开始展现自己，在会上妙语连珠。他言语间透着男人的坚韧。战争是奥德修斯的职责。当他提到阿伽门农时，言辞愈发粗暴：

> 宙斯注定我们从青壮至苍老都要在
> 艰苦的战争中度过，直到一个个都倒下。[7]

但特洛伊人并没有如奥德修斯所愿。事实上，在混乱的集会中，场面几乎失控。主战分子是另一个有身份的特洛伊人——安提玛科斯（Antimachus）。像安忒诺尔一样，他也有许多儿子。但他的儿子们的先后战死并未改变他的立场，没人会向希腊人投降。安提玛科斯是一个脾气暴躁的男人，但荷马说这件事其实另有隐情：安提玛科斯被帕里斯用上等礼品即大量的黄金收买，毫无疑问这些都是从斯巴达带回来的财宝。

安提玛科斯不仅反对归还海伦和盗来的宝物，他还说特洛伊人应该杀死墨涅拉俄斯。正如阿伽门农后来所说，这是可耻的暴行。[8] 其实这也是一个聪明的举动。杀害墨涅拉俄斯不仅会令希腊人损失一位优秀（即便不是卓越）的领导者，更会使战争失去逻辑。希腊人将发现自己正在为一个死人夺回海伦。杀死奥德修斯也会是一个明智之举。从长远来看，没有一个希腊人能像他对特洛伊造成那么大的破坏，只是当时特洛伊人并不知道。

最后，这二人被一路护送，安然无恙地回到了他们在海边的营地。但他们空手而归，既没有带回海伦也没有拿到宝藏。没有议和一定是普里阿摩斯批准的。他一定欢迎通奸的王后待在特洛伊，以温柔和体贴待她。虽然其他特洛伊人将这场战争归咎于海伦，但普里阿摩斯坚持认为，就他而言，这是众神的责任，不是她的责任。[9] 他从未想过将她送回希腊人的手中。

后来，他也顶不住压力了。普里阿摩斯不能忽略国内政治情况，贸然发动战争。这是所有国王都不敢的。青铜时代，从迦南诸城到赫梯首都都潜伏着内战危机。迦南的城市长官承认他对自己农民的恐惧；[10] 另一位则被一个鄙视他的弟弟驱逐出境。[11] 在赫梯历史上，全体或其中一部分人的斗争可能会迫使一个城市投降。[12] 公元前 13 世纪，特洛伊在不久之前经历了内战，迫使赫梯的同盟者、国王瓦尔姆流亡，所以普里阿摩斯和他的家庭不得不小心行事。

归还海伦等于承认一开始就不该接纳她。这一承认很可能会导致普里阿摩斯家族垮台。这会给王室另一个分支发动政变提供口实，这个分支里不缺少觊觎王位的人，甚至像安忒诺尔这样的局外人也不会坐视不理。

同时，普里阿摩斯在集会中的支持者也反对绥靖政策。如果特洛伊归还海伦和珍宝，贪婪的希腊人会要求更多。接受希腊使者的要求，就是拱手让出特洛伊的独立。让敌人试试攻占这座城市吧，很快他们就会沮丧地停下让步。特洛伊人要是有爱国主义和耐心，这些争论也就消失了。

所以普里阿摩斯和他的臣民选择直面战争并争取赢得胜利。这让希腊人别无选择，只能磨刀擦枪，发动战争。墨涅拉俄斯神采飞扬，因他喜欢复仇的快感，沉醉于死亡的迷人气息。特洛伊的高墙也会被奥德修斯这个实用主义者摧毁。

希腊人接下来做了什么？他们如何战斗？这些问题实际上要比表面上看起来困难得多。《伊利亚特》中没有给出直接的答案，而把重点放在战争倒数第二部分。另一部早期的古代史诗《库普利亚》，讨论了战争的前几个阶段。但这首诗中只有几行得以存留下来，而且《库普利亚》的可靠性还不如荷马史诗。幸运的是，荷马史诗中给出了早期战斗的相关线索。

第一条线索是大海、马儿和地震之神波塞冬的话。即使是神灵等神话人物说的话，也能反映荷马史诗的真实性。古代人都是虔诚的信徒。例如，在青铜时代，赫梯人和埃及人的史书中常记载神在军事行动中发挥的作用。赫梯抄写员都会写行军时神灵在前方指引他们，胜利是神灵赐予他们的。使者只在有神灵参与和见证的集会上才立誓遵守某项条约。在关于卡迭石之战的诗中，法老拉美西斯二世宣称阿蒙（Amun）神曾与他对话，并指引他向前。

即使在古典希腊的理性主义鼎盛时期以及后来，在激烈的战斗中也能看到众神和英雄的身影。有时仅仅是他们的出现也会鼓励士兵；有时众神也会提供具体的军事建议；有时他们甚至参与战斗，例如在马拉松（公元前490年）、萨拉米斯（Salamis，公元前480年）、伊哥斯波塔米（Aegospotami，公元前405年）和留克特拉（Leuctra，公元前371年）的决定性战役中，当时的人都认为众神和英雄也参与其中。

在特洛伊危险的平原上，唯一确定的靠山就是众神。人们需要相信雅典娜、阿波罗或者伊阿里（Iyarri）关心他们的命运，要不然他们心里就只有等死的孤独感了。因此，当荷马用大量篇幅讲述奥林匹斯山之事时，他并不仅仅是在做表面功夫；他打开了一扇通向古希腊士兵心灵的窗户。当荷马引用一位神的话语时，他可能是要表达当时人们想要听到的内容。

战争进行到第九年，当战斗进入胶着状态时，为提振希腊人的士气，波塞冬对敌人嗤之以鼻。第九年是荷马估算的时间：我们已经看到真正的战争要短得多。他问道，当特洛伊人通常表现得像受惊的鹿时，希腊人怎么能让特洛伊人把他们赶回船上呢？特洛伊人一直在树林里奔跑，仿佛害怕狼群；他们毫无防御，又无心战斗。他们从不愿坚守阵地，反击希腊人的武装力量。[13]

阿基琉斯提出了类似的主张。他说，到目前为止，赫克托尔从来没有想过在远离城墙的地方战斗，他只会前进到特洛伊正门或斯坎伊恩门（the Scaean Gate）的橡树旁。在那里，他会得到在大门两侧塔楼的士兵的帮助。即便如此，希腊人补充说，赫克托尔有一次还是差点落到阿基琉斯手上。[14]赫拉说得更为严重，她声称，当赫克托尔来到达达尼尔门时，他甚至不敢走到墙外，大概是因为这个后门没有可以掩护他的堡垒。[15]

听上去有些夸大其词，但特洛伊人的确是把主要精力都放在了战争防御上，任由希腊人在墙外叫嚣。正如波塞冬所说，也许有些特洛伊人是懦夫，但大多数人是明智的战略家。像他们在古代近东其他地方的弟兄一样，他们更愿意主动站出来，参加战斗，让自己名垂青史。

特洛伊人的选择十分有限。从战术上来说，他们可以通过游击的形式消耗希腊人——而且我们完全可以认为特洛伊人的错误正在于他们打游击的次数太少。但是当遭遇希腊阵营的正面攻击时，特洛伊人避开它则完全正确。特洛伊人依赖盟友，所以他们必须避免伤亡；高伤亡率将使这些盟友抛弃他们。通过保持战略防御，特洛伊人在当时屈服于战争的现实问题。

在青铜时代晚期，要想征服一座防御完备的城市有三种方式：猛袭、围攻和策术。[16]猛袭意味着要么搭梯子爬城墙，要么用撞墙车、锤头、斧头凿穿城墙或城门，要么在墙下挖地道。围攻意味着围住城墙，以阻断补给，使防御者挨饿投降。策术指任一诡计或多诡计，有时与墙内的叛徒相勾结，可以控制城市。

三种方式中任意一种都是困难与危险并存。破城意味着首先必须到达城墙脚下，也就是说要么在激战中取得胜利，要么就要偷袭成功。在特洛伊平原上多年的间歇性战斗中，希腊人曾几次攻到城墙脚下，但特洛伊人总是很快就将他们赶回去。特洛伊人对美索不达米亚的谚语深信不疑，即如果缺少强大的军队防卫，即使有厚厚高高的城墙，也守不住一座城。[17] 战车是特洛伊的"秘密武器"。奥德修斯知道，在骑兵上马的瞬间，战斗胜负已决。[18] 所以，难怪那日他启程出征，临行前告诉妻子佩涅罗珀（Penelope），也许很多希腊人回不来了。[19]

希腊军队得不到本土的补给。于是，大批希腊士兵开始要么出海抢些食物，要么在达达尼尔海峡另一边的加利波利半岛安顿下来种田。以上可参见修昔底德的著作。[20] 这位清醒的历史学家或许是对的，因为后来的希腊军队在必要时做了同样的事情。由于希腊人无法紧密团结起来，这些打仗的希腊军人只能白白流血牺牲，失望又无助。这就是为什么后来奥德修斯把特洛伊战争描述为"宙斯声如洪钟，下达了死亡的命令"。[21]

人们常常会谈到特洛伊围攻战，但实际上它并不存在。希腊人从未包围过这座城市。他们没有建造栅栏，也没有挖沟渠切断特洛伊在陆上与外部世界的交通，因为他们根本没有那个能力。他们缺乏在城市周围建立包围圈的数量优势，容易遭到特洛伊人的大规模反攻。奥德修斯又说，特洛伊守城士兵"就像在春天冒尖的叶子和绽放的花朵，不计其数"。[22]

在战争的最后阶段之前，有三回希腊军队都攻到了城墙脚下，而且几近成功占领这些城墙，就在西门一棵比较显眼的野生无花果树附近。如果青铜时代的军队有份战地手册，里面会编一些攻墙战的策略，比如趁夜偷袭，或者引诱敌军擅自离岗，使城墙失守。早期的赫梯统治者皮坦纳（Pithana）和他的儿子阿尼塔（Anitta，公元前 18 世纪？）二人都在夜里偷袭过敌人的城市。[23]我们不知道希腊人是否使用过这样的战术，还是采取更直接的方式赢得一场激战，接着继续向特洛伊推进。确定的是他们的"探子"发现了特洛伊防御工事中的一个弱点，也许是在西北墙上，那里之前是一个门的地方已经堆满了瓦砾，现在正在下陷。就是在那里，在两个埃阿斯——忒拉蒙之子和厄里斯珀（Oilean）即小埃阿斯、伊多墨纽斯、狄奥墨得斯、阿伽门农和墨涅拉俄斯这样一批最优秀的希腊军人的领导下，希腊军队几乎攻陷特洛伊。

士兵并没有散播这些消息，传言来自一名女子——赫克托尔的妻子安德洛玛刻。当时她和丈夫站在特洛伊城墙的斯坎伊恩门附近，忠贞的妻子给他提了军事建议。如果说这情景就像当年约瑟芬告诉拿破仑如何入侵俄国，这倒是佐证了特洛伊女性拥有相关自由。一位古希腊文学评论家甚至想删掉这不太像出自荷马所述的言论，因为他无法相信安德洛玛刻可以为她的丈夫讲授策略。[24] 但安德洛玛刻不是希腊人。她说：

/ 078

> 你下令叫军队停留在野无花果树旁边，
> 从那里敌人最容易攀登，攻上城垣。
> 对方的精锐曾三次想在两个埃阿斯、
> 闻名的伊多墨纽斯、阿特柔斯的两公子、
> 提丢斯的强大的儿子的率领下攻上城来，

也许是一个有预见的先知指点过他们，
或他们自己的勇敢鼓励他们这样做。[25]

  像安德洛玛刻这样的女人可能在城市掠夺中失去得最多，因为她最终会沦落为胜者的一名奴隶或情妇。我们不禁要问：她的三次几乎就要破城的言论是否同样属于夸张的英雄故事？因为只是尝试打破城墙这一项，就已经足够让特洛伊人感到惊恐万分了。

  尽管希腊人在攻打城市方面经验丰富，但他们主要是海上作战。我们不得不怀疑，在陆地上他们是否与陆地袭击专家如亚述人、埃及人和赫梯人一样厉害。

  登城墙要由精锐部队来完成，安德洛玛刻对是哪些希腊英雄领导了这次袭击一清二楚。阿伽门农、墨涅拉俄斯、其他国王和阿特柔斯的儿子已一一介绍过了。他们不说是希腊最伟大的战士，也起码是强大的士兵和关键的政治领导人。他们出现在攻击城墙的行动中也在意料之中。其他四名袭击者都是有名的士兵，分别代表希腊军中最优秀的拳击手、一刀毙敌的战士、最近一次大获全胜当天的那名老兵，以及一名更年长的在战斗中无私奉献、积累了丰富经验的男子。后两者继阿伽门农和年长的涅斯托尔之后率领多支小分队攻打特洛伊。奥德修斯是位全能的战士和杰出的城市掠夺者，不过并没有记录显示他参与了攻墙之战。特洛伊人在打仗时也许都分不清人群中谁是奥德修斯。他比其他希腊英雄都要矮小，安德洛玛刻或许没有在人群中发现他。以下是突击队的其他领导人。

  伊多墨纽斯，他是丢卡利翁（Deucalion）的儿子，克里特的国王。两个世纪前，克里特岛是希腊人的首批征服目标。他是个铁血硬汉，在战斗中举着一块巨大的八字形盾牌，盾牌由皮革制成，青铜镶边，并由两根鞭子固定在一起。纵使青春年少不再，他仍旧热爱战斗，并被称为伟大的长矛手。他棚子里的墙壁上胡乱挂着长矛、盾牌、头盔，以及从他杀死的特洛伊人身上剥下的胸甲。比起法老图特摩斯三世在公元前 1479 年征服美吉多时获得的 1000 多件武器和盔甲，包括两辆镀金战车，这还不算多。

伊多墨纽斯的八字形盾牌曾被认为不合时宜，因为在公元前 1500 年前后就没人用它了。但不久前，一块彩绘陶器碎片显示，这些盾牌在公元前 14 世纪仍有人使用，所以特洛伊战争时期的战场上也有人使用这种盾牌，是很有可能的。[26]

萨拉米斯的忒拉蒙的儿子大埃阿斯并不是个天才，却是一个杀气很重的巨人，从未对参与战斗说过"不"字。在希腊人中，只有阿基琉斯比大埃阿斯更高大强壮，而伊多墨纽斯认为，大埃阿斯可以依靠肉搏击败阿基琉斯，尽管他速度跟不上阿基琉斯。[27] 大埃阿斯与特洛伊最伟大的战士赫克托尔打了个平手。大埃阿斯就像一堵墙，所以人们称他为"希腊人的堡垒"。[28] 他战斗时全身披甲，手举大型塔形盾牌，盾牌由七层皮革制成，青铜镶边。迈锡尼艺术中描绘的大多数塔盾覆盖着牛皮，有些是金属的，因此荷马的描述还算比较准确。大埃阿斯通常使用的武器是长矛，但他力气大到可以抬起一大块大理石，将它举过头顶，然后砸向特洛伊人，砸碎他们的头盔和头骨。

由于一位与他同名的将领更加英勇，洛克里斯之王、俄琉斯的儿子埃阿斯只能被称为小埃阿斯。不过，面对暴乱，他游刃有余。他满嘴荤话，就爱争论，脾气不好，有时还要动武。他能留名史册，是因为他把卡珊德拉从雅典娜的祭坛上拖下来，强奸了她。第一次攻墙战时，让这个莽汉上场，怕是再合适不过了吧。

提丢斯（Tydeus）的儿子狄奥墨得斯是阿尔戈斯的国王。他常与奥德修斯这样的人物并肩战斗，与后者一样，他也是个全能的战士。虽然狄奥墨得斯是《伊利亚特》中最年轻的希腊统帅，但他在激战中依然表现出色。荷马详细描述了一场凶残的狂欢：狄奥墨得斯杀死了莱卡翁（Lycaon）之子、特洛伊伟大的弓箭手潘达罗斯，埃涅阿斯也差点命丧他手，甚至还打伤了战神阿瑞斯和阿佛洛狄特——这显然只是为了说明他在战场上无人可挡。至少自发端于公元前21世纪的美索不达米亚史诗《吉尔伽美什》起，就有勇士击伤女神的传统。

雅典娜钟爱狄奥墨得斯，就像女神伊什塔尔（Ishtar）爱恋哈图西里什三世（公元前1267~前1230年）。[29]伊什塔尔在亚述人眼中是"战争女神"。[30]拿赫梯国王来说，伊什塔尔一直在战场，一会冲在哈图西里什三世前面，一会又握着他的手。同样，当狄奥墨得斯浴血奋战时，他也许能感受到雅典娜的脉脉深情。

狄奥墨得斯身披全副青铜盔甲，他的头盔大概也是青铜的，插着一支马毛编成的羽饰，而他的盾牌也是八字形的。他身经百战，曾作为远征队一员，参与了最终摧毁底比斯城的战争；他的父亲提丢斯在这之前的战斗中死去，那次他们输了。但史诗传说中的故事说，他死得并不光荣。提丢斯杀死了一名底比斯战士墨拉尼波斯（Melanippus），但他自己也遭受了致命的伤害。在提丢斯奄奄一息的时候，他取出并吃了墨拉尼波斯的脑组织。众神准许战士们在获胜时欢呼，但他们禁止吃人肉：神话里说雅典娜收回了让提丢斯长生不老的诺言，以此来惩罚他。

要想摧毁有围墙的城市，必须使用梯子，士兵们要用盾牌掩护自己，弓箭手为袭击者提供掩护火力，投石也很有用。到青铜时代晚期，攻墙术已经大大提升。在古代近东地区，攻墙车和攻城塔很常见。最简单的一种撞墙车就是一根顶端镶有金属的长梁。攻城塔允许攻城的弓箭手向城垛上的防御者射击，从而保护在下面操纵攻墙车的人。另一个改进的地方是像埃及人那样在梯子上安装轮子。攻击者有时会靠墙建一个泥泞的斜坡。他们想尝试在墙壁下方挖掘坑道并攻进敌方城市。这并非无人知晓。

军事建筑师一直在争取掌握最前沿的军事技术，如特洛伊的城墙就是最新式的。这座城市的城墙分为两层，外层可以保护下城，内层则是一个可供防御者撤退的堡垒。由于方圆近一英里，外边的城墙比更加紧凑的城堡更难以防御。

外墙由石头做基，其上铺着晒干的泥砖，在北美更为人所知的是土坯。[31] 由泥、沙、稻草和粪肥混合而成的砖块便宜且易于制造。砖块可以缓冲撞墙车的撞击，但不幸的是它很容易遭到敌方坑道兵的破坏，他们可以直接劈开城墙进城。因此，石头地基越高越好。

在《伊利亚特》中，希腊人用木头和石头建造了一座堡垒，用来保护他们的营地。他们在周围挖掘壕沟，插上栅栏。特洛伊的外墙同样被木栅栏和堑壕包围，切入基岩，深8英尺，宽10~11英尺。每隔一段时间，就有敌人越过堑壕逼近城门。希腊人的壕沟是为了拦住战车而建造的，毫无疑问，特洛伊壕沟也是如此，但它也能拦住攻城塔，并且除了在城门口，任何地方都不方便操纵撞墙车。

在约公元前1300年之前，堑壕一直起着保护外墙的作用，但到了公元前 13 世纪，它已被泥土、陶器碎片和动物骨头填满。除非在不太可能的情况下，即陶片和骨头足够尖利，可以充当铁蒺藜（骑兵障碍），否则这将毫无军事意义。填埋壕沟也许是出于公共健康的考虑，因为雨水注入其中，可能会滋生蚊虫，导致更多人得疟疾。特洛伊人当时不知道为什么会得这种病，但他们可能已经注意到疟疾的暴发与壕沟之间的相关性。但最有可能的解释还是下城的繁荣和发展。人们在第一条壕沟东南方向约 300 英尺处发现了第二条壕沟，它可能作为防御屏障取代了第一条壕沟。

无论如何，特洛伊人都不会不做抵抗就让出下城，特别是公元前 13 世纪居住于此的富裕市民尚未撤离。该地足以坚守，还得益于位于东北大堡垒的那口井里的清洁水源。在约公元前 1200 年的特洛伊 Ⅵi 时代（以前称为特洛伊 Ⅶa 时代）的废墟中，人们还发现了投石器用的石块和金属武器。所有这些都可能是防守失败的证据。但是在攻破外墙后，敌人将不得不进入下城和它迷宫般的狭窄街道。然后他们会遇到更大的挑战：特洛伊人的堡垒。

特洛伊堡垒被称为帕加马卫城，高出平原约 100 英尺，是一座占地半英亩的要塞。防御者可以储存食物，也可以饮用地下泉水，这泉水通过人工挖掘的 500 英尺长的坑道网获取。

帕加马卫城为世界上最好的防御工事——城墙长 0.2 英里（1150 英尺），高约 33 英尺，厚度超过 16 英尺——所保护。城墙底部是由石头砌成，高约 20 英尺，上层土坯结构高约 13 英尺。墙上有供防御者通行的走道，有胸墙加以保护。他们用石头做基底，底部向外扩建了一些，形成了一个坡度。墙外的敌人碍于这一盲点，无法看到墙内守军的箭头。

大门是最先进的。南门，可能是城市的主要入口，位于公元前13世纪建造的巨大塔楼旁边。30英尺高的塔楼，是守卫者梦寐以求的。东门有一条入口通道，将攻击者引入两面墙之间的一个狭窄的庭院，在到达大门之前又引着他们拐过一个尖角。在公元前13世纪，庭院周长至少约为60英尺，并增设一座巨大的防御塔和一扇前门。壮观的东北堡垒利用了天然的悬崖，高约40英尺，宽约60英尺。或许堡垒守护着下城的一座城门，就像塔楼守护着堡垒高墙的南门。没有猛烈的战斗和流血死亡，希腊人是登不上特洛伊之顶的。想象一下，狄奥墨得斯在高强度的战斗中，如一头愤怒的狮子，带领他的精锐部队向特洛伊堡垒进击。

对城墙的攻击也是对感官的攻击：视听的冲击使防御者和攻击者同样恐惧。在他站立的地方，奥德修斯会听到拉满弓弦的声音，标枪掷出的嗡嗡声，吊索摆动的嗖嗖声，投射器撞击攀爬梯子的士兵背部的盾牌的声音，梯子哗啦啦的倒塌声，撞墙车撞向大门的砰砰声，守卫者遭到攻击和誓死守卫城门时发出的哼哼声，伤者的呻吟声，马背上的鞭子声，坐骑受到惊吓发出的嘶鸣声，号角为最后一次进击发出的嘟嘟声，以及风拍打城墙上空飘扬的旗帜的噼啪声。此外，还有一些不明显的声音，这样的低音——盾牌带的撕裂声，一名男性士兵垂死时发出的呜呜声与前者同样可怕。这一切声音之中，狄奥墨得斯战斗的怒吼声格外尖利，正如来自他内心深处某个地方的一声咆哮。

希腊人为荣耀而战，特洛伊人为保卫他们的家园和家庭而坚守，残酷的战争之神阿瑞斯想要尸横遍野。一个希腊战士可能会拖着身子，爬上梯子，登上堡垒，伸出满是水泡的手，然后在被刺死之前先将一个特洛伊守城者用长矛刺死。受伤的人会从堡垒和梯子上跌落。尸积如山，血流成河，有些人的手被砍断，有些人身首异处，有些人被开膛破肚。[32] 在炎热的太阳下，苍蝇会在周围嗡嗡叫，钻到这些人的嘴里和耳朵里。

然而，希腊人并没有成功闯入这座城市。特洛伊城固若金汤。

/ 085

那可能是个晴天，不过埃德雷米特湾（Gulf of Edremit）基本是晴天。想象这样一个场景：上面是湛蓝的天空，下面是由浅蓝色野花、番红花、五叶银莲花、菊苣和风铃草组成的花海。除了很少的杜松和一些为乘凉而栽的榆树，这就是片绿草的海洋。普拉科斯山（Mount Plakos）下的这片地方十分安静，唯一能听到的就只是牧人的烟袋声，还有皮毛油亮的绵羊偶尔的咩咩声，牛群则专心吃草，没有发出任何声音。七个牧人皆是底比斯国王埃埃提昂（King Eëtion）之子，底比斯就坐落于普拉科斯山下、埃德雷米特湾上部。他们是同父异母的兄弟。这些王子并不是因为日子清苦才去照料这些动物，而是因为它们属于王国财产，同时他们也能幸运地远离王宫和宫廷琐事。可想而知，现在除了玩闹、美酒，还有想着怎么才能找到愿意服侍他们的侍女外，他们生活得无忧无虑。但是突然间，一头愤怒的野猪冲出了树林。

那看起来像是野猪，但实际上却是个人。"捷足"的阿基琉斯，战神阿瑞斯的对手，青铜铠甲披挂全身，一手持盾牌，一手持巨大的青铜头白蜡木长矛。他极具破坏力，以常人难以置信的速度向这些小伙子奔来。他用希腊语怒吼着——虽然是听不懂的外语，但听起来令人毛骨悚然，一边把手中的标枪扔向最近的那个小伙子的颈部，紧接着拔出剑来砍杀。这一切发生得太快，他们甚至都来不及躲藏、求饶、利诱或反击。这七名手无寸铁的王子，就这样变成了七具尸体，而旁边那个巨人，一边流着汗，气喘吁吁，一边用受害者的鲜血涂抹自己，以示胜利。而且，现在他因为得到了一群质量上等的牛羊变得更加富有。

/ 086

荷马大概说过这个故事。真正的阿基琉斯毫无疑问会带着他的一排士兵前去偷袭。这些士兵是米尔弥冬人，他们热爱战争、打仗凶猛，是阿基琉斯忠实的好战友。

我们也会想到阿基琉斯的左膀右臂，墨诺提俄斯（Menoetius）之子帕特洛克罗斯。帕特洛克罗斯在米尔弥冬人中发挥了一定作用，类似于埃及军队最高将领哈伦海布（Horemheb），哈伦海布是"唯一的同伴，屠杀亚细亚人的那天，他在战场上紧随国王"。[1]换句话说，帕特洛克罗斯是阿基琉斯的首席代理人，也是一个实力强大的了不起的指挥官。战场上他杀气腾腾，战场下他温文有礼。早在幼年时期就对此学到一二，掷骰子的时候他一怒之下杀了玩伴。后来有希腊作者把阿基琉斯与帕特洛克罗斯写成了一对恋人，或许他们真的是恋人，但荷马并没有这样说。

阿基琉斯是荷马《伊利亚特》中的主要人物，彼时特洛伊战争约已持续九年，荷马花了大量笔墨让读者关注此时的阿基琉斯，他有时忧郁沉静，有时嗜血成性，这两种矛盾的性格在阿基琉斯身上不断交替显现。但荷马也有提到早年的阿基琉斯并不是那么多愁善感，他做事更讲求实际，也更注重效率。

荷马并没有提到阿基琉斯的脚后跟，也没有重复阿基琉斯母亲忒提斯的故事。忒提斯把她出生不久的儿子浸泡在冥河里，这使他几乎全身都坚不可摧。这些细节可能是后人加上去的，因为荷马笔下的阿基琉斯虽有神助，却是个凡人。

和希腊其他的大将一样，阿基琉斯身上也有一种与他并不相称的天性。希腊人在海陆两种环境打仗使他们的思想更为活跃，而特洛伊人制定的作战目标则仿佛是要完全摧毁敌军力量一样。希腊人的目的是切断特洛伊的所有援助，包括经济和名望，要让他们身陷孤立无援的绝境。而阿基琉斯就是那把毁灭之锤。

阿基琉斯来自希腊中部的佛提亚，在青铜时代的希腊，这个地区处于边缘地位。通过阿基琉斯身上的天赋和暴力，我们能看到这个时代最好和最坏的一面。希腊军中无一人的相貌或体格可与阿基琉斯匹敌。[2]他身材高大，仪表堂堂，还有一头马鬃般浓密的金棕色长发。谦虚不是英雄的美德，阿基琉斯也是如此。他认为自己高大英俊[3]，甚至还说：

> 没有哪个穿铜甲的阿开奥斯人
>
> 作战比我强，尽管会议时许多人强过我。[4]

阿基琉斯喜怒无常，但一旦他兴致来了，仗是怎么也打不够的。阿基琉斯由拼杀获得了每个英雄都想得到的东西：名声、荣誉、敬意。

在荷马所说的特洛伊战争的第九年，阿基琉斯声称他毁灭过不下23个城市，这样算来平均每年袭击2.5个城市。[5]即使23这个数字有夸大的成分，这种夸张的手段在青铜时代也是可以接受的。比如，东安纳托利亚国王阿努姆-希比（Anum-Hirbi，约公元前1800年）声称敌人毁了他12个城镇，赫梯文献中也有类似记录。[6]如果原本希腊人登陆只是想吓唬特洛伊人投降的话，那么这个计划已经失败了。但当特洛伊人继续推进防卫工作时，希腊人也制定了反制策略，慢慢绞杀特洛伊。他们袭击特洛伊领土，尤其是在防卫严密的特洛伊平原外的地方，他们采取了不同的行动：伏击特洛伊城墙外的平民，攻击特洛伊的村落和附近与特洛伊交好的城市。

希腊人驻扎在特洛伊有多个作用，其中之一是建立了海军基地，这让他们进攻其他城市更为方便，因为他们喜欢制霸海上，所以希腊人几乎可以沿着特洛伊绵长的海岸线随意发动攻击。他们就这样洗劫了许多城市：他们掳走了特洛伊的女人、财宝、牲畜；杀了他们的领袖，勒索赎金，还把剩下的大部分人卖到利姆诺斯岛、伊姆罗兹岛和萨摩斯岛（Samos）为奴。

在这个时代不只有希腊人从事海上掠夺的勾当。[7]举例来说，法老阿蒙霍特普三世（Pharaoh Amenhotep Ⅲ，公元前1382~前1344年）就与施尔登海盗有纠纷。而西南安纳托利亚的吕西亚人则是另一群臭名昭著的海盗。阿蒙霍特普之子，法老阿肯那顿（Pharaoh Akhenaten，公元前1350~前1334年）苦于为吕西亚海盗所扰，埃及村镇年年被他们抢劫，因此阿肯那顿指责塞浦路斯国王为吕西亚人提供援助。

希腊人的抢劫突袭——《伊利亚特》中有许多相关趣事——服务于不同目的。抢劫这种行为对于打消希腊士兵的疑虑可谓一针强心剂，也能让士兵从无聊的营地生活里获得片刻自由，更重要的是，这保证了原本粮草不足的希腊军队的物资供给。例如，奥德修斯带着他的人把特洛伊的盟军之一色雷斯的伊斯马罗斯（Ismarus）席卷一空。而这只是他们在回家路上的顺手牵羊之举。

牲畜在青铜时代晚期的战利品清单上非常重要，比如在埃及、美索不达米亚和赫梯文献中，牲畜常常被列为头号战利品。[8]再看希腊，抢走牛羊、马匹是一件光荣、有利可图而又十分暴力的事情。约公元前1400年阿塔里希亚（可能是阿特柔斯）袭击西南安纳托利亚的马杜瓦塔王国时，目标就是牛羊。[9]荷马提到过在希腊为偷窃牲畜打过形形色色的战争，就算是贵族在这些战争中被杀死也不足为奇。比如海伦的兄弟，斯巴达王子卡斯托尔就是在一次这样的突袭中被杀。同时，抢劫牲畜还可以扰乱敌人的经济和社会状况。例如，墨拉尼波斯，希刻塔翁（Hicetaon）

之子，赫克托尔的亲戚，是达达尼尔海峡边佩尔柯特（Percote）城镇里的一个重要人物。[10]当希腊人来劫掠他的牛群时，他谨慎而明智地逃到了特洛伊，被普里阿摩斯收留。墨拉尼波斯因此保全了性命，之后为特洛伊军队效命，但从此他再也不能在佩尔柯特合法地行使权力——假如这个城镇在希腊人光顾后依然幸存的话。

贩卖奴隶也可以牟得暴利。安纳托利亚的奴隶在希腊价格高昂，某种程度上是因为希腊人对东方奴隶的刻板印象，这在古典时代的希腊一样常见。但安纳托利亚人能够在青铜时代卖得高价更多是出于现实因素：一般来说，他们受教育程度较高，做事更加老练，技艺也比普通希腊人精湛。和希腊人相比，文明这棵大树显然在东方扎根更深；读写能力在东方普及，在城市里更是常见。神话里有说希腊人从吕西亚招揽工程师去伯罗奔尼撒的梯林斯修建举世瞩目的防御城墙。[11]

阿基琉斯曾把袭击城市一事看作"为抢夺其他男人的女人而战"。[12]但那时他在和阿伽门农因为一个女人而争吵并反目成仇。俘虏来的女人在埃及和赫梯的战利品清单中地位突出[13]，线形文字 B 泥板上的记载也把她们视为国王的个人财产。[14]然而，女人只是希腊四处掠夺的大量战利品的冰山一角。

最终，希腊到处袭击别的城市会损害特洛伊的利益，因为特洛伊与部分城市有姻亲关系，也可能是朋友、盟友关系。一些城市给特洛伊送去金银财宝等贵重"礼物"，其他城市也许会卖战略物资给特洛伊这个被围困的城市。在阿基琉斯洗劫的城市中，有 11 个在特洛伊周边。[15]希腊人不断骚扰那些城市的人民来羞辱特洛伊，而且他们会专门挑弱小的下手。由于不能直接包围特洛伊，希腊人就只能通过间接惩罚的手段来达到目的。

有多少人能像墨拉尼波斯一样，在为了人身安全背井离乡后又能有高墙躲避？这是切实可行的方法，但只有像墨拉尼波斯那样在特洛伊有能供养得起他的亲戚的人，才能在特洛伊这样的大城市保证饮食起居。大多数人可能要选择依靠地方要塞，但那里没有特洛伊的城墙保护，无法保证人身安全，只能寄希望于希腊人不会来到特洛阿德的这些小角落。特洛伊城里当然也有一些难民，但过剩的人口只会给城市的基础设施徒增负担。[16]

不消说希腊人认为袭击特洛伊平民是一场十分公平的游戏，比如冒险外出经商的人，甚至去溪边打水的女人也包含在内。荷马提到了流入盆地的斯卡曼德罗斯河的两条支流：

> 特洛伊人的妻子和他们的可爱的女儿们
> 一向在这里洗涤她们的漂亮衣裳。[17]

这不禁让人想起迦南的《基尔塔史诗》（公元前14世纪），里面说到女人从树林、禾场、水边逃走，逃去城镇避难，当时敌人的入侵仿佛"蝗虫过境"。[18]

我们从未听说特洛伊为了保卫这些被希腊袭击的城市成立过反希腊远征军。要么是他们缺少人力物力去保护这些城市，要么就是荷马遗漏了战争早期的一些细节。考古证实，特洛伊平原的南部尽头有两个设有防御工事的城镇。它们建在山口入口外，这个山口向南延伸贯穿整个伊达山。可以想象特洛伊士兵建好这些堡垒后，就可以向沿陆路行进的希腊人出击。不过希腊人似乎不必为此担心，因为他们驻扎在离特洛伊很远的特洛阿德边缘。攻陷特洛伊是很艰难，但打下普拉科斯山下的底比斯易如反掌。

战争结束多年后，皮洛斯国王涅斯托尔对在海上突袭时大放异彩的阿基琉斯记得尤为清楚。他确实很可能记得，因为在对忒涅多斯岛的突袭中他获益颇多，在那些抢来的战利品中可爱的赫卡墨得（Hecamede）被奖励给他做管家、侍女和床伴。她是伟大的阿尔西诺斯（Arsinous）的女儿，有着一头美丽的秀发和一张圣洁的脸庞。

　　一份罗马时期的文献列举了 17 个阿基琉斯洗劫过的城市，并称还有"其他许多"未具名的城市。[19] 但是这份后来的资料并不可信，最好还是根据《伊利亚特》，它明确提到了被阿基琉斯洗劫的六个地方：除了普拉科斯山下的底比斯城，还有吕尔涅索斯（Lyrnessus）和佩达苏斯（Pedasos/Pedasus），这两个城市都在特洛阿德，以及莱斯博斯岛、忒涅多斯岛和斯基罗斯岛（大概这些岛上的主要城市同时也遭到洗劫，正如荷马以斯基罗斯岛为例详细解释）。在莱斯博斯岛东部海岸，考古学家发现了青铜时代的城市塞尔米（Thermi），这个城市在公元前 13 世纪时遭到严重破坏。[20] 每个岛屿都会送一个漂亮女人给一位希腊英雄：除涅斯托尔的赫卡墨得外，还有来自斯基罗斯岛的伊菲斯（Iphis），她和帕特洛克罗斯同床，莱斯博斯岛的狄奥墨得斯的女儿弗尔巴斯（Phorbas）和阿基琉斯同床共枕（至少是为了填补他最喜欢的女性布里塞伊丝的空缺）。阿伽门农的众多战利品中包括七个来自莱斯博斯岛的美丽女人。

/ 091

　　希腊人在船上带了海军长矛以备海战。这些长矛据说有 40 英尺长，由铁环连接，青铜矛尖。不难猜测这些武器是要用于对付这些岛屿的，因为岛上很可能有船。青铜时代的海战没有详细记载，但清楚的是他们的主要攻击目标不是船，而是船上的人。最近发现的公元前 12 世纪的希腊陶瓶碎片上的图案支持了这一点。

或许最早记录的海战发生在苏庇路里乌玛二世（公元前1205~前1180年）统治的赫梯与塞浦路斯之间。[21]但目前还没有能够证实这点的文献：大约在同一时期，即公元前1187年前后，埃及和海上民族（the Sea People）之间发生过冲突，一块埃及浮雕就有力地证明了这一点。[22]双方船上都有弓箭手，士兵手持长矛、刀剑、盾牌。海上民族船只的桅杆顶端有多个鸭嘴状的凸出物，它们可能是某种攻城锤。而埃及人在岸上也有弓箭手支援。另一份资料——迈锡尼和米诺斯的一些围攻图像——显示，在几艘船逼近筑有防御工事的城市时，有人掉下船淹死了，这可能是战争带来的伤亡。

大陆这边，吕尔涅索斯和佩达苏斯（Pedasus）正在遭受与普拉科斯山下的底比斯同样的命运。它们谁先遇袭不得而知。尽管不能准确确定这些城市的位置，但荷马确实给我们留下了一些提示，所以我们据此猜测，这三个城市都位于埃德雷米特海湾北部海岸。

毫无疑问，阿基琉斯在杀了那七个王子后一定会带领希腊人将普拉科斯山下的底比斯洗劫一空。从理论上来说，希腊人很可能从他们在特洛伊扎营的地方徒步到那个城市，但中途道路崎岖。从海上走的话将会更加简单、快捷、便宜（耗费更少人力物力），同时也会更安全，因为特洛伊人阻挡不了希腊海军的去路。

这个城镇坐落在密细亚，以前叫作底比斯平原（今天叫作埃德雷米特平原）。阿基琉斯以国王埃埃提昂之名将它命名为"圣城埃埃提昂"。[23]埃埃提昂可能不是一个希腊人名；荷马笔下的埃埃提昂统治西里西亚人（Cilicians，不要和更知名的安纳托利亚南部的西里西亚人混淆）。普拉科斯山树木茂盛，可能是伊达山的余脉。

为了征服普拉科斯山下的底比斯，阿基琉斯可能需要一支足以攻下大型城镇的船队和相应的人手，同时又不损耗滩头营地的希腊兵力，让希腊士兵脆弱得无力还击。特洛伊人没有利用敌人暂时性的弱点。到底是特洛伊错失良机，还是希腊谨慎地通过派遣小队人马出去而保留营地的大量兵力，我们不得而知。另一个可能性就是希腊成功行骗：希腊人可能会在夜晚多点几处篝火，来掩盖偷袭者的离开。

一个合理的猜测是普拉科斯山下的底比斯是一个 2000 人左右的城市，大概可以召集 600 人上前线打仗。尽管被形容为"城高门大"（high-gated）[24]，但这里的防御工事并不能和特洛伊相提并论。想象一下希腊人享有三比一的人数优势，这个优势就算没有那么大也让人感到轻松。假设士兵同时兼顾划船，这种情况下就需要 1800 人或 36 艘五十桨帆船（penteconters）。除了长矛兵，希腊军队还需要弓箭手和投石机为攻城的士兵做掩护。他们也必须带上梯子，这样最先进攻的老兵就可以架起梯子爬上城墙。最理想的情况下他们还会带上攻城锤（battering ram）。无论如何，这场攻打普拉科斯山下的底比斯的战役大获全胜。"我们劫掠了那座城市，带回了全部战利品（带到驻扎在特洛伊的营地）。"[25] 阿基琉斯后来说道。

长长的船队从特洛伊海岸出航，向南前进。希腊人绕过礁石密布的莱克顿海岬（Cape Lekton），有节奏地划着桨。沿着特洛阿德南岸向东航行，他们发现船舷右侧是莱斯博斯岛，岛屿轮廓在太阳的暴晒下闪闪发光。他们穿过灌木覆盖的小山丘和陡峭的灰色悬崖，远处有驴子嘶鸣。他们还穿过夏季干涸的沟壑，因为早已没有雪水从伊达山山顶顺坡流下。最后他们到达了密细亚。停船后，米尔弥冬人从船上跳下，随首领阿基琉斯向山上的卫城走去。

希腊人攻破普拉科斯山下的底比斯后，阿基琉斯杀了国王埃埃提昂。据说阿基琉斯很尊敬埃埃提昂的遗体，所以他把埃埃提昂同盔甲一起火化，随后土葬。鉴于希腊人通常会剥去敌人的盔甲，这确实表现出了极大的敬意。阿基琉斯的举动是在向埃埃提昂的姻亲致意吗？这位国王的女婿就是赫克托尔，他把埃埃提昂的女儿安德洛玛刻带到了特洛伊。"遥远的特洛伊从未伤害过我。"[26] 阿基琉斯对阿伽门农抗议道。他说这话时确是出于怒气，但他对埃埃提昂表现出的骑士风范也确实是认真的。

至于其他从普拉科斯山下的底比斯的战争中幸存下来的人，少数富人或许会被绑架勒索，还有些人可能会被变卖为奴，其余的一律杀掉。一些女人和孩子会被卖为奴隶，美丽的贵族女人会被送给希腊英雄做情妇，而剩下的女人——我们猜测——会被强迫充当营妓。

除国王埃埃提昂的盔甲外，希腊人抢走了所有财宝；我们知道阿基琉斯一直保存着两件物品——一把里拉琴和一块铁块，铁块用在运动比赛中。在青铜时代，铁相对稀有且价格昂贵。至于里拉琴，阿基琉斯喜欢坐在他特洛伊的营帐里，弹奏这件音质纯净的乐器：

> 他在弹奏清音的弦琴，娱悦心灵，
> [那架琴很美观精致，有银子做的弦桥，
> 是他毁灭埃埃提昂的城市时的战利品。]
> 他借以赏心寻乐，歌唱英雄们的事迹。[27]

阿基琉斯还得到了一匹名为佩达苏斯的好马。至于普拉科斯山下的底比斯王后，要用巨额赎金才能将她赎回，毫无疑问这笔钱要由她的特洛伊女婿来付。安德洛玛刻和赫克托尔把她赎回了家，但她却死于"阿耳忒弥斯之箭"，也就是，她或许得了心脏病或中风。[28] 和特洛伊之间的关系给了希腊人另一个洗劫普拉科斯山下的底比斯的动机：这个城市可能是特洛伊的盟友，会给特洛伊提供"礼物"、情报或其他服务，尽管显而易见的是，它并没有派遣任何士兵支援特洛伊。普拉科斯山下的底比斯的毁灭切断了特洛伊的后勤支持，打击了特洛伊的士气。

其中一个被俘的女人只是从附近城市前来拜访而已。克律塞斯（Chryses）之女克律塞伊丝（Chryseis），来自特洛阿德西南的克律塞（Chryse）——离普拉科斯山下的底比斯只有 25 英里。根据一本荷马史诗的古老评注，克律塞伊丝本来是因为宗教原因去拜访普拉科斯山下的底比斯王后，这说得通，因为她的父亲是阿波罗的一个重要祭司。[29] 但这个不走运的女孩被船带去了希腊军营，在那里她被送给阿伽门农做情妇。这是一段灾难性的关系，间接导致了阿伽门农和阿基琉斯之间的争端和之后残酷的结局。但现在希腊人就是把被抓来的克律塞伊丝当作他们的战利品。

吕尔涅索斯也在普拉科斯山下的底比斯战斗中被希腊人攻陷。和在普拉科斯山下的底比斯类似，这次袭击也始于抢劫牛羊。阿基琉斯差点在牲口群中抓到一个高大的男人——安喀塞斯（Anchises）之子埃涅阿斯，特洛伊王室旁支的一个王子，战争和会议的领导者。我们可以想象这样一幅画面：

埃涅阿斯正手无寸铁地在这个村庄里检查牛群，这是他的经济支柱，突然敌人毫无预警地就攻了进来。埃涅阿斯瞬间就预见到他肥肥的小母牛、脖子粗壮的公牛就要像从手中流逝的金沙一样白白送人了。但现在不是痛哭流涕的时候，除非跃过神圣的伊达山上的小径，他的亚麻无袖长袍在身后飘荡，他的皮凉鞋飞过地上的石头和树根，否则高大的希腊战士就会出现在他身后，用青铜头长矛刺进他的背里。正常情况下，埃涅阿斯是战场上的雄狮，他可以用长矛刺穿敌人的喉咙，但因为现在追赶他的是阿基琉斯，他不得不像个惊惶的小女奴一样逃下山去。堪称奇迹的是，他竟比阿基琉斯跑得还快，一路跑到了吕尔涅索斯。正如埃涅阿斯后来解释的那样：

> 宙斯救了我，给了我力量和快捷的双腿。[30]

埃涅阿斯从阿基琉斯那里捡回了一条命，但吕尔涅索斯人可就没这么走运了。我们也可以想象他们的挣扎。希腊军队穿过乡村，然后开始向城镇发起进攻[31]，并不是只有袭击这个城镇的人才知道吕尔涅索斯人在呼喊什么或在意什么。[32]此时希腊人很可能昏昏沉沉的，心里又害怕又想家，迫切需要拿敌人泄愤。吕尔涅索斯人在大门前站成一排，毫不动摇，仿佛比石墙还要稳固。[33]希腊人突然开始齐刷刷地放箭、投石，迫使守城人后退。吕尔涅索斯人向牡鹿之王也是他们的守护神（Lord of the Stag）库伦塔（Kurunta）祈祷，只是此时他们已被神抛弃。他们不能阻止敌人劈砍大门，也没能阻止他们架起梯子爬上城墙。一声响亮的号声后，万箭齐发，希腊人获胜后在战场上的一声大吼，意味着战争结束。守城士兵有的倒在自己的血泊里窒息而死，有的满脸惊恐地看着满地残肢或者蜷缩在被矛刺穿了肚子、奄奄一息的马身旁，至少它的身上还是热的。

至于希腊人，他们发现杀人其实是一件累人的活儿，尤其是在大太阳下拉弓射向吕尔涅索斯人。还有就是要赢就一定会流血，他们这边也有伤亡。一些士兵用草药和绷带为他们的战友疗伤。头部伤势极为严重的人还需要外科手术治疗，这是唯一的希望，即去掉一部分颅骨以使头部消肿。最有名的方法就是颅骨穿孔，这是一项非常古老的手术，纯粹是孤注一掷，只有在万不得已时才会用。这项手术极少成功。

其他希腊人则要处理战败者。他们不仅要把牲畜圈在一起，还要去抢夺财宝。所有还活着的吕尔涅索斯男性都会被卖到爱琴海诸岛为奴。一些女人被当场强暴，之后又被强行拖走当作战利品。这些女人的未来从此就只围于去井边打水、坐在希腊的织布机旁织布，以及为毁了她们人生的希腊勇士暖被窝。她们关于家乡最后的记忆是遍地被这些希腊来的食腐动物剥得赤条条的男人尸体，这些尸体已经开始招苍蝇了，因为苍蝇在一英里外就能闻到死亡的味道。

阿基琉斯杀了两位吕尔涅索斯王子——米涅斯（Mynes）和埃庇斯特波洛斯（Epistrophus），二人都死在战场上的长矛下。他们的父亲欧厄诺斯（Evenus），塞利皮阿德斯（Selipiades）之子、吕尔涅索斯的国王，可能也被杀死了。阿基琉斯还杀死了贵族女性布里塞伊丝的三个兄弟和她的丈夫米涅斯，布里塞伊丝目睹了这一切。

荷马史诗里，不仅是布里塞伊丝，海伦、安德洛玛刻还有赫库芭都曾在城墙观战。米诺斯和迈锡尼艺术也证实女性确有这种行为。一个迈锡尼银水杯上的浮雕，描绘了六个女人向外眺望战场的情景，她们激动地向下面的男人挥手示意，还做出其他手势为战士鼓舞助战。[34] 但青铜时代的女人真的会如此积极果断又不怕冒险吗？她们就不怕被敌人的弓箭射中吗？答案很可能是肯定的。当法老卡摩斯（Pharaoh Kamose，约公元前1550年）带领一支舰队溯尼罗河而上去攻击阿瓦利斯（Avaris）时，他看到敌军的女人正在城墙上盯着他们。[35] 记录更加详细的古希腊后期历史，则为我们提供了围城时女人站在城墙上的几个例子。[36] 我们不应该认为守城者看到他们的女人在城墙上会士气大减。事实上，荷马说当敌我双方看到她们的时候，会不约而同地想起自己在为妻儿家庭而战。让女人观战也是对敌军的侮辱，这暗示着就算女人也敢于抵抗他们。

布里塞伊丝和吕尔涅索斯的其他女性被一起劫走。最终她被分给阿基琉斯做情妇，知道这个消息的时候她哭了起来。她抑制不住内心的恐惧：在亲眼看到三个兄弟和丈夫惨死后，她怎么敢和那个杀人凶手同床。但是帕特洛克罗斯安慰了她。正如她后来对他所说的那样：

> 当"捷足的"阿基琉斯杀死我丈夫，摧毁了
> 神一样的米涅斯的城邦，你劝我不要悲伤，[37]

帕特洛克罗斯许她以高位，告诉她阿基琉斯会把她带到希腊并同她结婚。这是一个非常慷慨的行为，也是一个明智之举。如果帕特洛克罗斯认定布里塞伊丝是阿基琉斯喜欢的类型，并不仅仅是玩玩而已，那么今天对一个受害者的善意可能就是明天飞黄腾达的捷径。尽管才刚从战场上回来，但这个极有手腕的人却从未忘记王室宫闱里的那些政治手段。

阿基琉斯在突袭中的行为说明了很多关于战争法则的东西，这是青铜时代晚期的普遍现象。阿基琉斯会同意赫梯国王哈图西

里什一世对胜利的描述："我像雄狮一样践踏哈苏瓦（Hassuwa）的国土，像雄狮一样屠戮（它），我令这里的一切都蒙上尘埃，搬空他们的财宝来填满哈图沙。"[38]或者像法老塞提一世（Pharaoh Seti I，公元前1294~前1279年）说的那样，践踏敌人带来的片刻的快感大于一整天的欢愉。对塞提一世来说，"践踏"意味着屠杀、毁灭，还有满山谷的躺在血泊里的敌人。他还特别挑出敌人中的父子一起杀掉，斩草除根。[39]在公元前1208年与利比亚人侵者的一场战争中，法老麦伦普塔（Pharaoh Merneptah，公元前1212~前1203年）的军队获得了丰富的战利品——超过9000人的断手和阴茎：这在青铜时代晚期的埃及非常普遍。[40]亚述王萨尔玛那萨尔一世（公元前1274~前1245年）夸口他让14400名敌人变成瞎子，或像某些人说的，只挖出了他们的右眼。[41]如果以这种行为来评断，那希腊人并不是最穷凶极恶的；他们只是遵守了当时的游戏规则而已。

按照塞提一世的规则，将敌人赶尽杀绝是常识，这就能解释为何阿基琉斯要在普拉科斯山下的底比斯外杀死那七位王子。但他们根本不是一个潜在的威胁。这些放牧的王子可能携带了匕首保护自己的安全，但除此之外，据我们所知，他们确实手无寸铁。那么这次阿基琉斯和米尔弥冬人仅是以屠杀为乐吗？这些王子并非被殃及的无辜，他们就是希腊人袭击的目标。按照今天的标准，阿基琉斯就算没被当作恐怖分子，也会被视为战争犯。

但阿基琉斯一边的人可能会狡辩说这些王子并不是普通百姓，他们是潜在的战士，随时会披挂上阵。阿基琉斯很有理由抓住他们。毕竟阿基琉斯正常情况下是不会杀掉敌人的，他会向敌人勒索赎金或把他们卖到爱琴海诸岛。正如阿基琉斯后来对这场战争的解释，那时他已经变得更加残暴：

> 我的心曾经很乐意宽恕特洛伊人，
>
> 我活捉了他们许多人把他们卖掉，[42]

典型的例子就是普里阿摩斯之子莱卡翁（Lycaon）。[43] 有天晚上阿基琉斯伏击了莱卡翁。当时莱卡翁正在特洛伊城外的王室果园偷偷砍下无花果树备作战车扶栏——也就是说，莱卡翁此时正在执行一个军事任务。阿基琉斯采取的行动就是偷偷监视。这虽说不大光彩，但会潜在地让希腊获利颇丰，于是伟大的阿基琉斯为了胜利毫不犹豫地堕落了。

莱卡翁是一件很有价值的商品；阿基琉斯饶他一命并把他卖了个好价钱，得到了 100 头牛和一个作为礼物送给帕特洛克罗斯的腓尼基样式的银制搅拌碗。买家是利姆诺斯岛上的希腊贵族欧纽斯（Euneus）——著名的阿尔戈英雄（the Argonaut）伊阿宋（Jason）之子。但对莱卡翁而言，幸运的是，一个与他们家族交好的朋友插了手：伊姆罗兹岛的埃埃提昂用 300 头牛赎回了莱卡翁。这说明这个利姆诺斯岛人获得了巨大的回报，因为那个腓尼基银碗显然绝对不值 200 头牛。甫一重获自由之身，莱卡翁就乘船去了达达尼尔海峡上的城市阿里斯贝，接着就踏上了回家的路途。

莱卡翁不是平头百姓，就算是的话，家境也绝不富足，因为普通百姓在青铜时代的战争中基本毫无权利可言。假如他所在的城市被占领，他自己也不幸被俘，那么作为普通人的唯一好处就是被卖为奴隶并逃过一死。但最好还是不要被抓住，即使这意味着要往山上跑。以阿帕萨 [Apasa，可能是后来的以弗所（Ephesus）］为例，这座西安纳托利亚王国阿尔萨瓦的首都，在公元前 1315 年前后被赫梯国王穆尔西里二世（Murshilish Ⅱ）占领。[44] 大部分人逃走了，其中许多人逃到了阿里南达山（Mount Arinnanda），可能就是今天的萨姆松（Samsun Dağ），古典时代的米卡尔山（Mount Mycale）。这座山绵延高大，海拔 4000 英尺。穆尔西里认为那座山地形崎岖，杂草丛生，不适合骑马攀登。因此，他和他的士兵步行去追——据说国王自己在前打头阵。穆尔西里说，这是和山的战争，而且国王赢了。

输家当然不是山，而是阿尔萨瓦的百姓。穆尔西里说，他们中的大部分人是被饿出来的。在冬天来临之前，阿尔萨瓦人投降了，尽管他们十分清楚前方等待他们的是什么：就像在他们之前其他国破家亡的人一样，他们会作为"驱逐者"被船运到哈提（赫梯），变成毫无人身自由的劳工，被迫终日做着枯燥的工作——他们，还有他们的孩子。穆尔西里说驱逐者总数难以估计，仅王室留用的已达 6200 人。

无论希腊士兵在偷袭中得到了什么好东西，都属于整个军队而非个人。战利品的分配根据士兵参加作战行动的次数而定，而头领有资格得到额外份额。每个人的所得称作"基拉"（*geras*），即"光荣的赠与"或"奖励"。但有时这又是"有毒的礼物"：之后的希腊历史清楚地记载了为战利品分配而大打出手的事件，水手也因不满所得而发起叛乱。在特洛伊战争接近尾声时，希腊营地就战利品爆发了一次争吵，但没人对此感到惊讶。

对希腊人来说，抢劫是一件有利有弊的事情。它延长了战争时间，而旷日持久的战争既让守城者感到心力交瘁，也让攻城者感到精疲力竭。虽然他们滩头营地里的战利品堆积如山，但特洛伊的城墙还是坚固如初。结果就是攻城的士兵感到懊恼沮丧、精疲力竭，同时愤怒也蔓延开来。只有少得可怜的人对此保持乐观态度，阿伽门农也是其中之一，但他很好地总结了希腊军队面临的困境：

> 现在落荒而逃或可免于客死异乡，
> 我们的同胞、财富和荣誉却也一去不返。[45]

/ 第六章　陷入困境

青铜时代的士兵们还出了名的暴躁。[1] 拳击是一种既不会造成重伤，又可以放松身心的运动。只是，随着战争的推进，事情逐渐变得无法控制。最高指挥官阿特柔斯的儿子阿伽门农和最优秀的希腊人佩琉斯（Peleus）的儿子阿基琉斯，做出了比厮打更严重的行为。他们的行为险些令联盟瓦解。来到特洛伊的最丑陋的男人目睹了事情经过。

在荷马笔下，忒耳西忒斯驼背，胸膛低陷，跛脚，头骨尖尖，几乎秃顶——也许是先天性骨骼发育失调的症状。他的嘴巴与他的样貌挺配。若拿他当作一幅讽刺漫画，他就是专门来羞辱像阿基琉斯和奥德修斯一类人的，而且这肯定会逗得大家大笑。

他们现在比以往任何时候都更需要笑容。连续九天，一场流行病席卷了整个营地。它从骡子和狗开始，然后传播给人。感染遵循炭疽病、鼠疫、非典、禽流感，以及其他许多从动物传播给人类的疾病的轨迹，但是从荷马的简要描述中不能得出具体是哪种疾病。知道特洛伊海滩上架满了火葬柴堆就足够了。

柴堆被点燃的一刻，滚滚烟雾从引火柴的软木中喷出来。[2] 正如一位青铜时代的国王所说的那样，它是"带有邪恶气味的烟"，因为烟雾里弥漫着尸臭。[3] 直到大火烧到橡木的时候，浓烟才会变为红色的火焰，并产生烤人肉的气味。人们可能会忘记这是战区的大规模火化。臭气在整个平原上不受阻挡地顺风直吹进城市，弄得特洛伊人一边高兴一边抹泪。

希腊营地最好的时候也不会像玫瑰园一样芳香四溢。这里只有屠宰绵羊、山羊和牛的味道，用于烹饪的香料味，火被水浇灭的气味，厕所和动物粪便味，人身上的汗臭味。这里也是苍蝇、蚊子和老鼠，甚至跳蚤的栖身之处。人被跳蚤叮咬后，极易受感染。虱子到处都是。还有许多小病——从普通感冒到腹泻——总是困扰着旅行者（虽然荷马没有提到它们）。忒耳西忒斯这类人的处境不会好过。

直到近年，疟疾还是特洛伊附近的主要问题，但它当真早在青铜时代就暴发过吗？生物分子科学可能有一天会给出答案，但目前尚未给出。在《伊利亚特》中，普里阿摩斯发现伏天"无数难熬的热病降临悲惨的人间"⁴，而自罗马时代以来疟疾暴发的时间也恰恰都集中在夏季。荷马这里所指可能就是疟疾。但青铜时代的特洛伊真的能抵抗住疟疾吗？尽管有地方性疟疾，罗马帝国仍然实现了宏图霸业。像罗马人那样，特洛伊人也可以通过在疟疾季节采取所谓的"隔离措施"以避免染病，如在夜间避开潮湿的低洼地区，关闭窗户睡觉。

特洛伊的山风使城市免受蚊子侵袭。但是，在沼泽低地扎营的希腊军队将面临高风险。士兵受到的影响大相径庭。对一些人来说，疟疾就是灭顶之灾，曾袭击罗马的北方民族军队也频遭此难。但是对于其余希腊人来说，他们对这种疾病已经免疫，因为他们来自疟疾盛行的地区，在儿童时代就已经多次感染。

先不论疫情如何发生，第十天，阿基琉斯在空心船旁边的沙滩上召开了一场集会。他们在这儿大吵一架。先知卡尔卡斯，并非阿特柔斯之子的朋友，发表了一个可怕的声明：阿波罗播下这种流行病来惩罚希腊人，因为希腊人对他的祭司克律塞斯充耳不闻。这位祭司在特洛阿德南部的"灭鼠神"阿波罗（Apollo Smintheus）的神殿工作。

十天前，克律塞斯来到希腊营地乞求他们放了他的女儿克律塞伊丝。他向希腊人提供了慷慨的赎金。要是阿伽门农想放她走，他肯定会收下这笔赎金。而实际情况是，阿伽门农威胁说，如果祭司再不滚出希腊营地并发誓永不回来，他就要把祭司杀了。

这是青铜时代西安纳托利亚宗教生活的典型一幕。这个地区对流行病及其治疗特别感兴趣，即神灵疗法。赫梯和其他古老的驱病仪式通常将发病原因归咎于某位神，这位神可能来自本地，也可能来自敌军。[5] 赫梯人将流行病归咎于神的怒火。西安纳托利亚人习惯了将神与疾病联系起来，因为当地的战神伊阿里也是瘟疫之神，他被称为"神射手"[6]——类似阿波罗"射神"的称号。[7] 在安纳托利亚西北部，特别是在特洛阿德，阿波罗被尊崇为"灭鼠神和瘟疫之神"。至少早在公元前700年，也可能是在青铜时代，人们就在克律塞城附近为他修了一座神殿。

得到阿基琉斯相助的卡尔卡斯使国王陷入困境。青铜时代的国王都讨厌坏消息，往往迁怒于信使。例如，当信使报告赫梯国王哈图西里什一世，说他们的撞墙车在围攻时坏了，国王就朝他发火：他说他希望风暴之神将他们卷走！[8] 阿伽门农转而对着卡尔卡斯咆哮。但最终，国王勉强同意让克律塞伊丝回去。但他又提出了更多要求，要一份"礼物"作为补偿，即另一个女孩。"哪个女孩？"[9] 阿基琉斯直接发问。这样一来，争夺的重心就由为女人激战转为两个国王间的战斗。这场冲突积蓄已久。表面的问题是战利品的分配，但问题的关键在于荣誉。争夺"最优秀的希腊人"[10] 称号的众英雄中，没有人比阿基琉斯和阿伽门农更憎恨彼此。阿基琉斯认为阿伽门农不该拿走最大份额的战利品，因为攻城拔寨的主要功劳都是阿基琉斯的。阿伽门农觉得阿基琉斯傲慢自负。阿伽门农是希腊众王之首，享有至高无上的地位，而阿基琉斯对他不够尊重。同时，阿伽门农也觉得阿基琉斯作为战士的至高无上是个威胁。

于是这两个人开始争吵，阿基琉斯称阿伽门农贪婪、无耻、懦弱，阿伽门农则威胁要带走阿基琉斯的女俘。然后阿基琉斯又将争吵升级，威胁要带走他的船只和士兵，回到佛提亚，阿伽门农对此做出正式回应：他正在追求阿基琉斯的战利品——布里塞伊丝。

阿基琉斯显然十分愤怒，一把抓住利剑的银色剑柄，拔剑出鞘。有那么一瞬间，他似乎要冲向国王。但在犹豫之后，他再次将剑插回剑鞘。他破口大骂，然后立誓。阿基琉斯和他的士兵都不会再为希腊人而战。阿基琉斯把"演说者权杖"（speaker's scepter）砸在地上。

为送还克律塞伊丝，阿伽门农迅速行动起来，首先让整个军队先沐浴净身，然后将牛和山羊献给阿波罗。他下令将一艘十桨船拖到岸边，将克律塞伊丝带回她父亲身边。送归祭司的女儿是一项敏感、关乎声望的使命。阿伽门农小心谨慎地挑选他的船员，选择了精明的外交官奥德修斯作为船长，并挑选了荷马所说的"亚该亚的年轻人"[11]——可能都是贵族。

这艘船大约 35 英尺长。在两列划船手之间载着公牛，这是要通过祭司克律塞斯献给阿波罗神的。在凸起的四分之一的甲板上，有一张带伞盖的椅子，克律塞伊丝就坐在那里。毫无疑问，除了她、奥德修斯和 20 名桨手之外，这艘船还载着一些海员和牧牛人；也许划桨手在休息时会把手臂搭在座位下面。桅杆立起，船帆展开，乘着微风，船起航了。

当他们到达克律塞港口时，这些人收起桅杆和帆，并将船划入避风港。接着从船尾开始，让船停泊靠岸。为了将船固定在适当的位置，他们从船头上扔下来一对石锚，移向岸边时，每挪动四分之一的距离，就会测量一次船尾水线并将其小心地固定好。船员放下了一块跳板，然后将公牛从船里赶出来。接着克律塞伊丝上岸。在奥德修斯的护送下，她走入附近的一个祭坛，在那里回到她热切期盼的父亲身边。

从希腊人的角度来看，接下来的事情是问题的核心。

他们献祭阿波罗，以求驱除流行病。考古学证实了荷马的描述，表明青铜时代的希腊人就像《伊利亚特》中的战士一样，屠宰公牛献祭给神灵，在肉煮熟后，他们举行仪式并吃掉大部分牛肉。[12] 事实上，在底比斯，一次祭祀就会用到约 50 只动物——绵羊、山羊、猪和牛，似乎足以让一千人都尝尝味道！[13]

人们将公牛摆在祭坛周围，愤世嫉俗者也许会说，这些礼物不过是希腊人将从特洛阿德夺来的战利品还回一些罢了。接着是洗手的仪式，并在祭品上撒些去壳的大麦。然后，克律塞斯把手举向天空，代表希腊人向阿波罗祈祷。随着仪式的进行，牛被宰杀并被剥皮。在木制烤肉叉上，祭司正在烧烤属于神的部分——大腿骨加上从每条腿上切下的生肉片，全被浇上了酒。与此同时，所有的信徒要吃掉传过来的烤内脏。

仪式并不需要这么多肉：此时大家切开剩下的肉，并用五齿叉烹饪。酒杯和大碗拿了出来。葡萄酒兑水后，装满了所有杯子。饮用前要倒出几滴，滴在地上，作为给众神的献祭。

宴会结束后，年轻的希腊人向阿波罗吟唱赞美诗并跳舞。荷马说，他们一整天都在唱歌和仪式中度过，直到夜幕降临。但是从特洛伊到克律塞大约 40 海里，在送还克律塞伊丝、献祭公牛、烹煮牛肉、大吃大喝之后，天色已经很晚了。歌曲和舞蹈持续了一两个小时，直到疲惫不堪的人们睡倒在船旁。

/ 106

赞歌（paean）作为祈祷语，适用于从战争到婚礼的所有场合。在祈求神灵帮助时可以唱，在表达感激之情时也可以唱。赞歌可以是复杂的也可以是简洁的，但它总是包括吟唱神秘而古老的"赞美阿波罗"（Iē Paian），Paian① 一词可追溯到青铜时代。

赞歌并不适用于狂欢闹饮；它是有尊严的。唱歌形式也许是源自赫梯音乐，歌颂者被分成两组，通常是由独唱者搭配唱诗队。[14] 一首赞歌甚至被称为"公牛之歌"，应会很适合克律塞的场景。但是，这二十多个疲惫不堪、醉醺醺的，一想到流行病将被驱除就高兴得忘乎所以的年轻人，让这场仪式显得并不是很神圣。

与此同时，在希腊营地，阿伽门农派出了两名使者，替他把布里塞伊丝从阿基琉斯的营帐里带到他身边。令人惊讶的是，阿基琉斯直接就交出了这个女孩。

布里塞伊丝离开了阿基琉斯的营帐，但是显得有些不情不愿。也许她已经开始认可这个俘虏她的人，甚至爱上了他，这有点儿像古代的斯德哥尔摩综合征。也许布里塞伊丝只是推断，阿基琉斯已经坏透了，但那个阿伽门农又能好到哪里去？也许这个眼神清澈的女孩并没有迷失自我，相反，她得以幸存下来。

没有感情的希腊战士说他们的女人只是获得胜利时的奖赏。但我们也有理由怀疑他们真正依恋对方。阿伽门农说他更想让克律塞伊丝成为自己的妻子。与牛、坩埚和金子这些战利品不同，她是亲人；她能弥补阿特柔斯之子的全部遗憾。

在布里塞伊丝离开之后，阿基琉斯坐在沙滩上，像个婴儿一样在那里流泪。那一定是愤怒的眼泪，同时也是失落的泪吧。他过得其实不快乐，可又有谁能在得知自己会英年早逝后依旧保

---

① paean 的希腊语形式。

持快乐的心态？和史诗中的其他许多人一样，阿基琉斯也总默默落泪。

从柏拉图开始，一些哲学家和评论家谴责荷马将他笔下的英雄描述成了只会哭泣的婴儿。但这样做时，荷马贴近了青铜时代的诗歌描写和生活状貌。例如，美索不达米亚（和赫梯人）英雄吉尔伽美什 [15] 和安纳托利亚风暴之神特舒卜 [16]，在诗歌中都有哭泣的描写；迦南史诗中的英雄基尔塔（公元前 14 世纪）[17] 也是如此；在埃及的温纳蒙（Wenamun）[18] 的故事中（公元前 11 世纪），埃及的温纳蒙和非利士王子多尔的贝泽（Beder of Dor）也是如此。而赫梯国王哈图西里什一世（公元前 1650~ 前 1620 年）取消了侄子的继承权，并指定了继承人，因为当哈图西里什一世卧病在床，命不久矣时，他的这个侄子没有流一滴泪。[19]

荷马描述了阿基琉斯如何以眼泪乞求母亲忒提斯，让强大的宙斯亲自介入，毁灭对他不敬的希腊人。无论是否相信伟人身上流淌着神圣血液，青铜时代的人们只盼着伟人可以游说众神寻求帮助。毕竟，正如亚述人图库尔蒂－尼努尔塔（Tukulti-Ninurta）曾断言，国王是众神的最爱；[20] 推罗的阿比－米尔基（Abi-Milki of Tyre）告诉法老，他是神，也是太阳；[21] 一个下属也曾告诉美索不达米亚尼普尔（Nippur）的统治者，他是神之子，也是守护天使。[22]

疫情结束了，但希腊军队的形势比以往任何时候都要糟糕。这种疾病造成了大量伤亡。阿基琉斯已经退出战斗，而他的士兵对于返程还在嘀嘀咕咕。米尔弥冬人占希腊军队的 5% 左右。神谕有言，非阿基琉斯不能取城。更实际的问题是，米尔弥冬人是精锐部队。可以说，他们和他们的将领一样，行军神速。荷马经常称阿基琉斯为"捷足者"。[23] 阿基琉斯跑得比任何人都要快。而且他是罕有的可以疾步赶上战车，取下战车兵的项上人头的那种战士。他只对那些既能下马作战，又能驾车作战的英雄感兴趣。但是很少有人跑得过战车：狄奥墨得斯就是徒步撵上战车，摔死了斐格奥斯（Phegeus）；墨涅拉俄斯和涅斯托尔的儿子安提洛科斯（Antilochus）二人齐心协力，杀死一个特洛伊士兵，毁了他的战车；赫克托尔和埃涅阿斯计划追上车上的两个希腊士兵，但其他希腊人碰巧出现阻挠了他们；当年，在还是一名年轻的步兵时，老涅斯托尔就杀死了敌方最优秀的战车战士。

　　这些英雄事迹也许离不开士兵们的功劳。就连疾步如飞的阿基琉斯也无法单凭自己拦下战车。不过普通士兵除非装备精良且训练有素，否则也起不到太大作用。领导力是关键。荷马指出，米尔弥冬人被分成五个营，这五位营长分别是两个神的儿子，米尔弥冬人中最会使矛的，教授阿基琉斯战略的年轻国王和一名才学出众、可以为阿基琉斯的战车提供技术支持的战士。他们比线形文字 B 碑文中指挥皮洛斯士兵或桨手的普通人高出一筹。[24] 团体的凝聚力也很重要，当他们出征时，米尔弥冬人就变得坚不可摧：

> 将士们聆听他演说，队形站得更紧密。
> 有如瓦工用一块块的石头为高屋
> 阻挡强风劲吹，严密地垒砌墙垣，
> 无数的战盔和圆盾当时也这样紧密。
> 盾牌挨盾牌，头盔挨头盔，人挨着人，
> 将士们如此密集，以至于一点头，
> 纓饰的闪光头盔便会撞击前后。[25]

这样一支精锐部队的撤离可能会令其余的希腊军队陷入绝境。此时，距阿基琉斯退出战争已有两周左右了。但阿伽门农梦见宙斯决定要给希腊人带来胜利。青铜时代的人们认为梦境是神灵的启示，就像他们在铁器时代的后代一样。例如，苏美尔史诗《阿卡德的诅咒》（*The Curse of Agade*，约公元前2200~前2000年）中的国王纳拉姆辛（Naramsin）梦见自己的城池沦为一片废墟。[26] 一千年后，赫梯国王哈图西里什三世（公元前1267~前1237年）梦见伊什塔尔女神承诺帮他在一个危险的法庭案件中胜诉[27]，法老麦伦普塔在睡梦中收到神灵普塔（Ptah）所赐的胜利之剑。[28] 七百年后，希罗多德记录了波斯帝国的薛西斯（Xerxes）在战争会议上做的梦，这次会议商讨的是公元前480年入侵希腊的计划。[29] 阿伽门农高兴极了，于是赶紧召集将军传达这个好消息。他们一致认为是时候让士兵们穿上盔甲上战场了。但阿伽门农又说稍等：他要先召集一个集会，来试试士兵们的士气。

荷马说，出来参与集会的士兵像蝗虫一样多。这次大规模的集会需要安排九位传令官维持安静，这样大家才能听得见国王讲话。阿伽门农出场了。但他并没有道出梦见获胜这一真相，反而假装宣称游戏结束：宙斯已决意让我们输掉这场战争。他说，船只的外形实在糟糕，

> 我们的绳索被扯断，我们的船烂在地上，
> 这力量如此渺小，如何能突击成功？[30]

这段令人悲伤的话让人回想起公元前1340年一位叙利亚将军的悼词，是从埃及边境的前哨写给他的君主赫梯国王：

　　五个月以来，寒冷如虫，撕咬我的肌肤，

　　我的战车已经坏了，我的马儿也死了，我的军队都走

散了。[31]

阿伽门农假装战败，唯一出路就只有撤回希腊：

　　逃走吧，希腊人，逃去吧，趁帆和桨还能用，

　　取下神灵庇护的特洛伊？别做梦了。[32]

　　阿伽门农其实希望听到士兵们大吼"不！"。现实总是事与愿违，这些士兵拿了剑，就上了船，一如新兵一听见敌人的声音就吓得赶忙逃去。每支军队都处于崩溃边缘。来这里的希腊人全成了逆党——不单单是普通的希腊人，那些所谓的英雄连同国王全成了逃兵。

　　奥德修斯迅速思考，在这一天，他力挽狂澜。借来阿伽门农的权杖，他跑到人群中间，恢复了秩序。

　　权杖由盾（escutcheon）和圣骨（relic）制成。在整个古代社会，它一直象征王权，亚述国王图库尔蒂－尼努尔塔（公元前1244～前1208年）曾持有它[33]，对阿伽门农同样如此。正如奥德修斯所说的那样，权杖代表神的旨意：

　　朱庇特王权倾一方；

　　他是律法，是众生之首。[34]

　　希腊人暴动未竟，究其原因是他们不相信革命。他们只愿相信国王。

荷马对接下来发生的事情的描述很有趣，但叛变对青铜时代的指挥官来说是一件严肃的事情。[35] 忒耳西忒斯是个恶毒又有一定智慧的人，他道出了众人心中对国王为何令希腊最伟大的战士蒙羞的疑惑。忒耳西忒斯鄙视阿伽门农的傲慢，同时也嘲笑他的士兵竟愿意容忍：

> 主人想要的，我们都要一一奉上，
> 受他自鸣得意所扰，为他欲望不至而罚。
> 啊，亚该亚的女人；哪有我们的一份！
> 就让我们逃了吧，让他独自挥霍，
> 在弗里吉亚海岸，爱情与快乐都归你。[36]

忒耳西忒斯或是人们以为的变节贵族，或是一个被允许在集会上发言的普通人，抑或是一个叛徒在此吃里扒外，煽动不满情绪以帮助敌人，总之他为身陷特洛伊的普通希腊人发了声，说出了他们对回家的渴望。[37] 他们是这样一群人：从来都吃不上一块好肉；从来都没尝过鱼的滋味；只吃些豆子和麦子，弄得空气里全是浓浓的臭气。他们不能享用每日船运过来献给阿伽门农的精致的色雷斯葡萄酒[38]，而要拿新酿的未醒过的葡萄酒就食物；他们将葡萄酒兑水，不能用银碗盛，要用木碗装着，然后拿普通的陶杯饮用。他们大都身材短小，又驼背，一口牙没有几个是好的，好在肩宽体阔。[39] 他们得到的关心还不如一匹战马。洗澡时没有青铜浴缸，洗完热水澡以后，又没有擦身子用的橄榄油，更别提找些女人，让她们用柔软的手为自己洗洗后背。大海通常就是他们的浴缸。毫无疑问，要是有机会泡泡河水或者清澈的山泉水，他们一定倍感珍惜。他们也没有可以掩盖汗臭和羊皮的膻味的香水。英雄们住在由冷杉木和茅草根做成的营房，普通的希腊人根本住不上这样的房子，只能睡在帐篷和空心船里，或者直接躺在岸边。他们抱团取暖，围着集体的火堆，勉强支撑着度过冬天。国王有皮毡做枕头，士兵则用皮盾。[40] 他们的椅子是成堆的树枝，上面盖着一块山羊皮。把皮放下来，它还能当床用——他们不配睡羊羔毛毯。他们分不到被俘虏的漂亮公主与他们同床，只能去到营地妓女那里找乐子。

他们来特洛伊每人只带了一件外衣、一件土布斗篷和一双生牛皮凉鞋——一种最基本的款式，连凉鞋带都没有，鞋子就很容易不跟脚。[41] 也就是说，他们只有这点比奴隶自由，因为奴隶只能穿破衣服，赤脚走路。每一次英雄们挑选战利品时，他们获得的剩下的东西和能偷到的任何东西，都要比他们穷尽一生，在希腊贫瘠的土地上耕作、替别人放羊或是清理猪圈所获得的要多。

他们是划桨手、管家、厨师、马夫，甚至是农民。他们要负责在长长的大船离岸时，从船底拔掉导缆钩，然后抛下锚链，升起松木桅杆。他们在山上乱窜，没有锋利的铁斧，只能用青铜钝斧砍伐橡树。[42] 柴火收集好了，大家平均分配引火柴，然后生火看火。他们还用血液和脂肪填塞羊肠，直到其变为香肠；他们切肉，倒酒，从河里用水壶取水饮用，供祷告或祭祀前洗手用，和供英雄们洗澡用（如果运气好的话，会有骡子帮他们运这些水壶，没有的话，只能自己抱着水壶回营地）。他们喂好马，挖好防御沟，割断柱子，再用锤头敲进土里，修好栅栏，给船涂沥青，挖了许多沟当厕所，清理营地里的动物粪便。[43] 每次搬运尸体，他们都要先赶走一大群苍蝇，然后把这些尸体拖到柴堆上火化。[44] 远征可少不了这群人，但在战斗中和召开会议时，他们什么都算不上，正如他们的上级常说得那样。

有时候他们要工作到很晚，直到黄昏时分才能吃上饭。[45] 很少有人会去顶撞领主。像忒耳西忒斯或某个特洛伊无名氏一样，在特洛伊集会中反驳赫克托尔，令他发怒，这种人也是屈指可数。[46] 但是，我们可以猜到，他们中的大多数也许是不敢逾矩，所以只能选择捧起大王的手，献上他们的吻，[47] 抑或是因为这些人真的忠心耿耿吧。阿伽门农希望民众像崇拜神一样崇拜他。[48] 甚至像奥德修斯的使者欧律巴忒斯（Eurybates）这样位高一等的非战斗人员，也不得不追随国王，还要在奥德修斯脱下斗篷时接住它。[49] 若是上级看到这些一文不名的人把交代下去的事办妥了，他们会拍拍这些人的后背，以示鼓励。若是被抓到行为不端，他们就只能等着后背、肩膀挨棍子了。

有时在远处，希腊人可以听见狗咬狗的声音。风声裹着犬吠，一道传来。这些狗一直叫个不停，声音此起彼伏，还带点节奏感。它们真是瘦得皮包骨了。它们就仅仅为了抢一根骨头。这根骨头恐怕是人身上的，原来打仗的时候，这根骨头的主人的尸体一直被太阳暴晒，最后都散了架，也许这根骨头是在战斗中被砍下来的一条胳膊吧。夜袭特洛伊的那些夜里，他们可以听见有人在向当地的神灵祈祷，求神灵"把命运用船带来的这些异族人通通赶到海上去"。[50]

奥德修斯必须扭转舆论。他告诉忒耳西忒斯：

> 小奴隶，谁认识你！我们所有人当中
> 数你做得最少又最会埋怨了吧。
> 别再妄想领着希腊人登上那可耻的船，
> 更别让这些言语亵渎了国王的名字。[51]

/ 113

　　奥德修斯证明，不是只有忒耳西忒斯会煽动听众。他威胁道，若再听到忒耳西忒斯恶语中伤阿伽门农，他就会剥了忒耳西忒斯的衣服。他甚至轻蔑地声称，要让大家都来瞧一眼忒耳西忒斯的生殖器。这种粗俗的做法在荷马史诗中倒不多见。反正士兵们也从不故作高雅，而且他们谁不想看到将军就像他们的同伴一样粗暴。为消除忒耳西忒斯带来的负面影响，奥德修斯拿权杖狠狠地责罚他，打得他伤痕累累，痛哭流涕。

　　观众崩溃了。嘲笑忒耳西忒斯，就当他是个小丑，总要强过承认自己没骨气，然后大哭一场。赫梯人心里清楚闹剧幽默的代价是什么：在一次节日庆祝活动中，有一个男人抢起棍棒连敲另一个人的头三次；在另一个节日现场，有个男人把滚烫的烧炭倒在别人脑袋上，逗得人们哄堂大笑。[52]

　　奥德修斯的讲话，言辞精当，于是叛军瓦解。现在，是时候让士兵们重燃战斗的激情了。他派传令官维持会场秩序，以给他再次讲话的机会。他语调轻快，所表达的内容又十分简单。希腊人要为荣誉留下，希腊人要为荣誉而战。他提醒大家卡尔卡斯在奥利斯的预言：这会是一场持久战，但他们终将取得胜利。

　　庄严的涅斯托尔长老温文尔雅，但在提到战争时，他毫不犹豫地火上浇油。他接下来讲话，像奥德修斯一样，他借预兆告诉大家，众神会眷顾他们：当船首次在特洛伊靠岸时，右边出现闪电，这是宙斯对我们的使命认可的信号。涅斯托尔同样深知大家内心所想。大家心里想不通"我们为什么要战斗"，但是他给出了不同于奥德修斯的答案。他说：

今后一起努力，让我们为荣耀而战，
　直到每个士兵都抓住一个弗里吉亚人的妻子，

直到让海伦看见灾难全面爆发，

特洛伊骄傲的女主人，让她泪流满面去吧。[53]

涅斯托尔还建议阿伽门农：他应该召集整个军队，由"部落和族盟"[54]组成的军队。这是评价军队质量的一种方式。阿伽门农起立，欣然同意。他告诉这些人要填饱肚子，秣马厉兵，检查战车：战争就要打响了。

大家咆哮着表示同意；急匆匆赶往营房，给众神准备一堆祭祀品，士兵们整装待发。阿伽门农派他最信任的将官——涅斯托尔，伊多墨纽斯，两个埃阿斯，狄奥墨得斯和奥德修斯——参加仪式。墨涅拉俄斯主动加入了他们。仪式结束后，这些指挥官分散到各个营地以便监督，而传令官则大声命令大家集合。

他们从营房、蔽身所和船里出来，他们的盾牌像火光一样闪闪发亮，他们的进军使大地颤抖，他们的人数如平原上的鹤群、天鹅一样多。希腊人团结起来了，这是《伊利亚特》中有名的一段，即"船舶名录"（Catalog of Ships），其中诗人列出了所有参加战争的船长、国王和国家的名字。

正如一些评论家所认为的那样，荷马一改从前，不再只是利用这种机会骗取信任。相反，他正在描述简单可靠而又合乎标准的军事政策。例如，赫梯的常胜国王苏庇路里乌玛一世（公元前1344~前1322年）曾在安纳托利亚东南部停下来检阅他的军队和战车，然后继续向他的目标进发，即围困卡尔凯美什（Carchemish）。[55]从数千年前的埃及法老开始，一直到现在美国的宾夕法尼亚大道上，一队一队地检阅士兵，一直是建立士气的基本方式。如果说有一支部队需要重新建立士气，那就是在特洛伊的希腊军队。

没有哪个将军能保持衣服一尘不染，没有哪个巨人可以在骑马时得到如此巨大的满足感，只有阿伽门农在士兵中间走动时可以，

> 犹如畜群中的一头雄牛，远远超越
>
> 一切牲畜……[56]

但阿伽门农并未自负。他知道在平原的另一头，赫克托尔正在集结他的部队。

聪明的将军都知道，压制战时兵变非流血不能成功。只有让他们都变成尸体，这一切才算一笔勾销。阿伽门农并没有因这些人疯狂冲向船只逃跑而执行死刑，他只做了一件明智的事情：派这些人去送死。

赫梯士兵上战场时，会向战神献上圣歌。[1]战斗前，他们吟诵一首古老的诗歌，诗歌结尾的叠句要求他们和母亲一起葬在家乡。[2]《伊利亚特》中写道，当特洛伊士兵和其盟军一起冲出城外去应对希腊人出其不意的袭击时，他们大声喊叫以硬下心来准备接下来的恶战。而希腊人则如拳击手一般，安静蓄力，以期给敌人致命一击。两军在特洛伊平原上对垒，行军时脚下扬起的尘土模糊了他们的身影。

突然特洛伊这边有一个士兵向前走出队列，希腊这边也有一个士兵从战车上下来，这使得特洛伊人向后撤退。接着是第三个士兵，是个大块头，在特洛伊队列中间举矛示意。他周围的士兵都坐了下来，很快他就成了唯一站着的特洛伊人。

长发的希腊人开始用弓箭和投石机瞄准这个极佳的靶子。波斯人将箭羽称为"死亡信使"[3]，而且青铜时代的弓箭手能够在300~400码内射中目标。[4]顶级投石手投出的石块速度预计可达100~150英里/时，能击中150英尺外的目标。[5]

荷马认为洛克里亚人（Locrians）和一些色萨利人是希腊最好的弓箭手。克里特人也以擅长用箭闻名。洛克里亚人中也有投石兵。大部分弓箭手和投石兵作战时都不穿盔甲，不带盾牌，他们驻守在重装矛兵把守的战线后。有些人配备有复合弓（composite bows），弓体用动物犄角和肌腱加固过，和普通木弓相比，威力非常。

但阿伽门农却号令士兵平息战火。很显然，赫克托尔想要一次双方会谈。特洛伊提议与其开展大规模会战，不如让两个勇士决斗：当然是帕里斯和墨涅拉俄斯，他们毕竟是这场战争的始作俑者。事实上，这二人刚才也已在各自队伍中出列（但是帕里斯又很快退了回去）。如果墨涅拉俄斯杀了帕里斯，特洛伊就归还海伦和斯巴达宝物；如果帕里斯杀了墨涅拉俄斯，希腊人就要让海伦和宝物留在特洛伊。无论最后结果如何，双方都要发誓保证友谊，并且希腊人要离开特洛伊领土。希腊人同意了这个提议，但有个条件。他们要求特洛伊拿出诚意，让国王普里阿摩斯骑马到战场上献祭两头羊，发誓遵从决斗结果。特洛伊同意了这个条件。

荷马笔下的帕里斯一直活在他无所畏惧的哥哥赫克托尔的阴影下，承受着巨大压力，他要在这场决斗中证明自己。赫克托尔羞辱帕里斯是"好色狂"（girl crazy）[6]：真正的男人脑子里想的应该是战争而不是女人。在近东这种指责并不新鲜。以大约公元前19世纪的美索不达米亚王子雅苏玛-阿达德（Yashmah-Addu）和他的哥哥伊什麦-达干（Ishme-Dagan）为例，他们都是埃卡拉图国王沙姆希-阿达德（King Shamsi-Adad of Ekallatum，公元前1814~前1781年）的儿子。伊什麦-达干是国王最喜欢的孩子，准备由他继承本国王位，而雅苏玛-阿达德则继承马里的王位。

沙姆希-阿达德给他的小儿子写信传达喜讯，告诉他伊什麦-达干胜利归来，并为自己赢得了大将军的美名。接着话锋一转。"你哥哥杀了（敌人的）将军，"这位老国王写道，"而你却还泡在女人堆里。"他告诉雅苏玛-阿达德要成为一个男子汉，带领军队上前杀敌。[7]雅苏玛-阿达德或许会同情帕里斯的遭遇。

青铜时代两个勇士之间的决斗是有标准程序的。两位国王可以一决高下[8]，或者在两个下级军官之间进行[9]——一个风险低的替代选项，公元前 15 世纪希腊的阿塔里希亚入侵西南安纳托利亚时就做出了这样的选择。[10] 现在，特洛伊举行的这场勇士间的决斗符合双方需求。由于疾病侵袭和士兵叛逃，希腊损失了大量的人力，同时还军心不稳。特洛伊方召集人马后就匆匆投入战斗，甚至连扣紧作战腰带的时间都几乎没有。

普里阿摩斯，随同的还有安忒诺尔，像希腊要求的那样，骑马出城并献祭了两只羊。决斗双方向前踏进事先划好的场地。他们用长矛决斗，英雄都会选择这样的武器。矛的长柄有时是白蜡木，有时是橄榄木，矛头为青铜材质。

帕里斯率先发起攻击，但他的矛在撞上墨涅拉俄斯的盾牌后折断了。而墨涅拉俄斯在他的回合里就很走运，因为他的矛直直戳穿了帕里斯的盾和胸铠。但是帕里斯敏捷地转过身去，因此他只是肋骨上破了一个口子。紧接着墨涅拉俄斯用剑劈向帕里斯的头盔，但剑被震得粉碎。墨涅拉俄斯又气又恼，一把抓住帕里斯头盔上的羽饰粗暴地推搡帕里斯，要把他拽到后面的希腊军队中去。但是头盔上的皮子颔带突然断了，帕里斯得以挣脱跑开。帕里斯得以死里逃生是因为守护神的保护，这位女神急忙将帕里斯安全地送回特洛伊城内的家里。荷马是这样说的，青铜时代的士兵也都对此深信不疑，因为每位国王都声称在战场上有守护神护佑。[11]

接着特洛伊的一位指挥官打破了休战协议。根据荷马记载，众神让特洛伊的主要盟友，莱卡翁之子潘达罗斯向墨涅拉俄斯放箭并射伤了他。希腊人马上回击，继而又演变成了一场激烈的两军对阵。正如战争史上经常发生的那样，一个无赖搅乱了将军的大局。

潘达罗斯用的是他威力极大的复合弓。这个弓以北山羊犄

角为材——可能由木板拼接、肌腱加固，两端是金头。他从箭
筒里拿了一支箭放到弓弦上，在决斗场上拉起了弓。为安全起
见，他躲到了特洛伊士兵的盾牌后。他拉起弓弦，箭尾抵胸，接
着就放出了箭。潘达罗斯的羽箭是铁头，和希腊人用的青铜头
不同，但青铜时代的安纳托利亚确实已有铁器。[12] 然而，墨涅拉
俄斯逃脱了，只受了一点皮肉伤，多亏了他的金腰带和盔甲的
保护。

　　但这个伤口造成的出血量足以让阿伽门农担心，于是他召来
了医生玛卡翁（Machaon）。青铜时代的医护人员也是兽医，因
这双重身份，他们的亚麻无袖束带长袍上常常沾满了已经结块儿
的血迹。玛卡翁把箭拔了出来，吸出伤口里的血，然后涂上药
膏。药膏可能是由苦根制成，之后帕特洛克罗斯也用它治愈了相
似的伤口；一位古代评论家认为其实应该是水芹（Achillea）和
马兜铃（Aristolochia）。[13] 还有可能是蜂蜜，一种用于伤口包
扎的天然抗生素，对此线形文字 B 泥板也有提及。[14] 一种由蜂蜜
和油脂（动物油脂或植物油）按 1：2 混合而成的药膏曾被用来
消毒杀菌。

　　墨涅拉俄斯不需要做外科手术，但如果需要，青铜时代的
执业医师也有黑曜岩或青铜制的切割工具，还有类似镊子、探
针、勺子、剃刀和锯子的青铜工具。鸦片可以用来减缓疼痛。亚
麻绷带在埃及很有名，但是荷马文中提到的绷带就只有羊毛吊带
（woolen sling），具有双重作用。伤口没有绷带包扎的士兵在希
腊营地里很常见。

　　墨涅拉俄斯的伤是由一位专家医治，因为他是最高指挥官
的弟弟，所以他有特权令极为少数的医生为他诊治。荷马笔下，
就算是勇士也有不得不求助于同伴拔掉身上的矛或箭的时候，

◆ **大风刮过达达尼尔海峡** ————————————

夏季北风吹拂海面，激起白浪。图片前景是加利波利半岛，亚洲海岸则隔海对望。

◆ 北风之神玻瑞阿斯

北风拟人化为一位强有力的男性，长出双翼，翱翔空中，从一个贝壳中吹送北风。图中的浮雕位于雅典的风之塔（公元前 150 ~ 前 125 年）。（**Barry Strauss**）

◆ 海峡

图中前景为特洛伊北部的恰纳卡莱，整个城市位于达达尼尔海峡延伸不到 1 英里处。科贾河 [Koca River，荷马史诗中的诺狄攸斯（Rhodius）] 也流入这片水域，对岸是加利波利半岛。

（**Murat Kiray**）

◆ **卡拉贝尔浮雕（Karabel Relief）**

位于特洛伊南部约 200 英里的一处峭壁上，这块青铜时代浮雕中的人物是一位勇士，可能同时也是一位国王，背负弓箭、手握长矛。特洛伊王子帕里斯是否也是如此穿着打扮呢？

（**Sevim Karabiyik Tokta**）

◆ 迈锡尼

堡垒狮门（Lion Gate）上的巨大石块和雄狮（或者雌狮）浮雕象征着权力。士兵在城墙上守卫，以阻止敌人三面围攻。（**Barry Strauss**）

◆ 佛提亚（Phthia）

橄榄树林覆盖整个平原，这说明这片可能是阿基琉斯故乡的土地很肥沃。（**Barry Strauss**）

◆ **利姆诺斯岛**

岛屿的活动中心是米里纳（Mirina）海港，坐落于利姆诺斯岛西海岸，靠近古代城市弥里娜（Myrina）。（**Barry Strauss**）

◆ **克诺索斯**

公元前14世纪迈锡尼希腊人征服克里特岛后，他们就占领了宫殿，图中为王宫大殿建筑群（已重建）和中庭。（**Barry Strauss**）

◆ 拉刻代蒙

墨涅拉俄斯的宫殿，或称墨涅拉俄斯和海伦居住的圣殿，位于拉刻代蒙山谷东部的小山上。远处是白雪覆盖的泰格托斯山（Mount Taygetos）。（**Barry Strauss**）

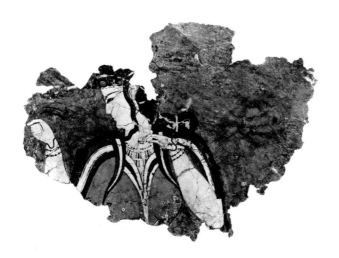

◆ **迈锡尼女性** ———————————————————————————

公元前 12 世纪一处迈锡尼房屋里的部分壁画。（**National Archaeological Museum, Athens / Hellenic Republic, Ministry of Culture**）

◆ 赫梯神 ─────────────────────────────

这块浮雕位于哈图沙附近峭壁的一侧，是一幅作品的细节。注意图中人物的锥形帽子和镰刀形刀剑。（**Barry Strauss**）

◆ （左）**西边视角的特洛伊**
西边视角的特洛伊。这幅鸟瞰图展现特洛伊位于山脊的位置。从画面前景中可以看到一些遗迹，耕地一直向远处的小山延伸。（**Hakan Öge**）

◆ （上）**特洛伊海港附近**
特洛伊海港被认为是一个小海湾，就在图中心的贝斯克海湾之外。忒涅多斯岛位于右方。（**Barry Strauss**）

◆ **希腊营地**

图中是从特洛伊向希腊人可能扎营的山脊望去。特洛伊战争期间，我们现在看到的大部分地区都还沉没于达达尼尔海峡的一个海湾。（**Barry Strauss**）

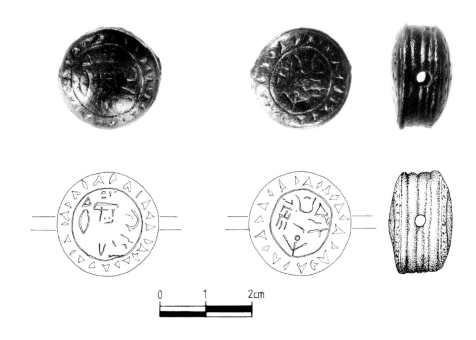

◆ 从特洛伊挖掘出的印章

这是在特洛伊发现的唯一一枚青铜时代的小巧的双面青铜印章，上刻有一名抄写员及其妻子的卢维语名字。（**特洛伊项目档案**）

◆ 青铜小雕像
这个 4 英寸高的青铜小雕像发现于特洛伊 VIi 时期的下城区，是一个站着祈祷的男性。从工艺来看，是一件赫梯工艺品。（***Dogan Burda Magazine***）

◆ **堡垒防御工事**

任何从东方攻击特洛伊堡垒的人都不得不进入堡垒的防御工事（左）和环形城墙（右）之间小巷
般的通道。（**Barry Strauss**）

◆ 南大门

进入特洛伊堡垒的主要通道是一条石板街（中心），可以看到纪念塔的部分地基（左）。注意纪念塔前的石板（从左边看）。遮盖布保护着青铜时代早期的土坯墙（后）。（**Barry Strauss**）

◆ 特洛伊房屋 ────────────────────────────────

这一高大坚固的住处位于西北部下城区的堡垒旁，建于特洛伊 VIi 时期。（**Barry Strauss**）

◆ **特洛伊防御工事** ————————————————————————————————————

环绕下城区的防御性壕沟的一部分，被有木栅保护的堤道穿过。堤道上可以看到后期建筑的石头地基。（**特洛伊项目档案**）

◆ **斯卡曼德罗斯河**

夏季水位低于特洛伊平原的干流水位。注意这片沼泽水岸。（**Barry Strauss**）

◆ 伊达山 ————————————————————

从这座山上可以俯瞰特洛阿德，图中为南坡泉塘。注意图中的落叶乔木。（**Barry Strauss**）

◆ 克律塞岛

图中心的小海湾可能是古代的克律塞海港。阿伽门农美丽的俘虏克律塞伊丝就被用船带回这里，回到她的父亲克律塞斯的怀抱。（**Barry Strauss**）

◆ **莱克顿海岬**
特洛阿德西南尽头的一个崎岖不平的海岬。从特洛伊奔向埃德雷米特海湾的袭击者必须渡过此处。
（**Barry Strauss**）

◆ 埃德雷米特海湾

这个视角是从橄榄树林望向埃德雷米特的群山，在据说是普拉科斯山下的底比斯附近拍摄。

(**Barry Strauss**)

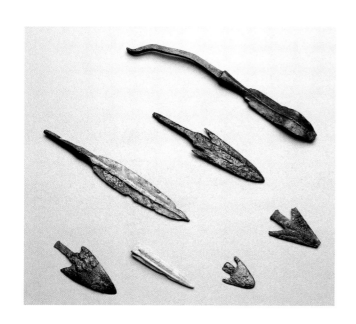

◆ **战争证据** ————————————————————————————————

这些箭头和矛头在特洛伊的考古发掘中发现。（**特洛伊项目档案** / ***Dogan Burda Magazine***）

◆ 奥德修斯
这块石髓原本是戒指上的宝石，来自公元前 400 ~ 前 350 年的克里特岛，上面的英雄说着话，头戴毡帽、身披斗篷、手握剑鞘。（**Bildarchiv Preussischer Kulturbesitz/ Art Resource, NY**）

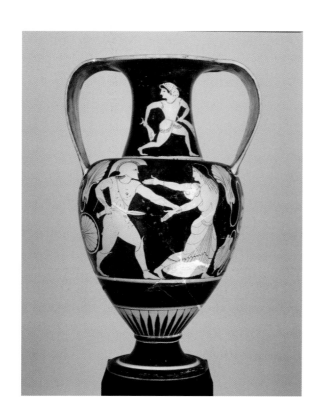

◆ 墨涅拉俄斯正在威胁海伦

这个红色双耳细颈瓶上的画面是斯巴达国王墨涅拉俄斯正在持剑指向他倔强任性的妻子海伦，由奥尔托斯（Oltos）于公元前 525 ~ 前 515 年制成。（**Réunion des Musées Nationaux/ Art Resource, NY**）

◆ 休息中的勇士

公元前 6 世纪以前的黑色人物花瓶，瓶身画面是阿基琉斯和埃阿斯正在玩骰子。（**Réunion des Musées Nationaux/ Art Resource, NY**）

◆ 特洛伊的溃败 ————————————————————————————

这个黑色人物花瓶于公元前 5 世纪早期制成，画中阿基琉斯正坐在战车上拖着赫克托尔的尸体。

(Réunion des Musées Nationaux/ Art Resource, NY)

◆ 特洛伊木马花瓶

公元前 675 ~ 前 650 年的基克拉泽斯（Cycladic）浮雕花瓶的颈部画面描绘了木马中的希腊勇士。

（**Mykons Museum/ Hellenic Republic, Ministry of Culture**）

◆ （左）迈锡尼盔甲 ————————

这套青铜护身甲在登德拉（Dendra）的一个古墓中发现，离迈锡尼不远，可追溯到公元前 14 世纪晚期。（**Eleutherion Feiler, D-DAI-ATH-Argolis 691**）

◆ （右）迈锡尼战士 ————————

这块陶器碎片来自梯林斯，上面绘有两块全身盾、一根长矛和一个野猪獠牙头盔的局部。
（**Eleutherion Feiler, D-DAI-ATH-Tiryns-Archiv 1979/015**）

比如后来某一天希腊的狄奥墨得斯和特洛伊盟军里的萨尔珀冬
（Sarpedon）。

潘达罗斯打破了普里阿摩斯庄重宣誓的停战协议。这就意味
着战争重启，两军再度交战。这是一场意外，但阿伽门农也未能
力挽狂澜：

> 不死不休，直至暗影降临；
> 直至黑暗，或直至死亡，覆盖一切：
> 让血溅战场，让英雄倒下；
> 直至汗水流满男子汉的胸膛，
> 强壮的手臂再拿不起巨盾，
> 每根疼痛的神经都拒绝扔出长枪，
> 所有筋疲力尽的战马都倒在车下。[15]

荷马故事里的阿伽门农可能是一个令人不快的角色，但他
绝对是一个称职的将军。他确实犯过很多错误，但他知道怎么承
认错误并迅速改变策略，比如说放走克律塞伊丝。他让一同作战
的奥德修斯、涅斯托尔平息军队叛乱；他阅兵后再次带领将士
上战场杀敌；他收回成命，向阿基琉斯道歉，赠予他一份与国
王赎金等值的财富，还包括归还布里塞伊丝，好让阿基琉斯重返
战场。

希腊军队的一个优势就在于从大埃阿斯到奥德修斯的这些将
领的集体经验。这支军队由 40 位国王组成，就像对阵国王图库
尔蒂-尼努尔塔指挥的亚述军队的亚美尼亚高地军一样，他们
也是 40 位顾问，但荷马笔下的涅斯托尔却无出其右。[16] 尽管他
年事已高不能上阵杀敌，但他提出了许多非常宝贵的建议。特洛

伊军队里却没有这样一号人物。普里阿摩斯置身事外，几乎不了解战事进展。除非阿伽门农意气用事，就像他在阿基琉斯和克律塞伊丝的事情上一样，否则他都会认真咨询他的伙伴，而且他有能力判断何为最佳。

和现代战争一样，青铜时代的战争也非常复杂。精心策划战争需要准确的情报，这使得侦察兵和间谍变得非常重要。交战前，双方会力劝、欺诈、佯攻对方来获得最大利益。青铜时代的军队都是步兵和战车兵、前锋和游击兵、矛兵和弓兵协同作战。双方军队都会最大化己方部署优势来攻敌之虚，比如对轻装上阵的军队万箭齐发。如果这两支军队是联盟关系，双方都有机会互相散播不满情绪，在基本不伤及联盟首领的情况下集中攻击对方。

我们可以从潘达罗斯射出那支箭后一整天的交战状况，大致了解这场激战的特点。一声令下，双方都集结大量军队向对方行进。接着就开始用弓箭和投石轰炸敌方，尽管弓箭手和投石兵都是被《伊利亚特》遗忘的人。士兵常为弓箭所伤且常因此毙命；仅仅是拔出带倒刺的箭头就可能一命归西，因为伤者会因此休克或伤口感染，而且拔箭过程异常痛苦。

这两个方阵曲线前进。希腊和特洛伊士兵前进的时候，队形排列紧密，双方开战前，纪律严明，有条不紊。与此同时，战车上场了。

首领乘战车绕战场一圈以观察战况。木质战车轻盈，覆有牛皮或柳条织物。有时车上嵌有象牙和金子，有时车身涂成深红，一方面为了显眼，另一方面是为了掩盖血迹。车轮也是木质的。战车骈驰，由一个驭车人和一个武士组成。武士可以在车上战斗，但更常下车步行打仗。战车的主要优势在于流动性强，其次还是一种服务于心理战的武器，因为车轮的轰鸣和双马飞驰的景象可能会吓倒敌人。这些坦克一样横冲直撞的战车就是为了攻破敌人的防线而生，在埃及与赫梯两军交战时可能发挥也可能没发挥重要作用——专家并不这样认为，但在特洛伊战车并没有发挥很大作用。特洛伊的土地长年潮湿，除此之外特洛伊和希腊都没有足够数量的战车发动大规模进攻：特洛伊没有堪比帝国的财富，希腊没有足够的马匹！

步兵交战时，一般是精英战士打前锋，有时为防止普通士兵临阵脱逃也会将其率先扔上战场。荷马把最优秀的战士称为"先锋战士"（fore-fighters/promachoi）17，或仅称为"先锋"（the first men）。18 他们来自一个和普通士兵完全不同的世界，受过专业指导，装备精良，训练得宜，心理上已为战争带来的冲击做足准备。普通士兵是被征召入伍，装备简单，训练不足，没有为战争的残酷做好准备。如果因为士兵阵亡或者只是有人想到后方休息一下他们就不得不上前线，那对他们来说就真是太不走运了。

先锋战士尤其是勇士（champion）拥有全套兵器和盔甲。这些装备精良的勇士腿绑青铜护胫甲（shin-guards），身穿皮裙，头戴羽冠头盔。还可能戴着宽松青铜胸铠，背负青铜护板，可以伸出部分以护住脖子、下半张脸、肩膀还有大腿。此外，还有一种选择，那就是亚麻无袖长袍外罩青铜鳞甲（bronze scales）胸铠。腰系红色或紫色的精美腰带，可能饰金或饰银，和长袍或胸甲一起穿戴。前线战士手持沉重大盾，形状类似数字"8"或塔楼，由数层皮革制成，青铜封边。士兵把皮带交叉绑在身上来固定肩上的盾牌。盾牌用于全面保护士兵，所以荷马笔下的勇士很少是同时身穿金属胸铠和手持盾牌的形象。右大腿旁的剑鞘里装着一把青铜双刃剑，挂在左肩的皮带上。

无论是在特洛伊还是希腊，普通士兵都占绝大多数，包括各种轻装部队。我们可以想象他们穿着没有盔甲的亚麻无袖长袍和褶裥短裙，戴着皮制头盔，绑着亚麻护胫。大多数人没有全身盾，但是他们会携带一种又小又轻的圆盾。一些人不得不举起盾牌对付一下来做某种程度上的保护，尽管这只是一个制作简陋、皮层不全、没有青铜包边的半成品。

双方开打时，他们一起用牛皮盾防卫、用长矛攻击。矛在特洛伊是主要的近距离武器，剑只能排在第二，因为剑柄容易断。少部分英雄可能会挥舞爱琴海地区之前没出现过的剑——青铜制成，两英尺半长，和之前的剑相比，更容易对敌人造成伤害。这种剑的双刃几乎平行，不会像匕首那样逐渐变得尖细，因而擅长切割。由于剑刃和剑柄处有一层金属包边，所以它不像之前的剑那样易断。这种剑就是发源于欧洲中部的瑙维二代（Naue Ⅱ），于公元前1200年前不久开始在希腊出现。但那时它可能只是稀有的进口货。《伊利亚特》中有一些希腊人用过这种剑，但几乎没有特洛伊人用过。无论如何，六英尺长的青铜头白蜡木长矛就可以对敌人造成很大杀伤，矛头两边像树枝一样向外凸出，尤其是当他摆好架势准备用力将矛头刺入敌人体内的时候。

战场上的某个地方可能有士兵猛冲向对面的敌人把他打倒在地。当他举起长矛狠狠刺向敌人时，可能会听到敌人痛苦的呻吟：这种混杂在战场的嘈杂之中的低沉、隐忍的声音，让杀人犯为他的胜利感到一种别样的自得。

双方士兵都在继续努力杀伤对方，他们或用长矛猛刺或用标枪狠投。当一个士兵跑向他的战友努力想把他的尸体拖回安全地带时，他的敌人就会过来争夺。剥光敌人的尸体既能得到战利品又是向同伴吹嘘的资本，因此一次杀戮后随之而来的往往是一堆人激烈地争夺尸体和尸体上的盔甲。正因如此，无论身上的装备系得有多结实，遭遇敌人时它们也都不可能保持原状。

决斗在青铜时代的战场上也很常见。但是，它们肯定不像荷马笔下那样突出。青铜时代的战争诗歌夸大了个人英雄主义，低估了团队的作用。荷马强调英雄之间的决斗，可能更多反映了青铜时代诗歌的内容，而不是真正的战争。

特洛伊这时做出了让步，但他们并未逃离战场，和往常一样，为另一场防御战重整队伍。与此同时，希腊人没有巩固他们的优势。事实上，他们的各方面力量都在被削弱：荷马让女神雅典娜予以希腊人支持，就像他让阿波罗即战神伊阿里为特洛伊人撑腰一样。由于这两支军队基本势均力敌，所以这场战争是以这样的节奏进行的，即一方占得上风的时候就是另一方扭转形势的时机，此消彼长。

但由于希腊还占有微弱优势，荷马的注意力就转到了他们的勇士狄奥墨得斯身上。尽管狄奥墨得斯杀敌无数，但没有普通士兵相助也无所成就。然而这些普通士兵，不过是荷马笔下英雄的陪衬而已。狄奥墨得斯首战大捷；他在车下打败了战车上的一对特洛伊贵族兄弟，这兄弟一个被杀，另一个对着他兄弟的尸体瑟瑟发料。狄奥墨得斯在通往荣誉的路上一共杀死了12个有名有姓的战士，其中包括潘达罗斯，就是他的箭引发了这场战争；他也差点杀了埃涅阿斯，除赫克托尔外特洛伊最优秀的战士；他还打伤了爱与美女神阿佛洛狄特和战神阿瑞斯。他杀敌时最常用的武器是长矛和标枪，但也有拔剑砍掉敌人肩膀的时候。很明显，狄奥墨得斯是拥有瑙维二代的幸运

儿之一。他的随从斯特涅洛斯（Sthenelus）紧跟其后。他的
工作就是拖走战利品并随时准备好带狄奥墨得斯去往下一个
目标。

生擒潘达罗斯并向他敲诈赎金，狄奥墨得斯本可以得到更多
战利品。但狄奥墨得斯的战友没有理由抱怨，因为他强大的领导
力使特洛伊军队退至斯卡曼德罗斯河。希腊人的进攻已使特洛伊
联军遭受巨大伤亡。无论希腊军队是否有意针对，特洛伊盟军陷
入的困境也已绝望到让重要盟军吕西亚的指挥官萨尔珀冬向赫克
托尔去信：集合特洛伊军队或直面这道难题。

赫克托尔回应得很快。他从战车下来勉励步行征战的特洛
伊士兵。他们充满激情地吼叫，然后返回战场继续作战。与此同
时，希腊人也受了鼓动，作战杀敌时无所畏惧。但特洛伊人还是
慢慢把他们赶了回去。

之后埃涅阿斯奇迹般地重返战场。狄奥墨得斯用巨石砸中
了埃涅阿斯的髋关节，使得他肌腱断裂，关节窝受损。但神急忙
把他送回特洛伊为他疗伤，又为他安排了这次令人难以置信的归
来——英雄式的极尽夸大。现实生活中埃涅阿斯可能已经休克。
青铜时代并不十分严重的骨折难不倒医生，因为他们可以将断骨
复位，使它完美愈合。

在狄奥墨得斯的引领下，希腊士兵重新找回斗志并冲破
了特洛伊人的防线，向特洛伊城推进。但赫克托尔召集士兵
发表讲话，再次扭转败局。希腊军队撤退。对赫克托尔来说
这是个机会，去听取他的兄弟、特洛伊最好的先知赫勒诺斯
（Helenus）的建议，然后飞快跑回特洛伊城，让王后赫库芭
把女人们组织起来向一位女神做特殊请求，这位女神就是荷
马口中的雅典娜。无论特洛伊人是否崇拜雅典娜——古代人经

常相互借用彼此的神明——或者她是否为一位东方的女神，向女神祈愿军队胜利在安纳托利亚并非不寻常。举个例子，赫梯国王图达利亚四世（公元前 1237~ 前 1228 年）向太阳女神阿丽娜（Sun-Goddess of Arinna）请求在与一个未提姓名的敌人的作战中获得胜利，这个敌人可能是亚述人。[19] 我们也可以假设特洛伊也有那么一位守护神，尽管我们并不能确认她的身份。

战斗正酣之际，赫克托尔在宗教使命的驱使下退回后方，这充分说明了这场战争的本质。要么是赫克托尔自己迷信，要么是他知道他的士兵迷信。这表明他知道这场战争会断断续续地进行下去。同时，也强调了一个现实，那就是再勇敢坚决的勇士也需要时不时休息一下。

荷马告诉我们这场战斗后战士们多么渴望下一场战斗。[20] 一首美索不达米亚战争诗号召意志战胜物质：一个士兵要有力量、精力和速度；他必须让意志凌驾于肉体之上。[21]

赫克托尔和帕里斯兄弟二人齐返战场，这让特洛伊士兵精神为之一振。但事情很快就变得明朗起来，他们绝不是要继续打仗，相反，赫克托尔体面地叫停了战争。荷马说是阿波罗改变了赫克托尔的想法，但特洛伊士兵就算没有神助也知道这样做的原因。他需要喘口气，需要时间和他的指挥官会面商量出一个新对策，同时也要让士兵休息一下，准备重新上战场。这是因为赫克托尔得到了一个关键情报：

伟大勇猛的阿基琉斯不再征战。[22]

在这个节骨眼上选择单挑是为了达到某一目的。这场旷日持久的战争不仅让双方损失惨重，也没有明确的结果，而现在这样结束则显得很有骑士风范。单挑会展现赫克托尔的英勇无畏，提高特洛伊在其盟军心目中的地位。这也会让赫克托尔在即将到来的论战前赢得政治资本。在带领军队重回战场前，赫克托尔必须解决军中士气不振这个棘手的问题。正如那晚集会所表现出来的，这个国家的斗志令人存疑。

赫克托尔很谨慎地不在最后一场决斗中冒太大风险。帕里斯和墨涅拉俄斯的决斗，让海伦和斯巴达宝藏都处于危险之中。赫克托尔能允诺的只是给那个失败者一个光荣的葬礼。但他不用给太多，因为希腊人也很乐意离开战场。

在一群摩拳擦掌的希腊勇士中，大埃阿斯抽中了签，他将用剑对决赫克托尔。夜幕落下，裁判宣布和局，二人豪爽地交换了礼物。精疲力竭的双方士兵撤离。

这一整天的战斗重新唤起希腊人的斗志。墨涅拉俄斯让帕里斯当众出丑，大埃阿斯扛住了赫克托尔的挑战，阿伽门农、伊多墨纽斯、奥德修斯、色萨利人的首领欧律皮洛斯（Eurypulus）、伊多墨纽斯的副手墨里奥涅斯（Meriones），还有和墨涅拉俄斯（很明显，他上次受的箭伤恢复得极快）联手的涅斯托尔之子安提洛科斯同样战绩可观。谁会忘记狄奥墨得斯曾在特洛伊军队中大杀四方呢？但是涅斯托尔很清楚这成功的代价：

> 诸位尊敬的君王！今日之灾是咎由自取，
> 希腊士兵罹难！百姓流离失所
> 斯卡曼德罗斯河岸血流成河！
> 多少英雄沉入河底有去无回！[23]

希腊这边的受害者中也有许多出类拔萃的人，尤为突出的是赫拉克勒斯之子特勒波勒摩斯，罗德岛军队的首领。

/ 128

与此同时，特洛伊和其盟军在普里阿摩斯宫殿外召开了一次激烈的会议。安忒诺尔提议还回海伦和斯巴达宝物。当天的战场流血后，会有更多追随者附议。安忒诺尔是真心实意的，他让在座各位都想起了当天打破的誓言，在宣誓通过勇士间的决斗来解决这场争端后，就放箭射伤了墨涅拉俄斯。潘达罗斯把所有特洛伊人都一起拖下了水，没有谁能独善其身。

帕里斯强烈反对，他认为一定是神让安忒诺尔发了疯。但接下来他或多或少地承认了那天他在与墨涅拉俄斯决斗时犯下的错误，并做出了很大的妥协：他会归还所有斯巴达宝物，甚至还会从自己的财产里补偿一些给他们，但不能交出海伦。普里阿摩斯起身赞同。但他不认为希腊人会同意这个提议，他告诫与会人员现在要想的该是如何停息战火、埋葬死者。这次会议通过了帕里斯的提议：归还斯巴达宝物并额外补偿一些，但海伦要留在她现在生活的地方。

散会后，士兵各自回到军队，和战友一起吃晚饭。这场战斗后他们精疲力竭，却还不得不轮班睡觉，因为守夜人要随时保持警惕。

黎明时分，特洛伊传令官伊代奥斯（Idaeus）向希腊人传达了特洛伊人会议的结果。他发现首领们聚集在阿伽门农的船上。起初，希腊人对伊代奥斯的话没有做出任何反应，接着狄奥墨得斯向所有人说道：

> 哦，不要接受他们提出的财富，甚至那个斯巴达女人，我的朋友！这是在骗取你的声名。

征服让我们拥有一切：命运会震动他们的城墙，

而特洛伊已经摇摇欲坠。[24]

伊代奥斯回去报告，希腊人断然拒绝。但他们至少愿意暂时放下对特洛伊的敌意，同意休战。

特洛伊人马上开始火化战场上阵亡的士兵。一支特遣队（detail）上山收集搭建柴堆所需的木头，而另一支去战场收集尸体。因为身上稍微有点价值的东西都被抢走了，所以这些尸体的身份必须依靠面容来辨认，但又由于被留在又热又湿的平原上整整一晚，尸体脸部已经开始腐烂。特遣队一旦发现能够确认身份的尸体，就马上擦掉已经干了的血迹，放上马车。他们虽然会掉眼泪，但脸上并不表现出任何感情，因为普里阿摩斯禁止恸哭。这可能意味着特洛伊人心涣散，也可能代表普里阿摩斯不向敌人暴露弱点的决心。

这天最后，两个柴堆在特洛伊平原的两头点燃。然后特洛伊人回城，希腊人上船。第二天大清早，在迎来黎明的第一束晨曦前，从希腊军队中精心挑选出来的一营士兵回到柴堆那里，以此建了一个墓冢。这项工作不仅仅是为了表达敬意，因为他们又马上建好了营地栅栏，挖好了旁边的壕沟。如果他们是在利用休战协议，那么当然要打起十二分精神，但他们可能很清楚敌人的疲惫不堪就是他们安全的保证。据荷马所言，整个防御工事在一天内完成。这是一个艰巨的任务。如果说希腊士兵早先在营地周围就已修筑好防御工事，而现在是在加固防线还更实际一些。

无论是以上哪种情况，特洛伊侦察兵都已知晓希腊人接下来的计划。那天晚上，双方军队都在大吃大喝的时候，赫克托尔和他的最高指挥部正在考虑对策，但是只要目前势均力敌的状态出现一个新变化，他们就要再制定一个新方案。就算他们认为现在面对的是一场全新的战争也并不为过。

青铜时代的国王有许多梦想，但他们最想要的还是千秋万代的荣耀。只有众神才能帮助他们实现这样的愿望，而众神不会轻易屈于淫威。但是他们十分喜欢收礼，所以谨慎的君主会避免让神灵觉得自己是在统治他们，于是选择献上恰当的礼品——建一座宏伟的纪念碑，或许还题有一段感谢词，感谢神灵恩赐的成功、长寿、繁荣、后代，当然还有胜利。[1] 众神获得胜利的途径多样，从把敌人交到国王手上，到让国王看着敌军在自己脚下溃败。但没有哪个胜利比逆转即将失败的胜利的滋味更甜。在众神的帮助下，国王会让敌军首领停止蚍蜉撼树的妄想。

因此，就在特洛伊平原上燃起火葬柴堆的那晚，也许赫克托尔也曾梦见得到神助。希腊人损失惨重，迫不得已撤到残破的防线后。特洛伊王子如果现在就率兵出城，乘胜追击，他们可能会一把火烧了希腊舰队。多年后，赫克托尔取代普里阿摩斯为王，随后阿斯提阿那克斯继位。赫克托尔的故事会被谱写成诗篇，被誉为拯救了特洛伊的国王。

因此，当第二天早晨太阳升起时，赫克托尔异常激动。他率领一支军队站在城门外，把守着特洛伊城的大门，不论是步兵还是战车兵，都渴望参加战斗。希腊人别无选择，只能离开营地，与他们在平原上开战。

战争开始的几个小时里，双方打了个平手，但中午没过多久，在从伊达山到萨莫色雷斯的整片天空下，处处是残酷的光辉，特洛伊人占了上风。希腊人开始逃跑。只有狄奥墨得斯勇气不减，坚持驾战车攻打敌军，甚至掷一把长枪，命中赫克托尔的战车兵。

但众神站在特洛伊人一边。荷马设想宙斯站在伊达山的最高峰加尔加罗山（Gargaros）上，自多风的峰顶居高临下观望这场战斗。神以雷声震慑希腊人，又在狄奥墨得斯的坐骑前划出一道闪电。甚至提丢斯骁勇的儿子都抵抗不了神的不满，所以他也转头逃跑了。约公元前1316年，在与特洛伊以南约200英里的阿尔萨瓦的战争中，赫梯国王穆尔西里二世同样得到了雷神的帮助。[2] 在赫梯首都哈图沙，就连向雷神做祷告的巴比伦人，也在神的力量面前瑟瑟发抖。[3]

赫克托尔现在沉迷于青铜时代战争中最古老的惯例之一。青铜时代的指挥官不会捏造事实，说他们战胜的人有多伟大，只会贬低敌人，拿他们当狗看待[4]，称他们为"杂种"[5]，或应被神变成女人。[6] 当狄奥墨得斯撤退时，赫克托尔在他身后喊道：

你们逃跑的样子真像女人，却披着男人的皮！ [7]

然后赫克托尔转向自己的部队：

特洛伊人、吕西亚人和近战的达尔达尼亚人：
朋友们，要做男子汉，想想你们的勇气和力量。[8]

青铜时代的指挥官很容易因为被称作女人而被激怒。例如，亚述国王图库尔蒂－尼努尔塔威胁任何胆敢亵渎伊什塔尔神庙的人，诅咒"他的男子气概会逐渐消失"。[9]

荷马没有说明战斗开始的确切位置，但现在看来它早已推移到离特洛伊城很远的地方。赫克托尔又找了一名战车兵，带领他的战士冲过斯卡曼德罗斯河，将希腊人一路赶回他们的营地，这里距离特洛伊城墙已有两英里。他们迫使希腊人躲到壕沟和栅栏后面。

突然，阿伽门农受到赫拉鼓舞，穿上紫色衣服，重新召集他的部下。紫色是青铜时代晚期仅供王室使用的颜色；例如，乌加里特进贡给赫梯国王和王后的羊毛就是紫色的。[10] 于是阿伽门农穿着这身紫色华服，来到营地中心的奥德修斯的旗舰上，大声呼喊，以便从舰队的这一端到另一端——从大埃阿斯的舰队守卫的一侧，到阿基琉斯的舰队守卫的另一侧（此处阿基琉斯的舰队并不听命于阿伽门农）——都能听见他的发言。

希腊战士奋起抗争，开始反攻。忒克洛斯用箭射死了十个特洛伊兵，其中包括普里阿摩斯的儿子和赫克托尔的第二个战车兵。但是，忒克洛斯无法击中赫克托尔。忒克洛斯抱怨说，赫克托尔总是在移动，正如美索不达米亚的一句话所说，忒克洛斯就像一只得了狂犬病的狗，不知道下次会咬到哪里[11]——狗是青铜时代人们最喜欢的骂人用语。[12] 在找到另一位新的战车兵之后，赫克托尔跳到地上，脱了衣服，在忒克洛斯背后大叫一声，差点拿石头把他砸死。希腊人再次开始撤退，躲到他们的防御工事后面。赫克托尔的人可能已经将优势一路扩大到船上，但是现在夜幕降临。他们的运气太差，不得不放弃追击。

但他们并没有准备要一直乖乖躲在城墙后面。这是他们在战争期间第一次将营地安置在特洛伊平原上，在一个没有尸体的空地上。通过在斯卡曼德罗斯河西岸露营，军队冒了一个计划以内的风险，但它对希腊人施加了压力。荷马称这个地方为"阵线的空隙"。[13] 特洛伊平原是沼泽地，特别是在其北端，"空隙"可能指的是让战车通行的坚实地面。

军队沿西北向东南一线部署，保护城市的同时，还可以掩护军队撤退。北端依靠安纳托利亚的卡里安人（Carians）和马其顿的培奥尼亚人（Paeonians），而吕西亚人则守卫南端。其间是各种其他安纳托利亚特遣队、特洛伊人及其近邻。瑞索斯（Rhesus）国王统治下的色雷斯的新的分遣队刚刚才到。

特洛伊人在黑暗中忙碌着。一些人被安排去喂马，其他人则回到城镇为士兵用餐带来羊肉、牛肉、面包和葡萄酒——这些食物或多或少与叙利亚城镇在公元前14世纪初向埃及士兵提供的食物相同。[14] 还有一些人上山采集柴火。特洛伊人得整夜燃火，以便能够看到敌人装载船只和航行的任何企图。

与此同时，赫克托尔没有在大后方冒险，他使诈，派传令官到街上命令小男孩和老人都出来，走到城墙上去，女人们则要在每个房子里都点上火，照亮整个城镇。毫无疑问，为防止突遭袭击，他还安排了一位传令官，准备随时发出警报。[15]

在向众神献祭公牛和给马儿喂饱麦子后，特洛伊人自己也开吃了，每堆篝火旁围着50个人。这是他们多年来第一次远离城市。他们在星空下睡着了。而希腊人正处于恐慌之中。

阿伽门农神情悲伤地下令，放弃这次远征。但狄奥墨得斯鲁莽地起誓，表明自己的立场，要么征服，要么死亡，引得众人重又振作起来。只有涅斯托尔头脑冷静，提出了一个救援计划：沿城墙布满哨兵，并召集首领参加战争会议。这是一场豪赌。正如涅斯托尔所说：

> 今夜，我们要么毁了营地，要么拯救它。[16]

希腊人现在在墙和壕沟之间安排了700名长矛兵，每100人为一队，共7队，其中一队由涅斯托尔的儿子特拉叙墨得斯

（Thrasymedes）领导。他们是哨兵，在赫梯军队和青铜时代的其他军队中发挥了很好的作用。[17] 最高指挥官聚集在阿伽门农的营帐里，那里提供最好的进口色雷斯葡萄酒，还有上等佳肴。这只是当晚英雄们许多奢华布置中的第一样。

这样一顿晚餐，即使放在现代的员工会议上也显得不合时宜。可能这只是史诗把场面夸张了。或许也不是那样，因为在青铜时代的近东，热情好客一直是人们聚会时的标准。此外，在爱琴海地区，就像现在一样，吃饭不仅要有营养，还要起社交作用，而且吃任何一餐时都不能狼吞虎咽。

涅斯托尔坦率直言。他说，他们一败涂地，除非让阿基琉斯和米尔弥冬人回来参战，否则谁也不能扭转局面。而让他们回来的唯一方法，就是阿伽门农把布里塞伊丝送回阿基琉斯手中。由于阿伽门农也意识到了这一点，涅斯托尔也许并没有说太多。阿伽门农声称，当初他冒犯阿基琉斯，是因为众神蒙蔽了他的内心。既然不再蒙蔽于心，他不仅会做出弥补，归还那个年轻的女人（并未被他染指），还要加上一份厚礼，一份与统领大海般广阔的土地的国王相匹配的大礼：阿基琉斯攻取莱斯博斯岛时俘虏的 7 个女人、7 个三脚祭坛、10 塔兰特黄金、20 口大锅和 12 匹上等的马。[18] 最重要的是，阿伽门农向阿基琉斯允诺将分出特洛伊的大部分战利品，包括金子、青铜和除海伦外 20 位最美丽的姑娘，以及在希腊与阿伽门农的一个女儿结婚，还有一笔不菲的嫁妆，再加上一个由伯罗奔尼撒半岛西部七个繁华城邦组成的王国。

这真是将贿赂手段用到了极致。涅斯托尔印象深刻。议定书要求使者把这个消息传给阿基琉斯，这位老政客心中有一个三人团队：大埃阿斯，奥德修斯和菲尼克斯。大埃阿斯是继阿基琉斯和帕特洛克罗斯之后希腊最伟大的战士，而奥德修斯是希腊最狡猾的外交官。菲尼克斯不如他们，但他来自阿基琉斯的父亲佩琉斯的家庭，在那里他辅导了年轻的王子。如果说有谁能够拨动阿基琉斯的心弦，那非菲尼克斯莫属。

尽管阿基琉斯热情欢迎夜间使者，让他们住在营帐里，以葡萄酒和肉食招待，安排他们在带曲拐的紫色躺椅上就座，但他并没有让步。他们警告他，赫克托尔计划在早上烧毁船只并杀死希腊人，他们强调了阿伽门农的慷慨。但阿基琉斯并不感兴趣。由于所受侮辱太沉重了，他无法原谅。此外，谈论特洛伊的战利品只是空话，因为宙斯显然倒向了敌人那边。希腊人永远不会占领这个城市。因此，如果他们在早晨第一缕阳光洒下时望向大海，会看到阿基琉斯正在收兵回希腊。

使者试图劝服这位伟大的战士，但他们从他身上得到的最好的结果就是这样一个承诺：如果赫克托尔愚蠢到攻击他的营帐和船只以及米尔弥冬人，他一定会开战。否则，阿基琉斯不会拯救营地。于是他们垂头丧气地回到阿伽门农的营帐，并传达了这个坏消息。经过长时间的沉默，狄奥墨得斯呼吁他们所有人大吃大喝（不是第一次这样了）并稍做休息，以便在黎明时分争取保住他们的船只。

酒后，大家都睡熟了。阿伽门农和墨涅拉俄斯却忧心忡忡，难以入眠。看到平原上特洛伊军队生了这么多堆篝火，阿伽门农震惊了。尖叫声和口哨声盖过平常的喧闹声。阿特柔斯的两个儿子决定派人先前去侦察一番，这样军队才有机会转危为安。他们分头去叫醒指挥官们，首先是涅斯托尔。

在召集战争会议前，阿伽门农和一支小队确认了卫兵没有打瞌睡。阿伽门农需要向指挥官们灌输一种紧迫感。他们刚从短暂的睡眠中被吵醒，根本不相信涅斯托尔所说的——他们已经危如累卵。[19]一番鼓励后，阿伽门农需要一个或多个志愿者来完成一项特别危险而没有多少荣誉的任务。

这并不是在对阵双方面前英勇的战场表演。他们的任务是得到敌人的战斗计划，要么通过抓住一个掉队的特洛伊士兵，要么偷偷潜入敌军，然后窃听他们的计划。天上的星星正往西移，表示三"更"已过了两"更"（古人将夜晚分成三更）。大家必须抓紧行动才能充分利用黑暗的掩护。

狄奥墨得斯自愿加入，并要求奥德修斯作为搭档。时间如此紧迫，以至于他们要从其他已经做好准备的人那里借来武器和盔甲。两个人手里都握着剑，奥德修斯还抓了一把弓，狄奥墨得斯拿了盾牌。狄奥墨得斯戴着一顶普通皮革头盔，奥德修斯的则是一款精致昂贵、古色古香的野猪头盔。当他们在黑夜中走向敌人时，他们不得不跨过尸体、被遗弃的武器和血泊。

他们不知道，特洛伊人也组织了一支自己的侦察队。但希腊人严肃对待的事情竟被特洛伊人当作喜剧。赫克托尔没有接受埃涅阿斯或帕里斯的帮助，却勉强接受了一位传令官的儿子的帮助，此人虽富有，却像忒耳西忒斯一样卑鄙。多隆（Dolon）——这个名字源自希腊语 *dolos*，即诡计（trick）——是他父亲欧墨得斯（Eumedes）六个孩子中唯一的男孩。虽然他配备了间谍装备，披着狼皮，背着标枪和弯弓，但他的帽子是用鼬鼠皮做的。他这模样真滑稽。赫克托尔向间谍许诺，事成之后，他会得到一辆战车和两匹马，多隆让他发誓，以防万一——好像一名贵族说的话还不足以作为凭据。然后，多隆声称马匹和战车都归属伟大的阿基琉斯。当希腊人在特洛伊前线之外遇到多隆时，他们起初认为他是一个剥食尸体的食腐动物。多隆速度挺快，几乎可以从狄奥墨得斯手中逃掉。

士兵们剥光尸体的原因有很多，并非所有人都应该受到谴责。有些人想获得纪念品，有些人则需要实际的武器和盔甲。他们寻求备件，额外的、更好的或新的装备。还有些士兵可能是在没有任何武器的情况下来到特洛伊的，他们的指挥官告诉他们必须去战场上搬运尸体。当然，也有些奸商纯粹出于贪婪剥夺尸体。

多隆被捕时恳求赎回，并且很轻易地就向希腊人坦白了一切。他是"有口才的人"，正如约公元前 1800 年来自幼发拉底河畔马里城的一封信中对告密者的称呼——在第二次世界大战时的红军中同样如此。[20] 多隆吐露了特洛伊和盟军的部署情况，如营地周围没有警卫，赫克托尔出席了战争会议。他还道出了有关色雷斯增援部队的新细节——由厄俄纽斯（Eïoneus）之子瑞索斯国王率领，带着浩浩荡荡的白马战队（青铜时代晚期特别珍贵的马匹颜色）[21]，以及他金银装饰的战车，还有镶了金部件的盔甲。这最后一段情报引起了审讯者的兴趣，因为这是锦上添花。之前他们成功地搜集到了情报，现在就有机会获得战利品和荣耀了。多隆的奖励是死亡。多隆跪求饶命，然而狄奥墨得斯还是将他斩首了。狄奥墨得斯并不大度，但他也不完全错。即使在今天处死间谍也不构成战争罪。在我们这个时代，如果多隆想要投降，那么他有权上军事法庭参加听证会，但青铜时代人们不管这些。

希腊人砍了多隆的胳膊，剥了他的衣服，将它们藏在怪柳树下，并发誓将这战利品献给雅典娜。他们并没有试图隐藏多隆的尸体。这只是野地里的另一具尸体。凭借这一最新情报，这两位希腊人能够直接前往色雷斯人的部队。他们偷偷溜进营地，未被发现。狄奥墨得斯连续屠杀了 12 名睡着的色雷斯人，奥德修斯拖走了尸体，以免马匹受惊。但他没有办法清理血泊。当奥德修斯解开缰绳时，狄奥墨得斯杀死了最后一个色雷斯人，瑞索斯国王本人。由于每秒都有被抓的风险，他们匆匆赶走马匹，留下战车和盔甲。当敌人醒来并发现所发生的事情时，希腊人已经到了他们藏匿多隆赃物的怪柳树下。然后他俩回到了同伴身边，他们用握手和甜言蜜语欢迎奥德修斯和狄奥墨得斯。在汇报之后，两位英雄在海中洗掉了汗水，各自回到营帐，然后擦洗身子。

荷马在记录这次远征时，用了很奇怪的词语，描述了不寻常的武器，把希腊人的所作所为描述为近乎最野蛮的无人道行为，并且对特洛伊人持有不同寻常的偏见。荷马对这一部分内容着墨过多，以至于有些学者在本章中会看到另一位诗人篇幅较少的作品。或许，这一部分对洞察冲突的另一方面——特洛伊游击战争而言非常值得注意。[22]

与结合了人数、武力和速度的常规战争相比，游击战争通常是在较长时间内进行的分散的小规模作战。虽然游击队无法在没有己方正规军的情况下击败敌人，但他们可以削弱敌人的意志，以便己方正规军将敌人彻底打败。

多隆的故事揭示了一条可能带领特洛伊取得胜利的道路。尽管特洛伊人处置不佳，但他们仍可以展现出创造力和适应性，更好地自我发挥。与希腊战术相反，他们都采取正面攻击法，专注于消耗战，严重缺乏可操作性。

特洛伊人应该进行所谓的"跳蚤之战"，对希腊人东咬一小口，西叮一小口。[23] 他们保持战略防御是正确的，但也应该抓住机会发起战略进攻。他们应该利用他们的力量，即对地形的熟悉，并利用希腊人的弱点，即他们在敌人的地盘上的不安感。他们当初要是使用轻型、敏捷的武装力量，对希腊营地不停骚扰，掠夺他们的物资，应该可以十分轻松地取得胜利。

凭借对希腊语和希腊风俗的了解，特洛伊人甚至可以渗入敌人的营地或者提供虚假信息。他们也许还能暗杀一位或好几位希腊将军。渗透、间谍和暗杀都是美索不达米亚战争中的主要战术。[24] 但特洛伊人未能利用这种游击战术。

至少，根据荷马的说法，他们失败了。在史诗中，希腊人骚扰掉队的特洛伊士兵，谋杀在营地中睡着的特洛伊盟友，进行侦察，截获敌人的宣传资源，尽管天气恶劣，但仍耐心地埋伏。特洛伊人只要一派出间谍，这间谍几乎就会立刻被捕。

但荷马的描述是否公正呢？毫无疑问，特洛伊人使用游击战战术的频率很高，并不像荷马描述的那样。然而，不难理解，荷马对赫克托尔有一个基本正确的认识，即赫克托尔往往沉醉于异想天开，妄想取得一场决定性胜利。这就是他的悲剧，也是特洛伊的悲剧。

青铜时代的宣传者毫不隐晦。战车进击的场面，涉及成千上万步兵的战斗报告，手持满弓的王室成员，一场战斗中的坚持不懈，攻击强大城市的突击部队登上梯子并操作攻墙车：这些都是胜利纪念和诗歌描写的材料。突击队袭击、破坏、绑架、盗窃、潜伏、在黑暗中割喉、在马厩门口伏击，这些可能十分奏效的战术反而都没怎么得到宣传。所以这些战术的任何参考资料可能都只是冰山一角。

荷马提到了在特洛伊内部及其周围发生的多次伏击、秘密行动、袭击、突围和侦察探险，几乎所有这些都是希腊人做的。在《奥德赛》中，奥德修斯从他回到伊塔卡直到屠杀追求者和女佣的所有行为都被视为非正规战争中的一次重大演习，一场没有军队的武装起义。在公元前1100年之前，在埃及和亚洲西南部的编年史、法律、诗歌和艺术中，我们会发现，低强度战事也是浓墨重彩地写上一笔。

赫梯法律记录了聪明而活跃的小偷，他们带着奴隶、牲畜（从公牛到猪）、蜜蜂、鸟、家庭用品、谷物、石膏、葡萄藤的卷须、犁、推车、战车轮、水槽、狗尾巴、鞭子、缰绳、长矛、刀、钉子、窗帘、门、砖和基石一起溜了。[25] 苏美尔人记录了小偷如何搞破坏和擅自闯入[26]，巴比伦人则记录了小偷如何袭击商队[27]，而埃及人谴责那些从旅行者那里偷了一个面包或一双凉鞋的人。[28] 偷羊是黎凡特的一种生活方式，若是马车没被顺走，商人还要暗自庆幸一番。[29]

在近东社会，个人暴力十分常见，类型多样，包括揪耳、咬鼻、撞牙、摔骨、挖眼、强奸和谋杀。他们知道人与人之间的暴力要用到的每一件武器，从拳头到棍棒，从匕首到弓箭。以下是三个例子。公元前14世纪初，比布勒斯城（Byblos，在今天的黎巴嫩）的国王击败了一个持青铜匕首来到他面前的刺客。[30] 公元前1200年前的一则埃及故事讲到一个哥哥错以为他的弟弟曾试图勾引他的妻子。[31] 想象一下，他磨利长矛，站在马厩门后，等弟弟晚上放牛归来时伏击他。亚述国王萨尔玛那萨尔一世（公元前1274~前1245年）为祭祀亚述尔神（Asshur）献上了一个铜头。[32]

正如沿海居民不得不与海盗打交道一样，居住在内陆的人也免不了和来自边境的野蛮的袭击者做斗争。青铜时代晚期乌加里特的农民遭到邻近地区西尼人（Siyannu）的袭击，后者割掉了他们的葡萄藤。[33] 在梅利卡拉（Merikare）国王统治时期（约公元前2100年）的埃及，"悲惨的亚细亚"，即迦南游牧民族不停地惹麻烦，他们随季节迁移他们的羊群，无论他们去哪里都会抢劫当地人。有一份文献提到迦南人四处活动，不断征战，以求获得食物，但从未正式宣战，所以表现得像一群小偷。作者说，迦南人虽然很招麻烦，但带来的伤害也很有限：就像鳄鱼一样，他们可以在荒凉的道路上抓人，但他无法攻击城镇。[34]简而言之，他们像游击队一样战斗。

有关非常规战争或秘密行动的证据较少，但也有一些。从公元前18世纪初的美索不达米亚到公元前13世纪的赫梯，侦察巡逻一直是青铜时代战争的常规特征。[35]赫梯人派出间谍搜集有关敌城的信息。此外，他们还利用盟友传播虚假信息。例如，在卡迭石之战前夜，他们让两个贝都因人故意被埃及人抓获，然后让这两个人撒谎。[36]同时，隐藏战车也是赫梯在随后的战斗中对抗埃及的一个关键战略。早在约公元前2000年，一首关于战争的苏美尔诗歌就写道：有一位国王将他的保镖送给敌人，借此迷惑和误导另一位国王。[37]

/ 142

在《吉尔伽美什》中，公元前2000年，甚至可能更早，我们会看到在不熟悉的地形进行肉搏战的非常规战术。在现实生活和史诗中，青铜时代的国王们和他们的军队必须适应山地战。

山地战需要特殊的技能和战术。在崎岖的山坡上艰难地攀爬，抵抗大风等恶劣天气，晒伤、受伤和定位的问题——这些在一些低山上都有可能发生。他们需要得到山地知识、个人机智和行动方面的训练。山地地形不适合激战，却适合伏击和小规模战斗。士兵必须在没有马匹或战车的情况下分小组徒步战斗。因为与总部缺少可靠的通信，他们只能独自做出决定。山地战士需要大量的侦察兵，以免遭到敌人突袭。

赫梯人与安纳托利亚北部的卡斯卡人（Kaskaeans）作战，

亚述人在库图（Qutu）崎岖多山的地区作战，同时夸大战斗细节。[38] 许多国王，从苏美尔人和阿卡德人到埃及人，再到幼发拉底河畔马里城的国王，进入黎巴嫩的雪松林和黄杨林时，都会把树砍了。有些文献还提到了敌对行动。公元前 1316 年，当赫梯国王派军队上米卡尔山抓捕来自以弗所的逃亡者时，他们必须为山地作战做好准备。最后，希腊人和野蛮人之间非常规战斗的场景可能会被绘制在伯罗奔尼撒半岛西南部皮洛斯的宫廷壁画中。画中戴头盔的希腊战士使用长矛和匕首，与仅穿着动物皮的男子进行近距离战斗。[39]

如果特洛伊人想要偷走希腊的牲畜、物资和奴隶，如果他们想要埋伏个别士兵并杀死或抓住他们，如果他们想派出间谍来了解希腊人的动向或解雇双重间谍来传播虚假信息，如果他们想要让敌人心惊肉跳、疲惫不堪，那么他们有许多同时代的"榜样"。

但是低强度的战争需要极大的耐心，而在忍受这一切之后，等待对于特洛伊人来说似乎不再容易。由于多年自费给盟友大量送礼，他们的财富逐渐缩水。特洛伊的豪宅曾经满是金子和青铜器，如今已成了一栋栋空房子。人们厌倦了被关在城墙内。而且希腊人正在阻止新的财富随特洛伊港口的船只流入内陆，从而夺走腹地的牲畜、奢侈品、农场工人和漂亮服饰。

饥饿是入侵的副产品。在描述约公元前 2100 年被埃兰人（Elamites）围困的乌尔（Ur）城的情况时，一位诗人说，"饥饿扭曲了（人）的面孔，扭曲了他们的肌肉"。[40] 特洛伊没有与世界隔绝，但希腊袭击者可能扰乱了食物供应。就像青铜时代比布勒斯城的执法官在他的城镇受到攻击时一样，特洛伊人可能会因谷物缺乏和牲畜损失而痛苦。[41] 比布勒斯执政官声称，他的公民不得不将他们的家具卖到国外，将他们的孩子卖为奴隶，以便在被围困时获得食物。[42]

　　赫克托尔没有兴趣通过偷偷溜出下水道或泥泞行军来赢得胜利；他想要的是"无法衡量的、天地同攸的荣耀"。[43] 正如他曾经说的那样：

> 我的心也不容我逃避，我一向习惯于
> 勇敢杀敌，同特洛伊人并肩打头阵，
> 为父亲和我自己赢得莫大的荣誉。[44]

但取得荣耀并非没有代价。

　　她已经求过他不要走。从特洛伊的城垛上可以看到远处岛屿的轮廓在闪闪发光，她爬上城垛后，眼睛一直紧盯着下面的平原。她朝战场上仔细眺望，努力寻找丈夫的身影，但眼泪却止不住地流下来，哭得像个寡妇一样。然后，她突然发现，他就在那里，就在她下方的特洛伊石板路街道上，就在斯坎伊恩门旁边。他迅速去了趟小镇，是为了向神做最后的祈求。她马上跑下塔楼，身后跟着抱着孩子的奶妈。

　　安德洛玛刻，普拉科斯山下的底比斯国王埃埃提昂之女，不想再让身边的另一个男人也葬送在阿基琉斯的青铜矛头之下，无论她的丈夫赫克托尔多么坚定地想要在战场上证明自己。她从奶妈手里接过出生不久的儿子抱在胸前，她的胸部散发着鸢尾油、玫瑰花、洋苏草或其他香味的酊剂的芳香。赫克托尔什么话都没说，微笑着看向那个小小的孩子。他哭成泪人的妻子紧紧地抓住他的手臂，求他可怜可怜她和他们的孩子。她接着说了一些很明智的话，告诉赫克托尔要保持警惕，好好守卫城墙。但这位王子根本就没把她的话放在心上。他温柔地抱了他的孩子一会儿，祈祷这个孩子未来技艺超群，就把孩子还给了安德洛玛刻。他温柔地抚摸她的脸颊，向她保证他一定会在战场上保全自己。接着就把她送回到他认为的女人应该待的地方。"所有的男人都关心战争，"他毫不掩饰地说了出来，"而我是男人中的男人。"[1]

　　那次告别之后已经过去了两天。赫克托尔已经回到战场。屋里安德洛玛刻正坐在纺纱机前，为一件紫色斗篷绣花，这是一种古代的护身符，它能够把一个男人安全带回家。[2]她让侍女在火上烧一锅热水，这样赫克托尔下了战场后就能洗上一个热水澡。

但她之前也已经让这些侍女去为那个她从未期待能活着回来的男人举行哀悼仪式了。

赫克托尔先是带着他的军队来到希腊船舶驻地的大门。接着夜幕降临，特洛伊人就在平原上扎营过夜。第二天破晓时分，特洛伊士兵将大举进攻希腊，就像赫克托尔期待的那样。他们手拿火把向希腊舰队发起进攻。

特洛伊和希腊在第二天和第三天的激战占了整整半部《伊利亚特》的篇幅。但这种做法完全正确，因为这是荷马笔下的两位男主角人生中最为辉煌的时刻。与之相比，这两天特洛伊的命运发展，不过是一个助兴节目。所以和个人故事比起来，军队故事的进展要更快一些。荷马史诗里，奥林匹亚众神在这些事件上起到了尤为重要的作用。我们并不认为这是史诗传统，事实上它反映了青铜时代对战双方的心理状态。战事愈酣，这些古代士兵就愈发迷信。

在一个易守难攻的地方进行正面攻击绝非易事，即使在卫城将士被逼入绝境的情况下也是如此。《伊利亚特》中关于战争的描写都十分残酷且无所不包。希腊人已下定决心坚守每一寸土地，同时他们训练有素，能够执行一系列掩护撤退的命令。他们还拥有一支强大的后备力量，能够在后续战争中牵制敌人。而特洛伊的指挥官忽略了危险警告，他急切地渴望荣誉，想要避免任何不光彩的行为。从军事角度来看，赫克托尔正面进攻的做法正确与否有待商榷，但这是青铜时代的文化对一个国王的要求：正如某一亚述文献记载，国王就是要把军队扔到战场上击溃敌人。[3]

这场战斗于黎明开始。整个早上双方势均力敌，但在正午的炎炎暑气中，希腊成功突围。他们把特洛伊人从斯卡曼德罗斯河驱逐到特洛伊城墙下，但最后竟然是希腊人自己被击退了。希腊最好的武士一个接一个地负伤，包括阿伽门农、狄奥墨得斯、奥德修斯，还有虽不如上面三位但也很重要的欧律皮洛斯和玛卡翁。希腊人被逼退至壕沟和城墙后。

赫克托尔想要乘战车跨过壕沟，但被特洛伊先知、潘托俄斯之子波吕达马斯（Polydamas）制止。战前解读神谕是青铜时代的惯例。举个例子，巴比伦国王汉谟拉比（公元前1792~前1750年）宣称，在没有向神询问相关事宜前，他不会发动大规模进攻。[4] 军事行动的细节也是要向神询问的问题。[5] 如果一位先知被证实是审慎而明智的谋略家，比如波吕达马斯，那么所有的事情就都好办多了。根据他的建议，特洛伊这次要步行进攻。赫克托尔把他的人分成五个营，命令他们攻破希腊城墙。激战中萨尔珀冬和格劳科斯（Glaucus）麾下的吕西亚人就快突破大门时，大埃阿斯和他的兄弟忒克洛斯挡住了他们的攻击。接着，似乎是因为神的干预，据说赫克托尔用力扔出的一块巨石把大门砸出了一个缺口，这样他的士兵就能够由此涌入。要么修门，要么死人，这是美索不达米亚的一位祭司对掌权人的建议——现在希腊人知道这句话是什么意思了。[6]

希腊军队秩序井然地撤退，队形变换为排列紧密的防御队形。有人说这支灰心丧气的军队在宙斯的哥哥波塞冬赋予他们信心后才得以拯救。希腊人重整了队形，又有两位埃阿斯担任指挥官，展示了希腊人训练有素的优秀表现。

> 他们是军中挑选出的将士，投枪林立，
> 盾牌连片，等待特洛伊人和赫克托尔到来。
> 战斗队列紧密得一片圆盾挨圆盾，
> 头盔挨头盔，人挨人，只要他们一点头，

带缨饰的闪光头盔便会盔顶碰盔顶，

······

人人勇往直前，等待面临的拼杀。⁷

希腊方阵兵挡住了特洛伊士兵的去路，继而发生了一场激烈的肉搏战，希腊人占了上风，尤其是在对抗特洛伊第三军营的时候。其领袖普里阿摩斯之子赫勒诺斯和得伊福玻斯（Deïphobus）负伤被迫退回特洛伊，而军队第三号人物阿西俄斯（Asius）和其子阿达玛斯（Adamas）都被杀。再次按照先知波吕达马斯的建议，赫克托尔撤回军队重整旗鼓。但早前赫克托尔没有听从先知波吕达马斯对预兆的解读，选择对希腊舰队发动攻击，他同样也没有认真对待关于阿基琉斯的警告：

因为船边还有位好战无餍的将领，
我不相信他会永远不再作战。⁸

赫克托尔那天福祸参半。他既鲁莽又勇敢，既傲慢又骄傲，既自律又自私，既倔强又坚定。希腊将领完全乱了阵脚，以至于后来能够镇定下来仿佛奇迹一般，和他们相比，赫克托尔的表现要稳定得多，最终却不尽如人意。当赫克托尔召集士兵发布新命令时，他被忒拉蒙之子大埃阿斯投出的石头径直砸中胸口，当场晕了过去。但特洛伊的勇士救了他，他们用战车把他带离战场匆匆送至后方。斯卡曼德罗斯河水让赫克托尔苏醒，但他呕吐后又失去了意识。这对特洛伊来说确实是一个生死存亡的糟糕时刻。

恢复精力的希腊军队把特洛伊士兵赶出了城墙和壕沟，紧随其后向平原方向追赶。这时赫克托尔苏醒并召集军队。在现实生活中可没有人这么快就能从胸部挫伤中恢复元气，更不用说早前他还备受脑震荡的折磨。但赫克托尔似乎很享受宙斯降下的神迹；正如荷马所言，宙斯已经发现其他神所施展的诡计，而他现在正在介入特洛伊。他甚至可能让阿波罗或伊阿里前去特洛伊，为使特洛伊战车长驱无阻而把道路变得平整。希腊人看到特洛伊人重整旗鼓，便开始有序撤退，大批普通士兵殿后，精英勇士和他们最得力的追随者在前。但一旦战斗开始，神便把荣誉赐予特洛伊人，希腊人则像惊弓之鸟一样四散逃窜。[9]亚述和赫梯王室宣传语里的暗喻相似；亚述王萨尔玛那萨尔一世（公元前1274~前1245年）说战场杀敌如杀羊[10]，而赫梯国王图达利亚二世（Tudhaliya Ⅱ，公元前1450~前1420年）把新近占领的行省的人民称为"赫梯之牛"。[11]

时不时遇到的小型决斗阻止不了特洛伊人稳步前进，在逃回船上前不少希腊人因此殒命。这次特洛伊人将战车驶到了希腊营地，他们需要以战车为平台同站在甲板上挥舞长矛的希腊人作战。与此同时，其他希腊人在船与船之间形成了一堵坚固的墙。

特洛伊人嗅到了胜利的味道；而希腊人也清楚他们可能在一个小时内成为输家。双方的生力军猛烈对攻。这次不是大范围内的弓箭或标枪攻击，而是用刀剑、长枪、战斧以及日用的短柄斧在这场残暴的战争中互殴。土地上流动着黑色的血。大埃阿斯不愿放弃，他不愿就此认输，于是他手持长枪从一艘船跳到另一艘船上。但在赫克托尔的英明领导下，特洛伊人渐渐把希腊人从第一线船队赶到远处的营帐。

赫克托尔在抓住艄柱后马上下了一道简单的命令："点火！"[12]

在说出这两个令人心惊胆战的字时他的心里真的不会颤抖吗？赫克托尔现在喊齐心杀敌，但接下来还能在现在的战斗口号下更骄傲地呐喊吗？他大声疾呼：

> 宙斯把补偿一切的时刻赐给了我们，
> 让我们占领船舶，它们背逆神意
> 驶来这里，给我们带来无数灾难……[13]

　　重新振作的特洛伊人不断向前推进，但大埃阿斯带着他的长矛向他的士兵咆哮，说这场战斗至死方休。尽管汗流浃背、气喘吁吁，手因为长时间举着盾牌已酸痛难耐，长矛与头盔碰撞的声音在耳边回响，但他还在坚守阵地。手持大剑的赫克托尔轻松躲过大埃阿斯的长矛攻击。我们或许会想到致马里国王兹姆里－利姆的一封信，这封信这样描述拉尔萨（Larsa）城外的战斗："我军神明行于军队统帅之前，恶魔之矛断折，死敌尽数溃散。"特洛伊人引火烧船后大埃阿斯不得不撤退，除载过第一个死在特洛伊的希腊人普罗忒西拉奥斯之外的所有船只，皆被焚毁。

　　这整整一天的战斗里，混杂着各种声音：人声，飞禽走兽声，气象声（或者像古人说的那样，是神之音）；死前呼喊声或人群吼叫声；刺耳声或怒吼声，哨声或重击声，短兵相接的哐啷声或砰砰声，大笑声或斥责声。这些声音时而清晰，时而模糊；时而尖锐，时而轻缓；时而像是命令，时而令人悲痛万分；时而如甜言蜜语，时而刺耳难听；时而催人奋进，时而让人惊恐。驰驾战车加入战斗后，周围回荡着雷鸣般的马蹄声，若驭车人和勇士从车上跌落，空车就会在战场上四处奔逃，嘎啦嘎啦地发出怪异可怕的声音。

战场上一片可怖景象。双方向彼此猛冲过去劈砍的时候，恰如一道青铜闪电掠过。暴风雨般的巨大石块从希腊壁垒上向特洛伊士兵袭来，随后掉下一堆碎石，这是从被攻破堡垒上落下的石块。两军从晨光熹微开始交战，过日正中天，直到夜幕降临，战场从尘土飞扬的地面转移到山上、泥泞的河岸边，被风吹得歪七扭八的树旁和古墓附近。战斗初始，宙斯降下一场"血雨"，这指的可能是一种真实的自然现象，即含有撒哈拉沙漠红土的暴雨，时至今日依然可以在爱琴海地区见到。[14]

这场拉锯战真是让人头晕眼花。士兵们时而聚集时而分散，时而前进时而后退，仿佛在跳一种疯狂的舞蹈。这场战争在两英里宽的平原上来来回回激烈地进行了六次，士兵们精疲力竭。从平原到希腊营地途中的洼地有许多上坡路和下坡路，这让士兵的小腿肚酸疼不已，肺部也隐隐作痛。这时那些战车上的人一定很感激有车乘。

特洛伊和希腊舰队驻地之间堆积着许多尸体，有人有马，有刚死不久的，也有之前战死的，因为没有休战协议允许他们回收尸体。其中许多尸体被剥得干干净净，只有一层凝固的血壳覆在身上。有些尸体没了手脚，还有尸体被战车碾过。二十四小时内这些尸体就会发出充满死亡气息的极其难闻的臭味，一股非常刺鼻的甜腻气味。但虫群来袭只是几分钟的问题，而且鸟类和野狗也会紧随其后。密密麻麻的秃鹫和乌鸦将栖息于此，人一接近就四散逃开，人一离开又缓缓飞回；野狗由于不缺新鲜人肉吃而膘肥体壮；成群行进的食肉蝇加入了这支队伍；蝴蝶和老鹰也会以腐肉为食。特洛伊人和希腊人没有理由不知道地上这些人的命运是什么。

特洛伊人在为家园奋战，而希腊人却可以随时乘船离开。难怪荷马让这天的战争以纷争与不和女神厄里斯（Eris）造访希腊营地开场。她大声地发出一种尖锐刺耳的声音，诱惑士兵不禁认为：

> 战争无比甜美，
> 不再想乘空心船返回可爱的家园。[15]

这个开端虽令人备受鼓舞，但激起的斗志却还不足以熬过这残酷的一整天。无论是特洛伊军队还是希腊军队，没有领袖的勉励都不能长久坚持。在这样的战斗中要赢靠的不是武器，而是人。赫克托尔、阿伽门农、萨尔珀冬、大小埃阿斯、奥德修斯、狄奥墨得斯还有其他领袖，都会不时发表演说，或批评，或鼓励。

清晰下达命令也很关键。领袖要告诉士兵何时呈扇形散开前进，何时收紧队形，何时进攻，何时撤退。命令与控制在青铜时代晚期的战场上还很原始，它完全取决于上级，用吹小号和升旗的方式传达。声音洪亮绝不是一般的优势，难怪战场上的咆哮会被认为是战士技艺高超的象征。同样重要但少了些戏剧色彩的是负责传达命令的下级官员，尤其是在特洛伊，上级下达的命令要用数种不同的语言来传达。

/ 152

但无论什么言语都无法把一种特殊的感情从士兵心中抹去，那就是恐惧。老鹰于右侧飞行的好兆头，战友在身边的安心感，敌人逃之夭夭的惨叫声：这些都能让他们暂时松口气。即便如此，上至阿伽门农，下至持剑的精英士兵，那天也无时无刻不被恐惧笼罩。如一首巴比伦赞美诗所言，战神身上闪耀着令人恐惧的光芒。[16]

普罗忒西拉奥斯船上的火焰激发了赫克托尔的幻想，但也代表赫克托尔的生命即将走到尽头。这就像是数理逻辑，赫克托尔的成功必然意味着他的失败，因为它重新唤醒了阿基琉斯。当战争的发展趋势开始对希腊不利时，涅斯托尔向帕特洛克罗斯灌输了这样一种思想：尽管阿基琉斯发誓退出战争，但帕特洛克罗斯可以代阿基琉斯出战。涅斯托尔说：

> 他也该让你带着米尔弥冬人去参战，
> 愿他把他那精美的铠甲给你穿戴，
> 特洛伊人也许会把你当作他而停止作战。[17]

稍做考虑后，阿基琉斯同意把盔甲借给帕特洛克罗斯，让他带领米尔弥冬人前去救船。事实上，阿基琉斯非常关心战事进展，以至于他刚看到船上燃起火焰，就让帕特洛克罗斯赶快前往。但有一个条件，帕特洛克罗斯只能在一定范围内展开行动。他可以把敌人赶出希腊营地，但绝不能打到特洛伊。阿基琉斯说，那可能会触怒神，此外还有损阿基琉斯的荣誉。帕特洛克罗斯同意了这些要求。

阿基琉斯做了他所能做的一切去帮助他的士兵，除了上阵打仗。他巡视了营帐一圈，激励米尔弥冬人拿起武器去战场杀敌；送行前还发表了一段振奋人心的演讲；为防万一，阿基琉斯还向宙斯献上了祭酒。在此基础上，帕特洛克罗斯又讲了男人光荣的名誉和他们更为光荣的指挥官，还没忘羞辱阿伽门农一番——帕特洛克罗斯是完美的二把手不是没有原因的：

> 想象伟大的阿基琉斯看到了这场战斗：要勇敢，
> 而且要让你们拯救的那位骄傲的君主自惭形秽。[18]

米尔弥冬人看见特洛伊人如饿狼扑食。他们把特洛伊人从普罗忒西拉奥斯那艘烧着的船上赶走，然后扑火救船，但要想把特洛伊人完全赶出希腊人的营地，还需一场更加激烈的恶战。特洛伊人在城墙内坚守阵地；一场激烈的肉搏战后希腊人终获胜利。特洛伊人被迫匆忙逃窜，许多战车还卡在壕沟里，战马重获自由，但没有及时逃走的特洛伊人，就成了瓮中之鳖，死于希腊人青铜矛头之下。

回到平原后，帕特洛克罗斯半路截断带头撤退的特洛伊营队，使他们不得不继续战斗。结果虽然血腥残忍，但希腊人却得到了一场盛大的胜利。特洛伊目前的伤亡人员中，萨尔珀冬是最为重要的人物：一个声称是宙斯或风暴之神之子的男人，吕西亚的国王，特洛伊的一位重要盟友。他的副官格劳科斯的手在早前特洛伊攻城时为忒克洛斯所射伤。但格劳科斯很清楚，他的荣誉取决于他能带回萨尔珀冬的遗体，因此什么也阻止不了他。他向赫克托尔进献了一个徒劳的方法：现在盟军有一种被弃感，因此他最好上阵打仗帮助他们带回士兵遗体。但赫克托尔采纳了。赫克托尔的士兵陷入了一场肉搏苦战，但最后的赢家是希腊人。眼见无力回天，赫克托尔再次乘上马车撤军。希腊人夺去了萨尔珀冬的铠甲，这景象就算众神见了也忍不住叹息；正如荷马所言，阿波罗很快就把萨尔珀冬的遗体秘密带回了他的家乡吕西亚。这次战争对米尔弥冬人来说是大获全胜。由于神迹瞬间显现，特洛伊人认出了帕特洛克罗斯，然而这还不足以帮助他们阻挡帕特洛克罗斯的进攻。

但此时帕特洛克罗斯变得忘乎所以。他违背了阿基琉斯的命令，怒气冲冲地越过平原追赶特洛伊人，直至特洛伊城墙脚下。在此他对特洛伊城墙发动了三次进攻。荷马说他三次尝试爬上壕沟前的胸墙，但都以失败告终。可能同行的支持人员带了梯子。

在荷马笔下，阿波罗让帕特洛克罗斯从城墙上下来，正如他告诉赫克托尔要重返战场而不是把他的士兵安全带到城墙后。赫克托尔命令他所在的战车紧跟帕特洛克罗斯，但希腊人已整装待战。帕特洛克罗斯杀了赫克托尔的驭车人克布里奥涅斯（Cebriones）。这二人下车争夺地上的尸体，他们的同伴也很快加入进来。希腊人再次获胜。

现在已是傍晚时分。帕特洛克罗斯还有时间向特洛伊士兵再发起三次进攻，这时他已经杀了至少27人。那天帕特洛克罗斯屠杀的特洛伊人中，除荷马提及姓名的27人外还另有27个人，除此之外肯定还有一部分无法确认，也就是说总数超过了54人！没有哪个勇士能只凭自己就杀这么多人，而荷马将其全部归因于帕特洛克罗斯复仇式的狂欢。但只要有帕特洛克罗斯带头，作为生力军的米尔弥冬人就能在特洛伊防线上撕开一个血口。

只可惜帕特洛克罗斯的好运已经用光。神的干预（弄松了他的盔甲系带）使帕特洛克罗斯失去了他的盔甲，然后一个名为欧福尔玻斯的年轻的特洛伊士兵，潘托俄斯之子，借机将标枪投刺进他的后背。在欧福尔玻斯从帕特洛克罗斯身上拔出标枪后，赫克托尔看到了他争取荣誉的机会，他奋力穿过人群，把矛刺进帕特洛克罗斯腹部。这是人体躯干最为脆弱的部分，和脖子一样是荷马史诗中最喜欢描述的部分，因为这里能对敌人造成致命一击。难怪一位叙利亚将军在意图彻底击败敌人时会说："戳烂他的肚子！"[19]

争夺帕特洛克罗斯遗体的战斗激烈地进行到黄昏。赫克托尔对这次胜利五味杂陈。他不得不被格劳科斯指控为懦夫，因为他没能带回萨尔珀冬的遗体。他也失去了好友波得斯（Podes），埃埃提昂之子，赫克托尔家餐桌上的常客。而且赫克托尔也没能带回他的终极大奖——为帕特洛克罗斯拉车的阿基琉斯的战马。它们都逃走了。但赫克托尔成功完成了一件事，他夺占了阿基琉斯的盔甲，还把敌人赶回了他们平原另一边的营地。

帕特洛克罗斯的死讯对阿基琉斯来说是一个沉重的打击，但他完全恢复过来并去希腊壕沟前大吼。他响亮而低沉的吼声，犹如战场上法老的呐喊，整个大地为之震颤。[20] 荷马史诗中阿基琉斯共大吼三次。对希腊人来说，特洛伊人已撤退到足够远的地方，他们完全可以抢回帕特洛克罗斯的遗体。但现在天太黑了，不适合再继续战斗。

特洛伊人召开了一次会议。这次波吕达马斯又给出了一个极为明智的建议：撤回特洛伊城，在露天集市筑营，黎明时派人守卫城墙。这些城墙就算是阿基琉斯也无法攻破。正如波吕达马斯所说：

> 愿他平息愤怒，放下战争！
> 否则在他洗劫前野狗就会把他撕碎。[21]

这是个好建议，但赫克托尔回绝了。他对此嗤之以鼻，既有宙斯或风暴之神助他取得荣誉，何必撤退。这并非历史上最后一次有将军声称有神助佑。特洛伊士兵被说服了，他们热烈赞同赫克托尔并将他的计划付诸行动：他们会再次露宿平原，黎明时重回战场，与阿基琉斯拼个你死我活。

现在就要到《伊利亚特》中最令人难忘的那部分了。从帕特洛克罗斯的死亡中诞生了一个新的阿基琉斯，更老谋深算的阿基琉斯。他坦承过去做出了错误的选择；而现在他决定重回战场，尽管是在接受阿伽门农的礼物之后。这位英雄次日回到战场，杀人如麻。他身穿出自神之手的无敌的新盔甲，手持气势非凡的盾牌，他甚至与斯卡曼德罗斯河决斗来展示他那法老配享的超凡能力。最终阿基琉斯追上了赫克托尔。

一个傲慢的英雄的悲剧人生，是文学最古老的话题之一，即便在荷马的年代也已如此，大约可以追溯到公元前 2000 年美索不达米亚的《吉尔伽美什》。有人能把这个故事讲得比荷马的《伊利亚特》更气势雄伟吗？于文学而言，已足够；从军事上来说，就消极性而言，这些场景尤为重要。由于赫克托尔已死且阿基琉斯大限将至，臼炮和杵锤便撤出战场。[22] 特洛伊战争会继续下去——但是以一种全然不同的方式，在新领袖的领导下和新策略的指导下进行下去。

荷马描述了一个具有双重悲剧意义的场面：阿基琉斯对战赫克托尔，而帕特洛克罗斯就横在二者之间。现实可能更加平淡无奇。阿基琉斯说，出于对朋友的忠诚还有让朋友失望的愧疚，他要为帕特洛克罗斯这个生命般重要的灵魂伴侣复仇。毫无疑问，如果阿基琉斯没有杀死赫克托尔，他最终可能会以僭主身份终其一生。即使阿基琉斯自己也承认，赫克托尔进犯期间，帕特洛克罗斯和他的士兵被屠杀时，他正站在船上旁观这场战争，"他们就是在做无谓的挣扎"。[23] 米尔弥冬人不会忍受一个不能挽救失败的领袖太久。

阿基琉斯知道杀了赫克托尔就相当于签下了自己的死亡证明。命运早已裁定，赫克托尔死后不久阿基琉斯就会步其后尘。但对于这个预言，他还能说什么呢？此外，阿基琉斯还热爱战争；死亡的臭味充满了他的鼻孔，不过他很喜欢这种味道。在挽回声誉这件事上阿基琉斯别无选择，只能杀了赫克托尔。他很清楚地告诉他身为神的母亲，或如今日所言，他此刻坦诚道：

> 这次就让我冲进战场，
> 在人生短暂的收获季节收割荣誉（*kleos*）。[24]

友谊易逝但声名永恒。阿基琉斯很清楚轻重缓急。

阿基琉斯可能希望在第二天的黎明开始战斗，但也不能对战前的准备工作掉以轻心。他和阿伽门农必须正式和解，而且后来奥德修斯说服阿基琉斯，战斗前一定会有牺牲，一定要沉心静气。战利品也要分给士兵，以勾起他们对战争的欲望。接着阿基琉斯带领士兵出战。希腊人作战勇猛，把敌人打得落花流水，以至于战斗结束后，特洛伊人发现只有躲在城墙后面才是安全的，但阿基琉斯的第一反应不是松口气，反而对战争如饥似渴。

阿基琉斯已经不再是原来的阿基琉斯。这个和蔼可亲的投机者，过去杀人是为向敌人勒索赎金，现在则完全是一个杀人机器。他的受害者包括普里阿摩斯的两个儿子：波吕多洛斯，还有在他之前被阿基琉斯饶过一命、变卖为奴的兄弟莱卡翁。现在阿基琉斯不再怀有慈悲之心。大多数特洛伊人一看到阿基琉斯拔腿就跑；其中能够坚守原地的，也只有像埃涅阿斯这样极少数幸存下来的人来讲述这个故事，然后感谢神的庇佑。

是什么让阿基琉斯变成了这样一个成功的武士呢？他力敌千钧、风驰云走，身旁又有出类拔萃的士兵相助，光是他的名声就足以震慑大多数敌人，这让他占尽心理优势。《伊利亚特》中的阿基琉斯仅一个下午就杀了至少36人。[25] 和帕特洛克罗斯相比，这只是个小数目，但它同样提醒我们，人们对青铜时代的英雄抱有非常大的热情。

赫克托尔是阿基琉斯的最后一个受害者。当时他本可撤回城内，不过还是想都没想就站到阿基琉斯面前。但接着他就想到了要面对的羞耻，因为赫克托尔不得不承认波吕达马斯判断正确，阿基琉斯是个十分危险的敌人。他之前就是个十足的傻瓜，而特洛伊军队也为此付出了血的代价。

最终赫克托尔不顾舆论压力落荒而逃。他被阿基琉斯步步紧逼的恐惧挟持，拼尽全力逃跑，但也摆脱不了紧追其后的阿基琉斯。他们就这样绕城跑了三圈；事实上，荷马史诗中有迹象表明，作者认为他们绕着整个特洛伊平原跑了三圈，也就是 36 英里甚至更长。赫克托尔最后重拾勇气，直面阿基琉斯，与之对决。阿基琉斯将标枪投向赫克托尔，不过没有射中，但由于神的干预（或是阿基琉斯冲过去捡了回来），他又再次拿到武器。赫克托尔把他的标枪投向阿基琉斯的盾牌，接着拔剑奔向敌人，但阿基琉斯已蓄势待发，把矛瞄准了赫克托尔的脖子。赫克托尔就此倒地不起，而且由于预言中的大限将至，阿基琉斯即行撤退。

特洛伊人对希腊人的最大抵抗也就是突袭希腊舰队。他们再也不能对敌人造成更大威胁。接着特洛伊人又走错一步。他们本应采取类似穆罕默德·阿里的拳击策略，抓住短暂休息的时间伺机反攻，使希腊人精疲力竭。但赫克托尔目中无人又急功近利，以至于他接受不了低强度的防卫策略，就这样去追逐那场决定命运的战斗。

阿基琉斯和米尔弥冬人退出战争意味着希腊联盟的破裂。赫克托尔本应好好利用这个机会，作壁上观。永远不要阻止一个想要退出的敌人，这是一个很有道理的战争法则。但赫克托尔却选择正面进攻希腊营地，这可能是最坏的方法。就这样，他又把阿基琉斯和他的伙伴送回了希腊。

赫克托尔的死可能是一个转折点，但这并不代表特洛伊败局已定。相反，它成了特洛伊的优势。特洛伊人依然斗志昂扬，而且他们确实还有机会能好好利用这种斗志。他们仍然可以重创敌人，仍然可以守卫他们坚不可摧的堡垒，仍然享有以本城为据点的比较优势。而希腊人为他们糟糕的营地所困扰。特洛伊人可以耐心等待，尤其是在新盟友加入之后。

但赫克托尔没能看到这一步。城垛上，国王普里阿摩斯和王后赫库芭目睹儿子战死，之前也是在这里，他们责备并恳求儿子不要冒险挑战阿基琉斯。而现在，他们沉浸在悲伤中，无可慰藉。

赫克托尔之妻安德洛玛刻听到外面响起一片恸哭声时，正在家里为丈夫的归来整理屋子。她害怕等来的是最坏的结果，就带了两个侍女跑到城墙边。在高塔上，她向下四处搜寻战场上赫克托尔的踪迹。赫克托尔的尸体赤裸，被胜利者用皮带穿过肌腱绑在战车上。当阿基琉斯抽打他的战马穿过平原时，赫克托尔的长发在飞扬的尘土中自由飘动，他被拖行的尸体就是胜利者的证明。

/ 第十章 阿基琉斯之踵

　　用矛头刺穿赫克托尔的脖子，一次又一次地嘲讽，这个将死之人就要成为野狗或鸟的腹中之物，然后从这个特洛伊人身上剥下他盗来的盔甲，看着自己的战友们用长矛捅着这体温尚存的尸体，希腊军中一片欢腾响起胜利的赞歌，这样的复仇是多么甜美，对于阿基琉斯来说却还不够。阿基琉斯把尸体带回营地，然后把它丢弃在帕特洛克罗斯的棺木前面。直到他朋友的葬礼结束后，阿基琉斯才将尸体拴在自己的战车后面，拖着它绕帕特洛克罗斯的坟墓三圈。像赫梯和埃及的将军一样，这个希腊人对敌人的尸体可是毫不留情。[1]

　　起初，众神没有反对；我们姑且认为他们可以通过祭司与凡人进行交流。事实上，宙斯允许赫克托尔在他的故乡被这样羞辱。但是九天之后，宙斯要求阿基琉斯将尸体归还特洛伊埋葬，否则他就得遭受来自神明的报复。赫克托尔的尸体在此时却还没有开始腐烂，野狗也离得远远的，没有对尸体下手——这两点简直是奇迹，除非所谓的"九天"仅仅意味着很长一段时间而已。

　　阿基琉斯这样的行为确实震惊了我们，而他在火化帕特洛克罗斯尸体的柴堆之前冷血屠杀了十二名特洛伊贵族青年这件事恐怕会让我们更为震惊。这位伟大的英雄亲自在战斗中擒获他们，而且是特意为了抓人来陪葬。

　　与此同时，关于赫克托尔故事的一个修正版本也流传开来。真实的赫克托尔其人其实是一个以自我为中心的，说话尖刻而又不懂变通的人，他的荣誉感比自己国家的安全更为重要；这样的一个男人，一边心里设想他的妻子被囚禁时如何痛苦，一边却又用自己的行为加速了它；他拒绝了谨慎的行事方式，而这本可以挽救自己和许多战友的生命。然而现在，他却成了为国家无私奉献的英烈。

《伊利亚特》讲述了普里阿摩斯如何在夜间穿越平原勇敢地前往希腊营地，并冒着生命危险向阿基琉斯祈求归还赫克托尔的尸体。这位老人在阿基琉斯面前跪了下来，吻了这位希腊人杀气腾腾的双手。这是令人羞耻的，但普里阿摩斯是在采取一种典型的表现虚弱和自辱的方式。正如法老的仆臣在法老驾到的时候会扑倒在地上亲吻地面，宣称自己就如同法老脚下的尘土一般，普里阿摩斯也是这样来使自己蒙羞。正如赫梯国王的敌人会赠送贵重的礼物（有一次是铁制宝座和权杖）以示投降，普里阿摩斯也是带着宝贝而来。[2] 在所有这些案例中，获胜者都将此理解为一种以牙还牙的交换。[3]

希腊人答应休战十一天，以便赫克托尔的葬礼可以举行；之后，战争仍在继续。在《奥德赛》中只能看到之后发生的事情的一些细节。想知道更多的话，就必须去看古希腊史诗集成里的其他诗歌了。像是在《库普利亚》、《厄提俄皮斯》、《小伊利亚特》、《伊利昂的毁灭》或是《返乡》这些诗歌中留存的一些粗略的摘要和引用。这些记述的作者是古代后期的作家，如品达（Pindar）、阿提卡悲剧作家、维吉尔、斯塔提乌斯（Statius），以及克里特岛的狄克提斯（Dictys of Crete）、昆图斯（Quintus Smyrnaeus）和阿波罗多洛斯（Apollodorus），更不用说希罗多德和修昔底德了。在荷马的作品简朴而平实之处，这些作者中的一些人倒是痴迷于一些八卦细节。

希腊将军和特洛伊将军选择了阻力最小的途径。无论是征服特洛伊也好，还是通过激烈的战斗驱逐希腊人也罢，双方都未能成功。现在双方将军的选择都只能是更加激烈的战斗。

《厄提俄皮斯》是古希腊史诗集成中的一首，讲述了一位名叫彭忒西勒亚的女战士的故事。她是一名亚马孙女战士，来自色雷斯，号称是战神阿瑞斯的女儿，来帮助特洛伊人作战。彭忒西勒亚在战场上只享受了一天的荣耀，直到她面对阿基琉斯并被其杀死。荷马并没有提到彭忒西勒亚，但他提供了一些关于亚马孙女战士的其他细节。他称她们为"与男人匹敌的女人"[4]，并且列出了两个在战斗中与之较量的英雄：年轻时的国王普里阿摩斯和一个叫柏勒洛丰（Bellerophontes）的人，后者是吕西亚战士格劳科斯的祖父，而格劳科斯则是吕西亚的萨尔珀冬的战友。这些战斗发生在特洛伊战争之前很多年。虽然彭忒西勒亚是希腊名字，然而亚马孙这个词本身可能不是希腊语。据说普里阿摩斯曾在特洛伊以东约350英里的弗里吉亚的萨卡里亚河畔与亚马孙人作战。这远离位于现代欧洲东南部的色雷斯——而据说彭忒西勒亚是色雷斯人，但古人有时也认为色雷斯包括西北安纳托利亚。

那么对亚马孙女战士的详细描述就留给了之后的古代作家，比如描写她们痛恨男人并杀害自己的丈夫，说她们来自黑海地区或利姆诺斯岛，写她们攻击雅典，让她们与赫拉克勒斯和忒修斯这样的希腊英雄较量。据说彭忒西勒亚与其他十二名女战士一起来到特洛伊，并在战斗中脱颖而出。又有说法认为她是如此美丽，以致阿基琉斯杀死了她，摘下她的头盔并看到她的脸后便坠入了爱河。

女战士对维多利亚时代的人来说可能很古怪，但如今却不一样，例如在美国就有几十万名女性在军中服役。[5]女性士兵在历史上也非籍籍无名。记录最为翔实的案例可能就是18世纪和19

世纪作为弓箭手和长矛战士的达荷美妇女。女性是优秀的士兵，也担任王室卫士，这样也有宣传价值，因为在男权社会中，男性若是与女性作战的话，他们会感到被侮辱。

在古代并没有其他都是由女性组成的作战单位为人所知，但是也真的有几位类似圣女贞德的人物，比如公元前480年来自哈利卡纳苏斯（Halicarnassus）的阿尔特米西亚（Artemisia），她是有史记载的第一位女性海军将领；英国的布狄卡（Boudicca）女王，在公元61年指挥部队对抗罗马军队。在俄罗斯南部和乌克兰的一些地方，考古学家发现了数十个埋有武器的女性的坟墓。发掘出的物品包含剑、匕首、弓箭、箭袋、箭头、矛头、马饰和珠宝，以及一些家用物品。在一些考古发现中，一些女性的骸骨显示她们惯于骑马，经常使用弓箭，甚至可能是在战斗中死亡。

/ 162

这样的坟墓最早可以追溯到公元前600年前后，最晚的则是距此400年之后。骸骨表明来自三个铁器时代文化，即斯基泰人（Scythians）、塞种人（Sauromatians）和萨尔马提亚人（Sarmatians）。还没有发现青铜时代有女性战士的考古证据，但铁器时代的发现至少提供了她们确实存在的可能性。

忒耳西忒斯这个形象在《厄提俄皮斯》中再次出现，并且他指责阿基琉斯爱上彭忒西勒亚。阿基琉斯没有接受这一批评，于是忒耳西忒斯付出了生命。后来的作家声称忒耳西忒斯是狄奥墨得斯的堂兄；但是没有一支军队可以容忍一个战士因为这样一个微不足道的指责而杀死自己的同伴。据说阿基琉斯不得不到附近的莱斯博斯岛上去净化自己，然后才能再次投入战斗。而当他重新战斗时，他迎来了一个新的敌人。

也许，正如罗马时期的文献中所说，埃塞俄比亚国王门农

（Memnon）在战争后期带领一大批士兵来援助特洛伊。如果是这样的话，他们肯定不便宜，从一个被围困的安纳托利亚统治者的角度看，他付出了七倍的价钱来驱使这些雇佣兵为自己卖命。[6] 虽然门农没有出现在《伊利亚特》里，但《奥德赛》记载他是一位伟大的英雄。除了其他功绩之外，门农还杀死了涅斯托尔的儿子安提洛科斯，然后被阿基琉斯杀死。在荷马的诗中，门农是传说中的提多努斯（Tithonus）和黎明女神的儿子。其他文献则声称门农与普里阿摩斯家族之间存在婚姻关系。

门农这个角色对我们来说太过模糊，无法确定是否存在，但值得推测的是，他可能是黑人。门农来自当时的埃塞俄比亚，这个地方到底在哪里，古希腊人的想法各有不同，有时还很模糊。它可能指的就是现在的埃塞俄比亚，也可能是埃及南部的任何地方——尤其是苏丹，还可能是黑人居住的任何土地，或是指东方，即日出之地。但有一件事是清楚的，即在古希腊人看来，埃塞俄比亚人的皮肤被太阳灼晒。所以，对他们来说，埃塞俄比亚人应该就是黑人。

在青铜时代晚期，努比亚被埃及征服吞并，努比亚大约位于今苏丹北部。努比亚的雇佣兵在法老的军队中作战，努比亚王子的儿子被带到北方，与黎凡特王子的儿子一起埃及化。一些努比亚人在埃及攀升到高位。努比亚贵族也开始在他们的坟墓中将自己描绘成埃及人，有时候也使用他们的埃及语名字。

与此同时，埃及对于安纳托利亚西部的政坛来说并不陌生。例如，法老阿蒙霍特普三世（公元前1417~前1379年）通过与阿尔萨瓦王室的公主结婚，寻求与安纳托利亚西部的阿尔萨瓦王国结盟。[7]更近一点的是拉美西斯二世（公元前1279~前1213年）与安纳托利亚西部的米拉（Mira）王国国王相互通信。[8]

尽管门农支援特洛伊，但希腊军队在阿基琉斯的带领下击溃了特洛伊人，后者逃回了城市。当阿基琉斯被帕里斯击倒时，他差不多就要攻进特洛伊了。

留存在世的古希腊史诗集成中并没有说明帕里斯是如何杀死阿基琉斯的，但都出现了太阳神阿波罗（他提供神助），这就指向了弓箭。脚跟被认为是阿基琉斯全身唯一一处死穴。而另一个传统的说法则是他被射中了脚踝。如果这些说法中的一个是真的，并且由于阿基琉斯是立即死亡，那么真相就指向了一个抹有毒液的箭头。穿过脚踝或脚后跟的普通箭头不可能立即致命；它可能导致了致命的感染，然而阿基琉斯应该是在死亡之前受了几天的折磨。

根据《厄提俄皮斯》的说法，阿基琉斯在特洛伊的斯坎伊恩门被射杀。该门是特洛伊城墙一个潜在的弱点，所以这里攻击很猛烈。军事建筑师通过将敌人引导到一个狭窄的空间来提高防御能力，这样他们就可以在城垛上或在塔楼中射击敌军。特洛伊所有残留的城门上都设计有致命的复杂机关，因此阿基琉斯面临的挑战有多大可想而知（即使斯坎伊恩门到底是哪一座并不明确）。

/ 164

特洛伊城门守军打开双门让败军进入，这很危险，阿基琉斯和他的士兵就紧跟在这些败军身后。在赫克托尔的最后一战那天，普里阿摩斯指示特洛伊的城门在最后一刻关闭，以防阿基琉斯跟随逃离的特洛伊人进入城里。在这最后一刻，阿基琉斯成功杀入城里，就如国王担心的那样。为了让败军安全返回，大门一直开着，等再关上的时候为时已晚。阿基琉斯已经突破了城防。但这不会长久。帕里斯正等着他，在太阳神阿波罗或疾病与战争之神伊阿里的帮助下，他杀死了阿基琉斯，就像赫克托尔用他临死前所预言的那样。

帕里斯应该是攀到了城墙之上。在这样一个高差至少有 25 英尺的地方，几乎没有参考点可以准确地判断距离，而这却是至关重要的，因为复合弓射出的箭在飞行中的轨迹是拱形的。而地面上也挤满了士兵，所以说帕里斯这成功的一击简直幸运之至。

正如《厄提俄皮斯》中所说的那样，在阿基琉斯倒下的尸体之上，战争的残酷还在肆虐着大地。大埃阿斯最终抢回了尸体并将其带回希腊军营，而奥德修斯则带领士兵阻挡敌人的追击。根据《奥德赛》中的说法，对阿基琉斯的哀悼整整持续了十七天。《厄提俄皮斯》中还加入了神明的哀悼和葬礼上的赛事。《小伊利亚特》诗中则提到了一场致命的比赛，来争夺与尸体一起被抢回来的阿基琉斯的武器。

就像赫克托尔一样，关于阿基琉斯的修正观点也很快出现。如果阿基琉斯真的是荣耀无比，那为什么众神会让他如此丑陋又随意地死去呢？战争结束两年后，阿基琉斯的幽灵向奥德修斯承认，他——阿基琉斯——错误地选择了早早地光荣死去，而不是长久但沉闷地活着。但是，奥德修斯反驳道，难道阿基琉斯在冥王哈迪斯那里不是被誉为国王吗？于是阿基琉斯的幽灵回答道：

> 毋庸谈论统治这处阴郁之地，
> 也别以为这空洞的语言可以减轻我的厄运（他哭着说）。
> 我更愿意选择生命之负担，
> 背负沉重的重量，呼吸充满生机的空气，
> 做个穷苦的奴隶，为了面包而付出苦力，
> 这也比做一个亡者国度的君主要好。[9]

现实很快就褪下了英雄理想的外衣。没有什么是神圣的，如果可以相信史诗中所说的，甚至阿基琉斯的武器也不是。这些武器应该会由希腊军中余下的最优秀的战士获得，但需要一场竞赛来决定谁是最优秀的。大埃阿斯和奥德修斯是两个主要的竞争者；大埃阿斯凭借自己的力量战斗，奥德修斯则是凭借自己的智慧战斗。

诗人们一致认为这个决定是委托给特洛伊人做出的，当然这是避免希腊人内战的一种方式。荷马声称，"特洛伊的儿女们"[10]做出了选择，而《小伊利亚特》则提到了一个更加绝妙但比较不可信的方法。涅斯托尔建议派人去特洛伊的墙边偷听，以此选择胜利者。在那里，他们可以偷听到敌人讨论希腊英雄的英勇与气概。希腊人派遣了间谍，他们也确实听到了谈话，但听到的却不是特洛伊战士的谈话：谈论者是特洛伊那些未婚女孩。第一个女孩唱着歌赞美大埃阿斯，因为他抢回了阿基琉斯的尸体，而这样的功绩比起奥德修斯的更加被传颂。第二个女孩驳斥了她，争辩说，即使是一个女人也可以将尸体拖到安全地带，但只有真正的男人才有勇气去坚守，为后方提供掩护，就像奥德修斯那样。这种反驳如此巧妙，以至于诗人将其视为雅典娜的手笔。

确实，在史诗中，整个事件都能看到有神明插手。青铜时代人们喜欢相信凭实力赢得战斗，但经验丰富的战士则明白狡诈要胜过蛮力。揭示这个不受待见的真相的最好方法是引入神明。根据《小伊利亚特》的说法，雅典娜是想要这样的结果的。

特洛伊女孩的选择传到希腊人那里，奥德修斯被宣布为胜利者。大埃阿斯，这个输不起的失败者，完全疯了。最终他自杀了，但在死之前却杀死了希腊人的许多牛。屠戮动物并不是一件小事，因为牛代表了在劫掠中许多人所付出的努力——劫掠经常由阿基琉斯领导，而且它们是能够带回家的财富，能够用以祭祀神灵，还能为军队提供食物。《小伊利亚特》写道，大埃阿斯的行为使"国王"（阿伽门农？）如此愤怒，以至于他的尸体被禁止给予通常的火葬礼，而只是被简简单单装入棺材或是一个瓮中。[11] 与罗马人不同，希腊人认为自杀并不光荣。

至于大埃阿斯的葬礼，火葬并不是普遍适用于青铜时代希腊国王的葬礼，而其实是赫梯王室惯用的葬礼。而且，火葬显然也是特洛伊的选择。在公元前14世纪特洛伊港旁边的墓地中，发掘者挖到两个火化的墓葬，找到的是火葬后留下的骨头和牙齿和火葬时未烧尽的骨架。其中一些墓中也有一些希腊制品。

在赫克托尔和帕里斯死后的激战中，双方都没有实现其目标。但也不能说这些战斗没有任何成果。事实上，这些战斗毫无疑问是战争最重要的部分，因为它们几乎是最后的战斗。双方最终尝试了一种间接的、低强度的战略。

从战略角度来看，特洛伊女孩的故事、大埃阿斯的自杀以及奥德修斯的胜利都为战争的新阶段奠定了基础。奥德修斯是非常规战争的倡导者。属于他的时刻终于来了。早先遇到艰难的抉择时，阿伽门农听取涅斯托尔的意见；现在，他要采纳奥德修斯的意见。

奥德修斯的第一步行动是设伏捉住普里阿摩斯的儿子赫勒诺斯——也是一位先知。先知告诉希腊人他所认为的成功秘诀：有了菲洛克忒忒斯和他那曾经属于赫拉克勒斯的弓，特洛伊就会倒下。菲洛克忒忒斯是一位色萨利战士，曾与希腊人一起从奥利斯出发，但从未到达特洛伊。他被爱琴海某座岛上的一条毒蛇咬伤，要么是在利姆诺斯岛（根据荷马史诗），要么是在忒涅多斯岛（根据《库普利亚》），留下了令人作呕的伤口。结果，希腊人把他抛弃在岛上。现在，奥德修斯派狄奥墨得斯带菲洛克忒忒斯前来参与战争。

玛卡翁医生能够治愈菲洛克忒忒斯。为什么他这次能够成功，先前却不行，原因尚不清楚。但战争往往能够促进技术发展，包括治疗手段，而且这样一个在众多患者身上反复试验的过程，也让医生获得了一两个新草药配方。

菲洛克忒忒斯用赫拉克勒斯的弓射杀了帕里斯，为阿基琉斯报了仇。胜利的希腊人把尸体带了回来，墨涅拉俄斯立即表现出他的愤怒，他极度轻蔑地对待这具尸体。但特洛伊人向希腊人发起反击，并找到帕里斯的遗物。帕里斯的葬礼很体面。特洛伊的习俗要求他的遗孀减少穿黑色丧服的时间。不久之后，海伦与他的兄弟得伊福玻斯结婚。这是一种常见的古代近东习俗，收继婚在乌加里特人和赫梯人那里，以及希伯来圣经中都有体现。但铁器时代的希腊没有这种习俗，这体现了诗人关于非希腊人风俗的知识。收继婚意味着男子要娶已故兄弟的遗孀。这种习俗提醒人们，古代婚姻不仅关乎浪漫，更关乎巩固家庭联盟和为女性提供男性保护者。

对于海伦，她的第三次婚姻要么是被特洛伊人逼迫，要么就是她根本不想回家面对墨涅拉俄斯。而海伦仍然是一个非常漂亮的女人。十年之后，在《奥德赛》里，她仍然可以被描述为"手持金箭的阿耳忒弥斯"。[12]

与此同时，能引起将军们继续关注的更多是阿瑞斯（战争）而不是阿佛洛狄特（爱情）。双方都渴望结交新的盟友。荷马史诗和史诗集成一致认为双方都在寻求新一代战士的帮助，他们是冲突开始那一代的儿子。如果说特洛伊战争真的持续了十年，这也是有可能的，但由于这是一个时间短得多的冲突，这个细节必须归结为神话。史诗传说称奥德修斯去了斯基罗斯岛，在那里他找到了阿基琉斯的儿子涅俄普托勒摩斯（Neoptolemus）。交出了他父亲的盔甲后，奥德修斯说服他来到特洛伊，为他父亲的事业而战。与此同时，普里阿摩斯收纳了密细亚的忒勒福斯的儿子欧律皮洛斯以及他指挥的军队。这带来了公共关系和实际利益，因为和菲洛克忒忒斯一样，欧律皮洛斯与赫拉克勒斯有联系，赫拉克勒斯是他的祖父。据说普里阿摩斯也给了欧律皮洛斯的母亲一份特别重的礼物，以获得她的许可。13

像涅俄普托勒摩斯一样，欧律皮洛斯显然是一个非常年轻的人，或者他不会要求他的母亲同意。这种增援的代价是非常沉重的，因为在战争的这个阶段，普里阿摩斯几乎没有心情慷慨，而奥德修斯无法忍受献出他努力奋斗得来的盔甲。但赌注太大，容不得人犹豫。

欧律皮洛斯来到特洛伊，并在战场上部署了他的人员——自然——据说他取得了优异的战绩。但他很快就会被涅俄普托勒摩斯的矛刺死。

奥德修斯密谋在特洛伊发动政变。他潜入了特洛伊，而这是两个秘密任务中的第一个。《奥德赛》称奥德修斯竭力伪装自己，不仅脱去盔甲，换上了破布衣衫，为改变容貌，他还用鞭子或棍子打得自己脸都肿了起来。除了海伦之外，在特洛伊没有人认出他。多年以后，当海伦回到斯巴达讲述这个故事时，她声称自己帮助过奥德修斯，安排他洗浴，按摩，还送了一套新衣服。但是他透露了他的策略，这让海伦十分恼怒。像往常一样，海伦想要得到一些回报。

海伦还声称，在一定程度上得益于她的帮助，奥德修斯才能杀死许多特洛伊人并从城里逃回来。但是他在特洛伊做了什么？

可能是为第二次任务侦察目标。一些原始资料认为，他的老搭档狄奥墨得斯也跟着去了。他们的目标是特洛伊人眼中最神圣的帕拉斯（Pallas）女神像。

在古典时代的希腊，全副武装的雅典娜被称为帕拉斯。罗马时代的原始资料通常将帕拉斯神像描述为身穿铠甲的雅典娜女神的木制小雕像。特洛伊人是否崇拜雅典娜尚不清楚，但这位女神在安纳托利亚普遍受到尊敬，所以一些女性神灵的形象可能确实在特洛伊万神殿中占据中心位置。窃取帕拉斯神像是一次政变，肯定会振奋希腊人的军心，同时打击特洛伊人的士气。

在古典时代，诸神通常拥有超过真人大小的雕像。但是在青铜时代晚期的安纳托利亚和希腊，小雕像是一种普遍的表现神灵的方式。[14] 富有的赫梯首都拥有巨大的神灵雕塑，但是由木头制成并镀有贵重金属的小雕像更为常见。[15] 不能排除像特洛伊城门外的那些简单的柱子或石碑也可以作为替代品。就像某些美洲印第安人用动物皮包裹的神圣的药包[16] 一样，人们认为帕拉斯有着超出其大小的力量。

偷走敌人的神像也许是非常成功的心理战。对于一些古代人来说，更是如此。赫梯人[17] 和几个世纪后的罗马人[18] 相信，他们实际上可以把一个特定的神带到他们身边。

希腊人尝试过很多方法，但都无济于事。他们中的许多人可能像赫梯指挥官一样感到沮丧，尽管用尽一切努力，他们也只能绝望地离开敌人的城镇，而且不能动它。[19] 但奥德修斯并没有绝望，而是寻找一种——用现代艺术术语来说——能在战争中获胜的"神奇的武器"（wonder weapon）。赫拉克勒斯的弓和阿基琉斯的盔甲是非凡的武器，可以杀死帕里斯和欧律皮洛斯；据说帕拉斯神像的失窃会削弱特洛伊。可能很重要的是，《伊利昂的毁灭》（*Sack of Ilium*）写道，奥德修斯并没有拿到真正的帕拉斯女神像，只拿到了一个很久以前被用来骗小偷的假神像。对普里阿摩斯来说，这将是一个很棒的故事，可以帮助稳定特洛伊人的士气。

特洛伊的城墙十分坚固。但特洛伊人仍然致力于捍卫它们吗？阿基琉斯和大埃阿斯已经战死，但奥德修斯在不断变强，还有菲洛克忒忒斯和涅俄普托勒摩斯在身边。与此同时，欧律皮洛斯、门农和彭忒西勒亚来去匆匆，赫克托尔和帕里斯已经战死，普里阿摩斯在阿基琉斯面前贬低自己，赫勒诺斯被敌人俘虏并泄露了机密，海伦正在重新考虑她的选择。现在特洛伊人只好祈祷北风之神玻瑞阿斯将希腊船只吹回家。

他是特洛伊最后一个希腊人。微弱的晨光下，他就像是一个衣衫褴褛、贪生怕死的逃兵。然而，外表是会骗人的。别人叫他希农（Sinon），他自称逃兵——在希腊全军和他们被诅咒的舰队突然离开后唯一留在特洛伊的希腊人。但他值得相信吗？希腊语中，"希农"意为"害虫"、"灾星"或"不幸"，所以有历史学家认为"希农"也许是外号，就像德国将军埃尔温·隆美尔（Erwin Rommel）的绰号"沙漠之狐"（the Desert Fox）一样，或是一种通用名，类似军医中的"锯骨者"（Bones）。希农在希腊阴谋攻占特洛伊城过程中起到了关键作用，尽管这个人物常被忽略。但无论是谁，都很难不在西方历史上有名的诡计前相形见绌。

这匹著名的木马通常被想象成做工精良的木雕，斯卡曼德罗斯平原的野花与其相比不值一提。躯干由伊达山上的松木制成，即今日知名的"特洛伊木马松"（*Pinus equi troiani*），自古以来就以作为造船原料闻名。木马双目为黑曜石和琥珀，牙齿由象牙做成，项上随微风飘动的马鬃是真材实料，马蹄则如磨光的大理石般锃亮。马身内部，九名希腊战士藏身其中。

特洛伊木马的故事人尽皆知。据说希腊人在整合人马、武器、战利品后，就将营地付之一炬，趁夜离开，匿于附近的忒涅多斯岛上。他们为特洛伊留下的，就只有那匹木马和一名假装逃兵的间谍希农。

/ 172

特洛伊人惊奇地发现，经年累月的战争后敌人竟然就这样偷偷溜回了老家。但他们要怎么处置这匹木马呢？一番激烈讨论后，他们决定带回城去献给雅典娜，并举行了一场狂欢盛典。但特洛伊人低估了对手的狡猾程度。是夜，木马中的武士悄悄溜出来，为希腊舰队打开城门，而希腊人则趁特洛伊人醉酒之际从忒涅多斯岛卷土重来，并在这场洗劫中大获全胜。

谁都知道这个故事，却没人喜欢特洛伊木马。尽管大部分学者并不赞同，但专家却几乎普遍认为特洛伊木马的故事纯属虚构。自罗马时代起就有理论认为特洛伊木马实际是一座攻城塔，或是亲希腊派的安忒诺尔在打开城门后张贴的一幅马画，或是对一支新希腊舰队的隐喻，因荷马将其称为"海马"[1]，或是将其视作将特洛伊毁于一场地震的海神波塞冬的象征，与埃及文学和希伯来圣经相似的民间传说。关于特洛伊木马，专家已经做过各种猜测，但不包括它在历史上真实存在的这种情况。

这些理论大部分很有说服力，尤其是攻城塔版本，因为青铜时代的亚述人选择用马来为他们的攻城塔命名。但有时马真的就只是字面意义。尽管史诗传统对特洛伊木马细节的处理可能过于夸张，让人误解了它的真实用途，但若说它真实存在，还在诱使特洛伊撤下防备时发挥了重大作用，那么这时史诗传统就可能完全正确。

现在关于特洛伊木马的讨论已经越来越多。同时，让我们再把视线转向那个希腊间谍。尽管希农不比特洛伊木马传奇，但作为一个地下分子，他发挥的作用显而易见，而且他作为真实历史人物的可信度也变得越来越高。若特洛伊木马存在，那它确实独一无二又不可思议。但希农在青铜时代的非常规战争（unconventional warfare）中发挥了显而易见的作用。

维吉尔在《埃涅阿斯纪》中复述道，为进特洛伊城，希农扮成逃兵。他向特洛伊证明希腊人已彻底远去，力辩木马是一份真诚的礼物而不是什么阴谋诡计。经过激烈讨论，特洛伊最终决定将木马带入城中。

特洛伊传说对欺骗并不陌生，欺骗是赫梯军事理论的一个基本要素。[2]看这几个例子：某位国王在凛冬将至之际撤下对敌军堡垒的围攻，这是为了派将军重新带兵卷土重来前，令这座城市放下警戒，毫无防备，再将之一举拿下；开战前，有个间谍在将军的命令下扮作逃兵，混入敌方军营，诱骗敌人放松戒备；还有一个国王在进攻邻国时选择迂回路线，以免半路遇到敌军侦察兵。赫梯也非唯一使用这等诡计的。比如，美索不达米亚的一座城市在围攻另一座城市时，假冒对方盟军士兵夜间偷袭，试图欺骗城中守军，使其放松警惕，敞开大门（失败）。[3]

不要把特洛伊的陷落当作一个和木马有关的神话，而要把它看作青铜时代非常规战争的一个典型。特洛伊木马可能作为特洛伊的红鲱鱼①更具知名度。所有人都把注意力放在木马身上，但事实却在他处。其实撇开特洛伊木马不谈，像古人那样连贯又具有可信度地叙述特洛伊的陷落也是可行的。

如果没有特洛伊木马，故事可能会这样发展：希腊人决定制造回国假象以欺骗特洛伊人，但事实上他们只退至忒涅多斯岛藏身。一旦敌人放松戒备，他们就准备在夜间发动奇袭。为确定出动时间，他们需要伪装的叛徒或逃兵留在特洛伊城，点燃火把放出信号。古代战争中经常使用各种信号，最著名的是在公元前490年的马拉松，一个希腊叛徒站在山上利用盾牌反射阳光的方式向波斯人传递讯息。[4]在地中海的晴空下，即使距离很远也可以观测到火焰。为看得清楚，白天以烟雾为讯息，夜晚以灯火为指引。经测试证明，从200英里外的山顶放出的

/ 174

①　指转移注意力的次要事实或想法。

信号也在视野之内。

　　一旦发现火光，希腊人就会迅速驶回特洛伊。完成作战计划的最终部分需要少许人在城中接应打开城门。其中可能包括特洛伊的叛徒或者潜入城中的希腊人。由于特洛伊城已解除紧急警戒，城门守卫就不再是棘手的问题。

　　意大利南部港口城市塔伦图姆（Tarentum）先后被出卖给汉尼拔和罗马人，可将这一系列诡计与木马计对比。公元前213年，一个亲迦太基的塔伦图姆公民安排迦太基士兵在夜间狩猎后同他一起回城。士兵身穿胸甲，剑藏于鹿皮下。为可靠起见，他们甚至在队伍前抬了头野猪。一旦城门敞开，马上杀死守卫，汉尼拔的军队随后冲进城中。四年后，费边（Fabius Maximus）带领的罗马军队为收复失地，让一个本地女孩勾引汉尼拔卫戍部队的指挥官。这名指挥官同意在夜间带领罗马军队越过城墙，而此时费边的舰队正在城市另一边的港口城墙那里制造干扰。[5] 尽管这些发生在特洛伊战争一千年后，但就青铜时代的技术而言，利用这些计谋轻车熟路。

　　希腊人的计划就是用计使特洛伊守军放松戒备。这招确实很管用，特洛伊人放松了下来。这时藏在城中的一个希腊人点火通知希腊舰队返回，其他人负责打开城门。

　　忒涅多斯岛距离特洛伊港约7英里（6海里）。如果以大约5节的速度航行（相当于32桨的斯堪的纳维亚长船行驶100英里的速度），会在稍稍超过一个小时后到达。[6] 这是在白天，夜晚的话毫无疑问要更久。但是《伊利昂的毁灭》中提到，这是一个月光普照的夜晚，无论如何青铜时代的军队都知道如何在夜晚行军。[7] 所以忒涅多斯岛到特洛伊的航程不会超过2小时。从特洛伊港到特洛伊城还有5英里的陆路。虽是夜间，道路也很原始崎岖，但希腊人对此了如指掌。他们在 3 小时内即抵达终点。[8] 雅典文献记载当时是萨尔格里昂月（Thargelion），也就是现在的 5 月。[9] 每年这个时候，特洛伊早上 5:30~6:00 日出，晚上 8:00~8:30 日落。如果希腊人于晚上 9 点离开忒涅多斯岛且一路通行无阻，他们能在凌晨 2:00~3:00 抵达特洛伊，也就是说距日出还有 3 个小时。急行军能让希腊人提前一小时左右抵达特洛伊。

为顺利实施计划，希腊人必须让一小群士兵秘密潜入城内。但他们并不需要利用木马来达成目的。不久前奥德修斯已暗中两次进出无阻。战争期间特洛伊城大门就人来人往，这时乔装打扮的希腊武士更易瞒过守卫的眼睛。

一旦成功潜入，他们所需要的就是武器，这对意志坚定的人来说并不困难。这些身经百战的精英能够轻易制服少量特洛伊士兵，并抢走他们的盾牌和长矛。

内部叛变也往往是古代城市遭受袭击的原因。阿卡德诗歌有云，即使武器也无法抵抗"不满和背叛"。[10] 特洛伊当然也有一部分人宁愿与希腊人打交道，也不愿继续承受战争带来的痛苦。

就算特洛伊木马不是希腊人作战计划中的必需品，它还是很可能参与其中。如果史料记载类似计谋在其他情形下使用过，那特洛伊木马的真实度一定更高。但这怎么可能呢？木马计如此广为人知，不可能只用过一次。

荷马说，是奥德修斯想到了木马计，建造者则是厄珀俄斯（Epius），后者是在帕特洛克罗斯的葬礼竞技中成名的拳击勇士。希腊当然有建造这匹木马的技术。古代舰队出海时通常会带着船匠，因为木船经常需要维修，而且线形文字 B 文献记载，船匠和木匠都是职业 [11]，所以希腊军营不缺建造木马的工匠。

动物雕像能够激起特洛伊国王的兴趣，这一点应该毫无疑问。青铜时代的君主都喜欢动物意象（animal imagery）。如公元前 14 世纪的巴比伦国王特地向法老讨了一件礼物——一个出自埃及木匠之手的栩栩如生的野兽木像。[12] 但希腊人应该选择哪种动物？在特洛伊，狗代表侮辱，狮子代表残暴，羊代表危险，但马象征战争、权贵、虔诚、声望以及特洛伊。

马是非常昂贵的动物，在青铜时代，它们通常被用于军事方面，极少当作家畜。那时国王之间经常互赠马匹，而特洛伊普通民众则十分珍视马的塑像。[13] 在整个近东地区都发现了青铜时代晚期用黏土焙烧的马俑。考古人员最近发现了一个公元前 13 世纪的特洛伊马俑模型。[14] 最后，马还拥有宗教含义：作为向神还愿的祭品，这匹木马可以说是希腊对战争罪行的忏悔，是向善于驯马的特洛伊人的神明臣服的象征。

虽然木马本可以作为部分希腊士兵潜入特洛伊的工具，但同时暴露的风险也很高。尽管不能排除特洛伊木马的传统版本，但更可能的是，如若木马真实存在，马身应空无一物。让士兵潜入城中有更为简单安全的方法。对希腊人来说，木马的主要价值不是作为运输工具，而是作为诱饵，就像巴顿将军（General Patton）麾下"幽灵部队"（phantom army）科技含量低的古老的早期版本，这支军队在 1944 年的诺曼底登陆中成功骗到了德国人，因为它让德国人认为诺曼底登陆不在诺曼底，而是在加来海峡附近。

史诗传统中一些特洛伊人相信木马是希腊人留下的真诚的礼物，一些人则持怀疑态度。维吉尔称争论持续了一整天，荷马则认为是三天。《伊利昂的毁灭》中提到了三个阵营，有人提议把木马烧毁，有人想把木马从城墙抛下，还有人意欲将木马献给雅典娜。于他们而言，争论耗时越长，风险越高。最终结果不仅关系到特洛伊的安危，他们的职业生涯也尽系于此。

维吉尔对普里阿摩斯之女卡珊德拉着墨颇多，卡珊德拉拥有预言的天赋却总被人忽视，为此深受折磨，她也是对木马抱有敌意的一员。下面这个故事并未出现在荷马史诗或史诗集成中。史诗传统中还有一个重要人物——特洛伊祭司拉奥孔（Laocoon），他是坚定的反希腊派并想毁灭木马。维吉尔说，拉奥孔父子三人被海蛇缠死后，这场争论就此结束。很明显《伊利昂的毁灭》将此安排在木马被带回城后。蛇当然只是象征；拉奥孔父子肯定也不是为海蛇而是一名亲希腊派成员所杀，所以用蛇这样的邪恶化身来比喻此人。

杀死拉奥孔的蛇也许源于青铜时代安纳托利亚的宗教信仰、特洛阿德的传说，或二者兼而有之。赫梯文学中蛇是混乱的象征、风暴之神的死敌。这也就能解释为什么蛇能够阻拦风暴之神的仆人、祭司拉奥孔拯救特洛伊。同时，在特洛阿德发现了许多中新世（Miocene）动物如乳齿象（mastodons）和侏儒长颈鹿（pygmy giraffes）的化石，这些化石可能都是神话意象的来源。比如，黑铁时代的一名希腊画家可能以一个动物头骨化石为怪物原型，这个怪物据说被赫拉克勒斯在特洛伊海岸打败。因此，拉奥孔被海蛇谋杀的说法很可能源于特洛伊。

拉奥孔的死使埃涅阿斯及其追随者离开了这座城市；他们藏在伊达山里躲避希腊人的攻击。维吉尔又讲了一个与此全然不同的著名故事，故事中埃涅阿斯留在特洛伊同希腊人作战，最后身负老父安喀塞斯从特洛伊的火海中逃出生天。但关于埃涅阿斯的离开，《伊利昂的毁灭》中的记述更为可信。埃涅阿斯不愿为国王普里阿摩斯卖命，因为后者从未给过他认为应得的荣誉。[15]埃涅阿斯的故乡在特洛伊南边，坐落于伊达山北坡的达尔达尼亚

（Dardania）谷地。如果连埃涅阿斯都认定特洛伊已穷途末路，特洛伊还能在哪里重整旗鼓？

海伦两面三刀。她在先前帮助奥德修斯潜入特洛伊时便已得知木马计。如今她又试图哄骗藏身木马的士兵露出马脚，但奥德修斯命他们保持沉默——或者马身本就空空如也。据说当晚海伦就回家为不可避免的未来做好准备。她让侍女为她和墨涅拉俄斯的重逢准备衣物和妆容。

无论特洛伊木马是否存在，无论特洛伊人是否将它带入城中献给雅典娜，都不难想象他们庆祝战争结束的狂欢场面。《伊利昂的毁灭》中特洛伊人纵情声色了一整夜。现在这个时刻，就是特洛伊人沉浸于欢乐中不可自拔时，希农应该已经燃起了事先准备好的火把。一旦忒涅多斯岛上的哨兵看到这个信号，希腊远征队就会疾速驶向陆地，攻占特洛伊。

惊喜、夜晚以及特洛伊人的酩酊大醉都让希腊人占尽优势，尽管如此，要攻下特洛伊仍免不了一场恶战。有战斗经验的武士和特洛伊普通民众从一开始的攻击中回过神后，就会慌忙四散逃开。如果这场战斗是在黑夜中打响，毫无疑问会持续到天明。史诗传统提供了一些特洛伊抵抗敌军的细节。希腊的墨格斯（Meges），厄利斯人（Epeans of Elis），在队伍中为奥革阿斯（Augeias）之子阿得墨托斯（Admetus）所伤。另一个希腊人，吕科墨得斯（Lycomedes），被特洛伊的安忒诺尔之子阿革诺尔（Agenor）刺伤手腕。

但史诗传统真正想要强调的，当然是希腊人的凯旋。以阿得墨托斯和阿革诺尔为例，他们当晚还没有充分享受胜利的喜悦，就一个死在菲洛克忒忒斯手下，一个殒命于涅俄普托勒摩斯。一个名为欧律皮洛斯的希腊人，欧埃蒙（Euaemon）之子，杀死了普里阿摩斯之子阿克西翁（Axion）。墨涅拉俄斯手刃了得伊福玻斯，他是海伦的丈夫、普里阿摩斯之子、帕里斯的哥哥，这就是墨涅拉俄斯向特洛伊复仇的开端。但在这场洗劫中，以杀人最多著称的希腊人是阿基琉斯之子涅俄普托勒摩斯。他的受害者中，除阿革诺尔外，还有阿斯提诺俄斯（Astynous）、埃翁（Eion），以及普里阿摩斯，这位国王要么是在宙斯——当然就是风暴之神的祭坛处被杀，他原本是想在此寻求庇护；要么就是在宫殿门口被杀。因为不想冒犯神的祭坛，涅俄普托勒摩斯首先会非常谨慎地把他的猎物拖到别处。

　　至于特洛伊的女人，史诗传统里安德洛玛刻被分给了涅俄普托勒摩斯，卡珊德拉则被分给了阿伽门农，小埃阿斯曾试图劫走她，但因侵犯了雅典娜或某位特洛伊女神的祭坛，希腊人不愿予以他奖励，恐以此招致神明怨恨。青铜时代，凡是明智审慎的勇士，都知道最好不要招惹敌方神明。例如，苏庇路里乌玛一世在约公元前1325年征服了卡尔凯美什城，他袭击了整个城市却下令全军远离库芭芭（Kubaba）和拉玛（Lamma）的神庙。他自己虽也退避三舍，却不忘向女神鞠躬致意。[16]

　　普里阿摩斯的女儿波吕克赛娜（Polyxena），根据《伊利昂的毁灭》记载，被屠于阿基琉斯墓前，作为对英灵的献祭。赫克托尔幼子阿斯提阿那克斯为奥德修斯所杀——其中一个版本说他被扔到墙上摔死，以防止他长大成人后寻仇。

　　接着就是海伦。《小伊利亚特》说，墨涅拉俄斯发现她正在得伊福玻斯的家中等待。于是他拔出长剑准备向这个给他带去羞辱和苦难的女人复仇。但海伦一露出胸脯，他马上就改变了想法。对于这个故事，我们只能希望它是真的。

　　史诗传统的内容就是这些。在其他青铜时代的文献记载和特洛伊的考古发掘中,我们能发现与特洛伊的陷落相关的线索吗?青铜时代的文献表明,无论洗劫特洛伊的方式有多么残酷,它都合乎战争法则。对于没有投降的城市,一旦"我为鱼肉",必将遭到彻底的毁灭。这个规则可以追溯到首个详细记录的国家冲突,即约公元前 2500~ 前 2350 年拉格什(Lagash)和乌玛(Umma)这两个苏美尔城邦在之间的边境战争。[17]

希腊人洗劫了特洛伊,也把特洛伊变成了一片熊熊燃烧的火海。考古学家证实,一场极为严重的大火烧毁了今日被称为特洛伊Ⅵi 的沉降层。烧黑的木头、烧白的石头,还有一堆烧塌的建筑物碎片,都在一层被严重毁坏的满是厚厚灰烬和泥土的沉降层(20 英寸到 6 英尺深)中发现。这场大火的发生时间可以确定,根据最可靠的估测,是在公元前 1230~ 前 1180 年,更有可能发生在公元前 1210~ 前 1180 年。

火势一定蔓延得很快。下城区的一座房子就是证据:一个青铜小雕像和一些金银珠宝都被遗弃在房间的地板上。房子里的人当时一定是仓皇而逃。

想象一下当时特洛伊狭窄的街道上拥挤的人群,想象一下无头苍蝇般混乱的难民此起彼伏的哀号声、儿童放声大哭的声音、响鼻声和低吼声、咩咩声、尖叫声、没完没了的号叫声,还有家畜极度惊恐的叫声(青铜时代的家畜经常被关在城墙里)。再想象一下武器的撞击声,青铜器冰冷的碰撞鸣响声,血液喷射到铺路石上的轻细声,复仇者的欢呼声,空中标枪飞驰而过的嗖嗖声,长矛刺穿敌人的回荡声,街战时的大叫和砰砰声。哭声和咒骂声突然变得强烈,窒息般的痛苦喷薄而出,但其中大部分声音被漫天的噼里啪啦的火声淹没。

考古学家描述了一幅和特洛伊陷落一致的画面。举个例子,在堡垒上一户人家的门外发现了部分男性骨架。他是为保护私有财产而被杀害的房主吗？还有其他人类骨骼在堡垒上被发现，未被埋葬且散落四处。有一个 15 岁的女孩被葬在下城区；古人很少把逝者埋在城市内，除非他们正面临一场袭击，无法到城外的墓地安葬。更加少见的情况就是没有埋葬逝者，这是表明有一场巨大的灾难席卷特洛伊的另一个迹象。

至于武器，在堡垒和下城区发现了两个青铜矛尖，三把青铜箭头，还有两把只有部分完好的小刀。其中一个箭头是只在青铜时代晚期的希腊本土发现过的一种。在下城区也发现了三堆投石，共 157 块。还有 12 块表面光滑的石头，可能是投石，于特洛伊南门旁堡垒上的建筑物中发现，在考古学家看来，这像是一个军火处或一座岗哨楼。

毫无疑问，这些证据都有力地证明了特洛伊毁于一场洗劫。摧毁这座城市的大火可能是意外导致，而狂风加剧了火势的蔓延。如果特洛伊是为武装暴力所毁，那么希腊人应该为此负责吗？考古出土的证据与上文的解释一致，但并不能证明事实即是如此。

/ 尾　声

　　山顶上，山羊在岩石的缝隙间觅食，除了咩咩声之外唯一的声音是野花丛中突然吹起的风，天空与女神雅典娜的眼睛一样，呈浅蓝色和灰色。就在这时——不是注入多泉水的伊达山里一个寒冷水池的下午，也不是夜色如墨、猫头鹰出现和第一波蝙蝠飞去时，就在这里，在这样的高处，光线掠过没有树木的山脊，他才道出真相，真相就是他不是牧民。就在那时，就在听见标枪在空中旋转的声音，看到受伤的人在平原上爬行时，他显得那么无能为力。他记得这一刻。

　　埃涅阿斯，安喀塞斯的儿子，他想要留在山上。这座山是他的母亲。很久以前，他的父亲安喀塞斯曾与光明女神同床共枕。埃涅阿斯在伊达山的斜坡上长大，在树林里猎鹿，在野马背上沿着林间小道飞奔。他根据给花朵授粉的蜜蜂和悬在头顶的星星的方位，来确定自己所处的位置。他甚至根据昏星（金星）、阿佛洛狄特或伊什塔尔来定位，因为后者在特洛阿德可能知名度更高。有人能把他带回来，女神就可以，因为她不仅是爱情之神，而且是战争之神。

　　如果他必须从伊达山上下来，埃涅阿斯会选择住在下面的达尔达尼亚山谷。山谷层峦叠嶂，土地富饶而广阔，水源充足，是所有人的乐土。一条河流穿过谷地的中间，似乎远离大海，就像罪人远离众神一样。但这就是斯卡曼德罗斯河，往下游20英里处，曾被阿基琉斯的受害者的鲜血染红。伊达山土生土长的儿子不能留在达尔达尼亚；埃涅阿斯必须将余部带回家。他一生抱怨普里阿摩斯和他的儿子给他的待遇，现在他们已经逝去，埃涅阿斯成了王位继承人。特洛伊的命运就在他宽阔的肩上。或许我们可以想象，他设想希腊人离开后不久，在一片废墟中，特洛伊城的火势渐息。

传说特洛伊完全被摧毁了，但事实上这个城市很快就被重建。新特洛伊再次成为一个伟大的中心城市。它不如普里阿摩斯的城市那样富裕宏伟，住在那儿的人也不是单纯一个种族。但这里血脉相承，而埃涅阿斯本人是其中的佼佼者。

史诗传统提供了几种关于埃涅阿斯命运的版本，从希腊涅俄普托勒摩斯的俘虏，到在意大利罗马未来城址附近的胜利者——在迦太基的一次风情邂逅之后。但《伊利亚特》描写得很清楚。阿基琉斯嘲笑埃涅阿斯想要取代普里阿摩斯做国王，当时每个人都知道普里阿摩斯许多儿子中的一个将继承王位。但波塞冬知道得更多，正如神可以预言战后的特洛伊，

> 普里阿摩斯氏族已失宠于宙斯，
> 伟大的埃涅阿斯将统治特洛伊人，
> 由他未来出生的子子孙孙继承。[1]

伊达山是通向特洛伊王位的起点，传统的观点认为埃涅阿斯收留了来自战败城市的难民。

难民可能会讽刺特洛伊的命运。尽管他们十分愤怒，但希腊人从未包围过城市或将其与外界隔离开来。希腊人试图突袭特洛伊的城墙，但失败了。在持续的进攻下，英雄们也没有成功拿下特洛伊。希腊人只会一直袭击特洛伊腹地，不断给特洛伊施压，希腊的海上力量把这座城市榨得一干二净。趁着特洛伊之危，希腊人令其成为致命的间谍活动的牺牲品。毁灭特洛伊的是狡猾而非勇气。

/ 185

/ 尾声 /

　　反过来想想看，我们也许会注意到史诗使用的讽刺的修辞手法。就像法老的编年史或赫梯国王的历史，《伊利亚特》将战争理想化。史诗浓墨重彩地描写了受神灵指引的英雄们，他们像超人一样做出了丰功伟绩，只有在战后清理伤口时才感觉到疼痛。希腊人涌上历史舞台，特洛伊人注定要失败，尽管战争是如此波澜壮阔，以至于持续了十年，但是荷马仍诚意十足地暗示了真正的战争的短期性，战争可能起因于污秽和疾病、对平民的袭击或是孤独死去的普通人并很快结束。海伦不仅是一个美人，更是战争的导火线，因为她出逃希腊，卷走丈夫的财产，毁掉了丈夫的声誉——希腊人想要夺回黄金。此外，他们对俘虏敌人的女人比重新获得墨涅拉俄斯逃跑的王后更感兴趣。

　　无论是在夸张还是在诚实方面，荷马的青铜时代比通常认为的都更加真实。青铜时代的诗人经常夸大战场行为，但其他青铜时代的文本保留了真相：一种有时是低强度的，往往是狡猾的，而且总是肮脏的战争方式。多亏了有口头传说，也许还有非希腊语的书面资料，荷马保留了这些真相，尽管他记载的史诗在他出生前几个世纪就已存在。

　　当从成为废墟特洛伊返回他们的船只时，希腊人将带着他们的伤员和死者的尸体，连同一群被俘的特洛伊人和一大堆战利品。青铜时代的艺术显示，特洛伊俘虏经常赤身裸体，双手被绑在背后或锁在木梁上。[2]然后军队会分配掠夺物和妇女。当然，首领们优先选择。例如，据说涅俄普托勒摩斯选择了赫克托尔的遗孀安德洛玛刻；其他英雄接受了他的选择，他一定十分高兴，并且自我感到满足。雅典英雄忒修斯的儿子们，即阿卡玛斯（Acamas）和德摩普顿（Demophon）满足于拯救他们的母亲艾提拉（Aethra）；根据雅典传说，她去特洛伊做了海伦的侍女。

根据这个故事，至少他们是满足的；另一个版本说阿伽门农还给了他们"很多礼物"。[3]

像许多获胜的军队一样，希腊人在战争一结束就吵了起来。争吵的直接原因是小埃阿斯的问题和他对雅典娜——或特洛伊同等的女神——的亵渎。他从神庙里拉出卡珊德拉时，不小心拿了雅典娜的神像。因为亵渎了女神的形象，小埃阿斯令整个军队遭到复仇。阿伽门农和墨涅拉俄斯这对兄弟，现在在军队前争辩起来。阿伽门农想要推迟离开的行程，以便为雅典娜献上重礼，为她供奉；而墨涅拉俄斯想要回家。墨涅拉俄斯一定提醒过那些人，他们已经用石头惩罚了小埃阿斯，而阿伽门农说这还不够。

在任何时期，任何古代军队都不想在长途跋涉中招致神的愤怒。但无论如何，第二天墨涅拉俄斯、狄奥墨得斯、涅斯托尔还是和他们的人一起起航。正如涅斯托尔后来解释的那样，两兄弟争吵时，雅典娜的惩罚已经开始；最安全的办法似乎是远离特洛伊。这似乎奏效了，因为涅斯托尔顺利回到皮洛斯。同样地，狄奥墨得斯安全回到了阿尔戈斯，涅俄普托勒摩斯去了他父亲的祖传土地佛提亚，他以前从未踏足这片土地，因为他是在斯基罗斯岛上长大的。他选择避开危险的海洋，走陆路来保障自己的安全。

小埃阿斯从雅典娜手中逃脱，只是与波塞冬发生了冲突，后者让他在海难中幸存下来，只淹死了那个曾亵渎波塞冬的人。墨涅拉俄斯在暴风雨中损失了大部分船只，其余船只被吹向埃及。当他终于到达斯巴达时，才得知自己的兄弟惨死家中。阿伽门农回到迈锡尼后，被他的妻子克吕泰墨涅斯特拉（Clytemnestra）和她的情人埃癸斯托斯（Aegisthus）一起谋杀，此人与阿伽门农不共戴天。

阿特柔斯的儿子在爱情方面总是很倒霉。墨涅拉俄斯带回了他的战利品——海伦。《奥德赛》描绘了这对夫妇如何重聚，并统治拉刻代蒙，王宫里满是在战场上赢得的战利品。他们在生前庆祝女儿与涅俄普托勒摩斯成婚。所以，这位国王当然比他残忍的兄弟更得善终。然而，海伦将药偷偷倒到墨涅拉俄斯葡萄酒中的做法表明，王室里不是任何时候都那么融洽。

奥德修斯花费十年时间才回到家，毫无疑问这是青铜时代"花费很长时间，直到最后"的又一例证。在青铜时代，船只被海风吹离航道、船只失事、船只搁浅，诸如此类的事并不少见，所以《奥德赛》的叙事具有合理性。当奥德修斯终于到达伊塔卡时，他发现他的敌人占了他的家，他必须通过战斗重拾权威。

关于迈锡尼和伊塔卡的麻烦的故事可能暗示了实际上袭击了迈锡尼宫殿的暴力事件。公元前1190年/前1180年前后，一波灾祸袭击了希腊本土的主要中心地带，包括皮洛斯、梯林斯、雅典和迈锡尼。考古显示，低地城镇的生活仍在继续，但堡垒上的宫殿被摧毁，随之而去的还有一种生活方式，包括奢侈品、庄园和保存文字记录的书吏。希腊文明仍在延续，但繁荣程度和财富水平降低。

安纳托利亚、塞浦路斯、迦南和美索不达米亚的堡垒也遭受了相似的命运。埃及幸免于难，但仍遭到了破坏。显然，这是青铜时代东地中海和远东地区的一段灾难时期。

导致这种衰落的原因尚不清楚。地震似乎有一定影响，但也许不是唯一诱因。王朝战争——像特洛伊战争这样的帝国扩张的冒险以及庄稼歉收、农民暴动也促成了衰落。在安纳托利亚，在公元前1200年之前不久，粮食短缺，这也许表明气候变化同样影响了希腊的发展。

无论是海上民族还是多利安人，有关外部入侵的证据都很少。多利安人来自希腊西北部，说希腊语。但与大众的误解相反，他们直到很久以后才到达南方，所以根本没有机会摧毁迈锡尼宫殿。但是，从时间顺序上看，海上民族确实符合。他们于公元前1190年袭击并摧毁了乌加里特。同一时间他们还攻陷了哈图沙城，袭击了埃及但被击退。他们在迦南则更加成功，在那里定居下来，后来被称为非利士人。

谁是海上民族？答案尚不清楚，但我们确切知道他们是一个联盟，并且有充分的理由认为他们中的一些是希腊人。因此，如果海上民族洗劫了迈锡尼宫殿，他们更应该被定性为希腊内战中的一个派系，而不是外部入侵者。

无论如何，赫梯人除了面对海上民族之外还面临其他问题。在哈图沙城被洗劫之前，它还遭受了经济衰退和人口减少。赫梯帝国安纳托利亚南部和东南部的许多地方已经变成独立的王国。赫梯执政王朝的各个分支陷入间歇性的争斗之中，有时会十分激烈。虽然哈图沙的陷落标志着赫梯人的大中央安纳托利亚帝国的终结，但南方的赫梯王国却能够存在数百年。

对于为什么东地中海地区的大多数宫殿在公元前1200年之后不久就化为废墟，我们仅略知一二。未来的研究会为解答这一问题提供更多的信息。但是不论真相是什么，它都可能与1945年前让欧洲和日本大多数城市化为废墟的过程一样复杂。就像第二次世界大战无法用单一原因来解释一样，海上民族也不足以解释青铜时代宫殿文明为何终结。

考古显示，在特洛伊Ⅵi时期遭焚烧并可能被洗劫之后，特洛伊被重建，过程极其复杂。在可能的情况下，旧建筑物得到修复，街道被重新铺设，但新的建筑物也随之兴建。特洛伊Ⅵj（以

/ 尾声 /

前称为特洛伊Ⅶb1）——考古学家给这个新特洛伊城起的不雅的名字——也不算太差。黄金和青铜首饰、铁斧和红玉石印章都有出土。关于史前特洛伊的唯一铭文要在几个世纪后（约公元前1130年）才出现，而已婚夫妇的印章则是在此之前就已存在。

当然，新特洛伊不比旧特洛伊富裕或装备精良。这一点从特洛伊的农业方面可以看出。虽然普里阿摩斯在位时的特洛伊生产小麦，但特洛伊Ⅵj依赖于大麦，这是一种穷人才吃的谷物，古代人通常用这个来喂动物。新特洛伊不止有一个种族——在死亡和驱逐出境之后就不是这样。因此，特洛伊Ⅵj时出现了一个新的种族——混合了旧特洛伊人和巴尔干的外来者。

想象一下，埃涅阿斯又回到了特洛伊。他生活在木匠、石匠和小面包师工作的喧嚣中。死者被埋葬，瓦砾被清除，石头被取代。羊和牛已被赶到墙内的围栏中。人们将酒倒在地上，向众神献祭。

从堡垒上尚未竣工的宫室内向外望，夜晚埃涅阿斯可能会看到，平原上一片黄褐色的谷物海洋静静地沐浴在淡蓝色的光线中。视线转移，他会看到波塞冬的领地，一条银色的丝带延伸到岛屿的城墙上。当轻微的北风吹拂他的头发，他一低头，可能会看到又一座新城兴起。尽管存在一些不可避免的问题，但埃涅阿斯还是会为自己扮演的角色感到骄傲，他觉得自己把特洛伊从水深火热中拯救了出来。用赫梯的俗话说，就是把特洛伊这块石头从深水水底捞起来。[4] 伊达山山顶和萨莫色雷斯岛是众神的杰作，很快又会被骄傲的特洛伊人复制。

/ 重要名词解释

阿开奥斯——与阿尔戈斯人和达南人齐名，是荷马对希腊人的三大称呼之一。

阿基琉斯——神话中的佛提亚国王和英雄式的战士，他的狂怒是《伊利亚特》的核心。

埃涅阿斯——神话人物，安喀塞斯和女神阿佛洛狄特之子，普里阿摩斯的亲戚，参与了特洛伊战争；统治战争后重建的特洛伊之城。

洛克里斯的俄琉斯之子埃阿斯——神话人物，是特洛伊战争中一个十分强硬却不虔诚的希腊勇士，也被称为"小埃阿斯"。

萨拉米斯的忒拉蒙之子埃阿斯——神话人物，是特洛伊战争中一名极为强大但并不很聪明的希腊勇士，也被称为"大埃阿斯"。

阿伽门农——神话中的迈锡尼国王，对抗特洛伊的希腊远征军领袖。

阿希亚瓦——赫梯文献中提到的强大的王国，可能是荷马笔下阿开奥斯的家乡。

阿卡德——公元前2350~前1900年美索不达米亚地区的主流语言和文化，在整个青铜时代的近东地区都很有影响力并被广泛传播。

阿拉克桑都斯——约公元前1280年的维鲁萨国王，与赫梯结盟，他的名字让人想起荷马笔下的亚历山大（帕里斯）。

亚马孙人——全部为女性战士，在荷马史诗和希腊神话中被提及，让人隐约想起黑铁时代俄罗斯南部的女性战士。

阿蒙霍特普三世——公元前1417~前1379年的埃及国王，

　　迦南、叙利亚、美索不达美亚地区的常胜将军。

　　安德洛玛刻——神话人物，赫克托尔之妻，后来成了寡妇，被希腊人劫走当作战利品。

　　安忒诺尔——神话人物，支持希腊的特洛伊人。

　　安提玛科斯——神话人物，反对希腊的特洛伊人。

　　阿帕萨——可能是后来的以弗所，阿尔萨瓦王国首都。

　　阿尔戈斯人——见阿开奥斯。

　　阿尔萨瓦——西安纳托利亚的一个王国。

　　阿塔里希亚——据赫梯文献记载，是阿希亚瓦的强盗，约于公元前1400年袭击了安纳托利亚和塞浦路斯，可能是希腊神话中的阿特柔斯。

　　奥利斯——青铜时代（及以后）的希腊中东部海港城市，根据荷马描述可以认为是希腊远征特洛伊的登船点。

　　贝斯克湾——特洛伊港口的现代名字，在特洛伊城西南5英里。

　　野猪獠牙头盔——皮制的头盔上有两根野猪獠牙，《伊利亚特》中有描述并在迈锡尼文物中被证实。

　　玻瑞阿斯——北风之神。

　　布里塞伊丝——神话中的吕尔涅索斯公主，被阿基琉斯当作战利品，后被阿伽门农抢走作为失去克律塞伊丝的补偿。

　　青铜时代——约公元前3000~前1100年，当时青铜是制造工具和武器的主要金属；铁器十分稀有而且价格昂贵，但那时人们已知道铁器的存在。

　　卡德摩斯——神话中的底比斯国王，他的名字最近在约公元前1250年阿希亚瓦国王给赫梯国王的信件中被发现。

　　卡尔卡斯——神话中在奥利斯和特洛伊的希腊先知。

迦南——由埃及统治的城市国家，后被赫梯夺走，范围大概是从今土耳其和叙利亚的边界到加沙地带。

卡珊德拉——神话人物，普里阿摩斯之女，荷马史诗中的小角色，但在维吉尔那里她是一个很重要但被忽略了的女预言家，她曾预言到特洛伊的毁灭。

"船舶名录"——《伊利亚特》2.484~787，荷马列举了所有参加特洛伊战争的船长、国王和国家。

勇士之战——两个勇士之间的对决，他们各代表一方势力。

克律塞伊丝——神话人物，特洛阿德西南的克律塞祭司克律塞斯之女，被阿伽门农作为战利品劫走。

复合弓——用犄角和木头制成，并用肌腱加固，与普通木弓相比，威力非常。

楔形文字——早期书写系统，在古代近东地区被广泛使用。

库克诺斯——神话人物，特洛阿德西海岸科罗奈的国王，他的名字让人想起一位历史人物，即维鲁萨国王库库尼。

达南人——见阿开奥斯。

达尔达尼亚河谷——特洛阿德斯卡曼德罗斯河中部的富饶地区，神话中埃涅阿斯的家乡。

达尔达尼亚人——埃及文献记载中是赫梯盟军，为卡迭石之战输送战车。

得伊福玻斯——神话人物，特洛伊王子，在他的兄弟帕里斯死后娶了海伦。

狄奥墨得斯——神话中的阿尔戈斯国王，特洛伊战争中最年轻最勇敢坚决的勇士之一。

多隆——神话人物，自负却平庸的特洛伊间谍，为狄奥墨得斯所杀。

埃埃提昂——神话中的普拉科斯山下的底比斯国王，安德洛玛刻之父，为阿基琉斯所杀。

史诗集成——古希腊史诗（《库普利亚》《厄提俄皮斯》《小伊利亚特》《伊利昂的毁灭》《返乡》），描述了特洛伊战争和之后发生的事，只有一些引语还留存于世。

欧福尔玻斯——神话人物，潘托俄斯之子，年轻的特洛伊勇士，尤其善于战车战，被帕特洛克罗斯重伤。

欧律皮洛斯——神话人物，密细亚的忒勒福斯之子，带分遣队为特洛伊而战。

八字盾——因其形状得名，荷马笔下精英武士所携之盾，在迈锡尼艺术中有体现。

加利波利——特洛阿德对面富饶的半岛，在达达尼尔海峡北部海岸。

《吉尔伽美什》——约公元前 2000 年或更早流行于古代近东的史诗，原文是用阿卡德语写成，但多是译本。

格劳科斯——神话中的勇士，吕西亚的希波洛克斯之子，萨尔珀冬率领的特洛伊盟军的一名中尉。

汉谟拉比——巴比伦国王（公元前 1792~前 1750 年），伟大的战士和法典编纂者，征服了马里。

哈图沙——安纳托利亚中部城市，赫梯首都。

哈图西里什一世——伟大的赫梯国王（公元前 1650~前 1620 年）。

哈图西里什三世——赫梯国王（公元前 1267~前 1237 年），与埃及和阿希亚瓦商议对抗西安纳托利亚的叛乱分子皮亚马拉都斯。

赫克托尔——神话人物，普里阿摩斯和赫库芭之子，是特洛伊王储和伟大的武士。

赫库芭——神话人物,普里阿摩斯之妻,特洛伊的王后。

海伦——神话人物,拉刻代蒙国王墨涅拉俄斯之妻,与特洛伊王子帕里斯私奔而引发了特洛伊战争。

赫伦人——荷马史诗中仅指希腊中部色萨利的某个地方的居民,但在黑铁时代指代所有希腊人。

希沙利克——土耳其语意为"设有防御工事的地方",位于西北安纳托利亚的特洛伊考古遗址。

赫梯人——也以哈提之名闻名,约在公元前17世纪到公元前1180年,其帝国横跨安纳托利亚和叙利亚。

伊达——特洛阿德南部的山,对当地居民来说非常神圣。

伊多墨纽斯——神话人物,克里特国王,非常善于用矛,参加了特洛伊战争。

伊利昂——特洛伊的另一个名字;在希腊早期是"Wilion",但是后来"W"不用了。

印欧语系——语族和说这类语言的人的文化,古时其范围从印度到英国;包括希腊人、赫梯人、特洛伊人。

伊菲革涅亚——神话人物,阿伽门农和克吕泰墨涅斯特拉之女,在奥利斯献祭的人类牺牲者。

黑铁时代——公元前第一个千年,当时铁取代青铜成为最主要的工具和武器制造材料。

伊什塔尔——近东掌管爱情、战争和生育的女神。

伊阿里——安纳托利亚的战争和瘟疫之神,有名的弓箭手("弓箭的主人"),和希腊神阿波罗相近。

伊塔卡——希腊西部的海上小岛,奥德修斯传说中的家乡。

库库尼——维鲁萨国王,生活在公元前1280年前的某一段时间。

库伦塔——安纳托利亚牡鹿之神，常常是一个城市的保护者。

拉刻代蒙——希腊南部地区，后来著名的拉科尼亚，墨涅拉俄斯和海伦的王国。

拉奥孔——神话人物，反对希腊的特洛伊祭司，和儿子一起被海怪杀死。

黎凡特——亚洲西南地区，大概相当于今天的以色列、约旦、黎巴嫩、巴勒斯坦和叙利亚。

收继婚——古代近东常见的一种习俗，即男子娶自己兄弟的遗孀。

线形文字B——青铜时代迈锡尼抄写员用的希腊书写系统。

吕尔涅索斯——荷马笔下被希腊人征服的特洛阿德城镇。

卢维语——印欧语言，在安纳托利亚南部和西部使用，和赫梯语很接近，可能是特洛伊所用的语言。

吕西亚——安纳托利亚西南地区，可能和赫梯记录的"卢卡人的土地"（Lukka Lands）是一个地方。

玛卡翁——神话人物，和他的兄弟波达利里俄斯（Podalirius）是希腊军队在特洛伊时的军医。

马杜瓦塔——约在公元前1400年西安纳托利亚的一个不可靠的赫梯附属国。

马里——美索不达米亚西北（现代叙利亚）的城邦，在公元前1757年被汉谟拉比洗劫前的数十年有详细记录。

美吉多——迦南的一个城市，于公元前1479年发生了一场重大战役。

墨拉尼波斯——神话人物，希克塔翁之子，希腊人来的时候从位于达达尼尔海峡的家乡佩尔柯特逃走，为特洛伊而战。

门农——神话人物，埃塞俄比亚（可能是努比亚地区）的王子和普里阿摩斯的亲戚，给特洛伊带来了分遣队，为特洛伊而战。

墨涅拉俄斯——神话人物，海伦的丈夫、拉刻代蒙的国王，也是阿伽门农之弟。

米利都——安纳托利亚爱琴海沿岸的一个城市，先是米诺斯的殖民地，后为迈锡尼所占。

米诺斯——青铜时代克里特岛的人和文化，在约公元前1800~前1550年达到鼎盛时期。

米拉——青铜时代晚期西安纳托利亚的一个邦。

穆尔西里二世——赫梯国王（公元前1321~前1295年），征服了阿尔萨瓦王国。

迈锡尼——神话中的国王阿伽门农的强大王国；形容词Mycenaean通常情况下是指青铜时代晚期的希腊和希腊文明。

密细亚——西北安纳托利亚和特洛阿德交界的地区。

涅俄普托勒摩斯——神话人物，阿基琉斯之子，征服了特洛伊。

涅斯托尔——神话人物，皮洛斯的老国王，希腊驻扎特洛伊时最好的顾问。

新王国——指埃及新王国（公元前1550~前1075年）和赫梯新王国（公元前1400~前1180年），青铜时代晚期的扩张和帝国时期。

努比亚——埃及人征服的南尼罗河地区，非洲黑人居住于此，并且部分黑人在新王国时期的埃及获得高位。

奥德修斯——神话人物，伊塔卡国王，特洛伊战争中的一个狡猾而又足智多谋的武士。

古巴比伦文学——约公元前2000~前1600年的诗歌和散文，

其影响甚至可能远及荷马。

巴莱语——北安纳托利亚的印欧语言，可能是特洛伊的语言。

帕拉斯神像——特洛伊神话中雅典娜女神的木头小雕塑。

潘达罗斯——神话人物，莱卡翁之子，伟大的弓箭手，特洛伊的盟军。

帕里斯——神话人物，特洛伊王子，引诱海伦而导致特洛伊战争，也是著名的亚历山大，让人想起阿拉克桑都斯，历史上的维鲁萨国王。

帕特洛克罗斯——神话人物，墨诺提俄斯之子，阿基琉斯的副手和亲密战友。

佩拉那——拉科尼亚北部的一个村庄，发现有迈锡尼建筑和坟墓的遗址，其中可能有海伦和墨涅拉俄斯的王宫。

彭忒西勒亚——神话人物，色雷斯的古希腊女战士，她给特洛伊带来了分遣队，为特洛伊而战。

帕加马——荷马笔下的特洛伊堡垒。

法老——字面意思是"大房子"，作为专有名词，指青铜时代晚期的埃及国王。

菲洛克忒忒斯——神话人物，从色萨利来的希腊人，非常厉害的弓箭手。

对阵战——亦即集体战，是在特定的时间、地点和指定好的位置对立双方进行的近战。

皮亚马拉都斯——一个卢维人掠夺者，约在公元前1250年与阿希亚瓦结盟，在西安纳托利亚成功击败赫梯。

波吕达马斯——神话人物，特洛伊的潘托俄斯之子，先知和精明的谋略家。

波吕忒斯——神话人物，赫克托尔的弟弟，是个飞毛腿和瞭望员。

普里阿摩斯——神话人物，特洛伊国王。

普罗忒西拉奥斯——神话人物，色萨利的费拉刻国王，第一个在特洛伊被杀死的人。

蒲杜海琶——哈图西里什三世的妻子，赫梯最有权势的女王之一。

皮洛斯——荷马笔下希腊西南方的一个大王国，考古发现的宏伟宫殿、线形文字 B 记录，还有其他遗迹都证实了它的存在。

卡迭石——迦南城市，埃及和赫梯于公元前 1247 年在此大战。

拉美西斯二世——长期统治埃及的一位国王（公元前 1279~前 1212 年），在卡迭石与赫梯军队作战，之后缔结和约。

拉美西斯三世——埃及国王（公元前 1184~前 1153 年），打败了海上民族。

萨尔珀冬——神话中的吕西亚国王，宙斯之子，也是特洛伊重要的分遣队的指挥官，为特洛伊而战，被帕特洛克罗斯杀死。

斯坎伊恩门——荷马笔下特洛伊的大门。

施尔登人——埃及的雇佣兵，有时又是抢劫埃及的海盗（公元前 13 世纪~前 12 世纪）。

斯卡曼德罗斯河——特洛阿德的主要河流，从伊达山流下，流经特洛伊，最终注入达达尼尔海峡。

海上民族——一个松散、不稳定的联盟，可能包括希腊人，于公元前 1200~前 1100 年袭击了地中海东部地区，造成巨大破坏。

苏庇路里乌玛一世——赫梯最强大的国王之一（公元前 1344~前 1322 年），击溃了米坦尼，重建了哈图沙。

苏庇路里乌玛二世——最后一任赫梯国王（公元前 1207~？），在海上击退了塞浦路斯。

攻城塔——由木头和皮子构成，当攻城者靠近城墙时予以保护。

西摩伊斯河——特洛阿德的一条河，在特洛伊北部注入斯卡曼德罗斯河。

希农——神话人物，希腊人的双面间谍，他欺骗特洛伊人接受特洛伊木马。

风暴之神——亦即天空之神，如宙斯和特舒卜，对希腊人和安纳托利亚人而言都是主神。

塔瑞萨人——赫梯文献中记载的王国，可能是指特洛伊。

忒勒福斯——神话中密细亚的国王。

塔瓦伽拉瓦——阿希亚瓦国王的兄弟，他帮助皮亚马拉都斯在安纳托利亚西部叛乱，与赫梯作对；可能即厄忒俄克勒斯。

忒克洛斯——神话人物，萨拉米的忒拉蒙之子埃阿斯的弟弟，在特洛伊驻扎时是希腊人中的一个弓箭好手。

底比斯——希腊中部一个主要的迈锡尼城市，约在公元前1250年被暴力摧毁。

普拉科斯山下的底比斯——特洛伊在埃德雷米特海湾的盟军城市，目前还没有发现它的遗址。

忒耳西忒斯——神话人物，在希腊军队驻扎特洛伊的时候，是个不满者和煽动民众者。

特勒波勒摩斯——神话人物，赫拉克勒斯之子和罗德岛国王，与希腊人一起在特洛伊战斗。

梯林斯——青铜时代靠近迈锡尼的防御森严的希腊城市。

塔盾——荷马笔下精英士兵所持的全身盾，在米诺斯和迈锡尼艺术中有呈现。

特洛阿德——特洛伊地区，占地约650平方英里。

特洛伊港——见贝斯克海湾。

特洛伊平原——特洛伊城西部的广阔地域，青铜时代时北部大部分是在水中；荷马笔下特洛伊战争的对阵战遗址。

图库尔蒂－尼努尔塔——亚述王（公元前 1244~前 1208 年）。

廷达瑞俄斯——神话人物，拉刻代蒙国王，海伦之父。

乌加里特——富有且文明的迦南城市，商业和海军实力强大，赫梯盟友，约在公元前 1187 年被海上民族毁灭。

乌尔——美索不达米亚南部富有的城市。

维吉尔——罗马诗人（公元前 70~前 19 年），著有《埃涅阿斯纪》——关于埃涅阿斯在特洛伊战争之后事迹的史诗。

瓦尔姆——约在公元前 1225 年被放逐的一位维鲁萨（赫梯属国）国王。

国王——线形文字 B 中意为国王（*Wanax*），可能会让人想起荷马用 "*anax*" 代表希腊联盟中多位国王的领袖——阿伽门农。

维鲁萨——赫梯文献记载的一个王国，被认为是希腊的伊（维）利昂，即特洛伊。

/ 注 释

所引用之希腊和罗马作者，皆按标准参考书，即《牛津古典词典（第3版）》（牛津：牛津大学出版社，1999）上的缩写。所引用之希腊和拉丁作品，皆为英语翻译版本。至于近东文献，则尽可能参照常用英语名称和译本。

前 言

1 我采纳了约阿希姆·瓦塔奇（Joachim Latacz）的观点，详见其著作 *Troy and Homer: Towards a Solution of an Old Mystery*. Translated by Kevin Windle and Rosh Ireland（Oxford: Oxford University Press, 2004）。

2 Ernst Aumueller, "Das neunte Jahr. Ilias B 134 −295 − 328," in Joachim Latacz and Heinrich Hettrich with Guenter Neumann, eds., *Wuerzburger Jahrbuecher fuer Die Altertumswissenschaft*. Neue Folge 21 (1996 / 97): 39–48.

3 Morgan, *Amarna Letters*, EA 81, 1.24, p. 50 and n. 6 p. 151 n. 6, cf. EA 82, 1. 39, p. 52.

4 Manfred Korfmann, "Die Arbeiten in Troia/Wilusa 2003," *Studia Troica* 14 (2004): 17.

第一章 红颜祸水

1 Homer, *Iliad* 3.121-171, 380-447; *Odyssey* 4. *passim*, 15.58, 104-108, 124-130, 171 and Ione Mylonas Shear, *Tales of Heroes: The Origins of the Homeric Texts* (New York: Aristide D. Caratzas, Publisher, 2000), 61-72; Elizabeth Barber, *Prehistoric Textiles* (Princeton: Princeton University Press, 1991), 170-173. 另见 Bettany Hughes, *Helen of Troy, Goddess, Princess, Whore* (London: Jonathan Cape, 2005), 42, 65-66, 109-111 的描写。

2 Billie Jean Collins, "Animals in Hittite Literature," in Collins ed., *A History of the Animal World in Ancient Near East* (Leiden: Brill, 2002), 243; Harry A. Hoffner Jr., "The Song of Hedammu," in *Hittite Myths*, 2nd edition (Atlanta:

Scholars Press, 1998), 54.

3 因为尚未发现，所以我使用了青铜时代如皮洛斯和迈锡尼建筑的特征。

4 即今天我们所知的斯巴达，但严格来说斯巴达只是拉刻代蒙的一小部分，在青铜时代斯巴达还不是一个城市，但其远比拉刻代蒙出名，故这里采用它的名字。

5 C.W. Shelmerdine, "Review of Aegean Prehistory Ⅵ: The Palatial Bronze Age of the Southern and Central Greek Mainland," *American Journal of Archaeology* 101, No.3 (1997): 578-580; 1997~1997 年又做了补充，重新发表于 Tracey Cullen, ed., *Aegean Prehistory: A Review,* Supplement 1 to *American Journal of Archaeology* (Boston, Archaeological Institute of America, 2001), 370-372。

6 Calvert Watkins, "Troy and the Trojans," Machteld J. Mellink, ed. *Troy and the Trojan War,* A Symposium Held at Bryn Mawr College, October, 1984 (Bryn Mawr, Pa.: Bryn Mawr College, 1986), 57.

7 Michael Ventris & John Chadwick, *Documents in Mycenaean Greek,* 2nd edn. (Cambridge: Cambridge University Press, 1973), PY 57, p. 190; cf. pp.103-105.

8 Ventris & Chadwick, *Documents in Mycenaean Greek,* PY 143, pp. 258-259; cf. pp. 103-105.

9 他的父亲是喀蒙（Cimon），古典时代雅典重要政治家米太亚德（Militiades）之子。见 J.K. Davies, *Athenian Propertied Families 600-300 B.C.* (Oxford: Clarendon Press, 1971), 306。

10 *Odyssey* 4.264.

11 *Iliad* 3.213-215.

12 *Iliad* 3.54, 393-395.

13 例如, James K. Hoffmeier, "The Gebel Barka Stele of Thutmose Ⅲ," and K.A. Kitchen, "The Battle of Qadesh - The Poem, or Literary Record," in W. W. Hallo, ed., *The Context of Scripture, Canonical Compositions from the Biblical World,* vol.2 (Leiden: Brill, 2000), 16, 33。

14 *Iliad* 17.588.

15 Hdt. 1.4.1.

16 参见 Hoffmeier, "The Memphis and Karnak Steleae of Amenhotep Ⅱ," in Hallo, ed.,

Context of Scripture vol.2, 20; Kitchen, "First Beth Shean Stela, Year 1," in ibid., 25; Kitchen, "Karnak, Campaign Against the Hittites," (Undated), in ibid., 28; Richard H. Beal, "The Ten Year Annals of Great King Muršili Ⅱ of Hatti," in ibid., 84; Itamar Singer, "Treaty Between Šupiluliuma and Aziru," in ibid., 93–94; Douglas Frayne, "Rim-Sin," in ibid., 253; Douglas Frayne, "Iahdun-Lim," in ibid., 260。

17　Murshilish Ⅱ (r. ca.1321–1295 B.C.); Beal, "Ten Year Annals of Great King Muršili Ⅱ of Hatti," in Hallo, ed., *Context of Scripture*, vol.2, 82–83.

18　Moran, *Amarna Letters*, EA 250, ll. 15–27, p. 303.

19　Gary Beckman, "Treaty between Muwattalli Ⅱ of Hatti and Alaksandu of Wilusa," in *Hittite Diplomatic Texts*, 2nd edn. (Atlanta: Scholars Press, 1996), 87–93.

20　关于此表述，见 J. D. Hawkins, "Tarkasnawa King of Mira," *Anatolian Studies* 48 (1998): 14. 关于赫梯与维鲁萨（特洛伊）的联盟，见 Beckman, "Treaty between Muwattalli Ⅱ of Hatti and Alaksandu of Wilusa," in *Hittite Diplomatic Texts*, 87–93。

21　这封信件的再解读于 2003 年夏由 Frank Starke 发布，但一份完整的学术性的版本尚未发表。见 F. Starke, "Ein Keilschrift-Brief des Ko¨nigs von Theben/Ahhijawa (Griechenland) an den König des Hethitischen Reiches aus dem 13. Jh. V. Chr." Handout, August 2003, and Michael Siebler, "In Theben Ging's Los," *Frankfurter Allgemeine Zeitung*, August 12, 2003, 31, http://www.faz.net/s/RubF7538E273 FAA4006925CC36BB8AFE338/Doc~ EC6CFECB6D44B4344B70010A6675AF6A 3~ATpl~Ecommon~Scontent.html. 反对的观点，即不认为这一赫梯文献揭示了一位阿希亚瓦国王的名为卡德摩斯的祖先，见 Joshua T. Katz, "Review of Joachim Latacz's Troy and Homer: Towards a Solution of an Old Mystery," Version 1.0, December 2005, Princeton/Stanford Working Papers in Classics, http://www. princeton. edu/~ pswpc/pdfs/Katz/120503,pdf。

22　他出现在今日著名的塔瓦伽拉瓦书信或皮亚马拉杜书信中。相关讨论及**翻译摘录**，见 Trevor Bryce, *Letters of the Great Kings of the Ancient Near East: The Royal Correspondence of the Late Bronze Age* (New York: Routledge, 2003), 199–212。该书信的英译可在线查阅（名为 "The Piyama-radu Letter"），见 http://www.hittites.info/translations.aspx? text=translations/historical%2f

Piyama-radu+Letter. html。

23 Beckman, "Letter from a King of Hatti to an Anatolian Ruler," in *Hittite Diplomatic Texts*, 145.

24 *Iliad* 3.70.

25 *Agamemnon* 687-689.

26 Trevor Bryce, *Life and Society in the Hittite World* (Oxford: Oxford University Press, 2002), 124.

27 Ione Mylonas Shear, *Tales of Heroes: The Origins of the Homeric Texts* (New York: Aristide D. Caratzas, Publisher, 2000), 139-140.

28 *Iliad* 6.441-443.

29 见 Ekrem Akurgal, *The Hattian and Hittite Civilizations* (Ankara: Republic of Turkey Ministry of Culture, 2001) , 101-102; Trevor Bryce, *The Kingdom of the Hittites* (Oxford, Clarendon Press, 1998), 315-320; Bryce, *Life and Society*, 13-14, 136-137, 174-175。

30 例如, *Iliad* 1.185。

31 Moran, *Amarna Letters*, e.g. EA 90, ll. 36-47, p. 163.

32 Beckman, "Indictment of Madduwatta," in *Hittite Diplomatic Texts*, §§16-17, p.157.

33 Gary Beckman, "Hittite Proverbs," in W. W. Hallo, ed., *The Context of Scripture, Canonical Compositions from the Biblical World*, vol.1 (Leiden: Brill, 1997), 215; Harry A. Hoffner, Jr., *The Laws of the Hittites: A Critical Edition* (Leiden: Brill, 1997) §37, p. 44, plus commentary, 186-187; Bryce, *Life and Society*, 126.

34 Hoffner, *Laws of the Hittites*, §197, p. 156; Bryce, *Life and Society*, 128.

35 Bryce, *Kingdom of the Hittites*, 193-199. 法老艾虽坚称他是无辜的，但仍是最大嫌疑人。

36 Thuc. 1.9.3.

37 Th. P. J. Van den Hout, "Bellum Iustum, Ius Divinum: Some Thoughts About War and Peace in Hittite Anatolia," in *Grotiana*, New Series 12-13 (1991-1992 [1994]): 26.

38 P. H. J. Houwink ten Cate, "The History of Warfare According to Hittite

Sources: The Annals of Hattusilis Ⅰ (Part Ⅱ)." *Anatolica* 11 (1984): 49.

39 比如现在被称为穆尔西里二世的"综合年鉴"(Comprehensine Annals),在古代则是"穆尔西里式的男子气概"(The Manly Deeds of Murshilish),见 Beal, "The Ten Year Annals of Great King Muršili, Ⅱ of Hatti," in Hallo, ed., *The Context of Scripture*, vol.2,82。

40 Tawagalawa Letter §9. 英译本可在线查阅 (名为 "The Piyama-radu Letter") , 见 http://www.hittites.info/index.asp。

41 Elizabeth Wayland Barber, *Prehistoric Textiles: the development of cloth in the Neolithic and Bronze Ages with special reference to the Aegean* (Princeton: Princeton University Press, 1991), 27−28; cf. W. Heimpel, *Letters to the King of Mari: A New Translation, with Historical Introduction, Notes, and Commentary* (Winona Lake, Eisenbrauns, 2003), 27 85, p. 440.

42 Moran, *Amarna Letters*, EA 369, ll. 15−23, p. 366.

43 Ventris & Chadwick, *Documents in Mycenaean Greek*, PY 16, p. 161, cf. pp. 156, 579.

44 Hdt. 1.3−5.

45 Moran, *Amarna Letters*, EA 252, ll., 16−22.

第二章 黑船起航

1 这段关于阿伽门农身份、着装和双臂的描写,基于荷马史诗以及迈锡尼王室坟墓中的骷髅。见 Yiannis Tzedakis and Holley Martlew, general eds., *Minoans and Mycenaeans: Flavours of Their Time* (Athens: Production Kapon Editions, 1999), 220−227。

2 Frayne, "Iahdun-Lim," in Hallo, ed., *Context of Scripture*, vol. 2: 260.

3 *Iliad* 1.279.

4 J.S. Cooper, "Enmetana," in *Reconstructing History from Ancient Inscriptions: The Lagash-Umma Border Conflict*, Sources from the Ancient Near East, volume 2, fascicle 1 (Malibu, Undena Publications, 1983), §v, p. 50.

5 *Odyssey* 24.118−119.

6 *Iliad* 5.855.

7 A.K. Grayson, "Erishum Ⅰ ," in *Assyrian Royal Inscriptions,* vol. 1, *From the Beginning to Ashur-resha-ishi* (Wiesbaden: Otto Harrassowitz, 1972),7.62 and n. 36, p. 10.

8 W. Heimpel, *Letters to the King of Mari: A New Translation, with Historical Introduction, Notes, and Commentary* (Winona Lake, Eisenbrauns, 2003), 27 161, p. 467; A.486+, p. 508; 26 282, p. 283; 26 257, p. 276.

9 正如阿巴纳（Abana）的儿子亚摩斯（Ahmose）在公元前 16 世纪前后跟随三位法老。见 Miriam Lichtheim, "The Autobiography of Ahmose Son of Abana," in *Ancient Egyptian Literature*, vol. 2, *The New Kingdom* (Berkeley: University of California Press, 1976),11-15, esp. 12。

10 如 *Odyssey* 8.3。

11 见 Beckman, "Indictment of Madduwatta," in *Hittite Diplomatic Texts*, 153-160。

12 见第一章注 22。

13 本段内容参见 Thomas G. Palaima, "Mycenaean Militarism from a Textual Perspective. Onomastics in Context: *la ̄ wos, Da ̄ mos, Klewos*," in Robert Laffineur, ed., *Polemos. Le Contexte Guerrier en l' égée à l' âge du Bronze*,vol.2,in *Aegaeum* 19 (1999): 367-380。

14 例如，Beckman, "Letter of Hattusili Ⅲ of Hatti to Kadashman-Enlil Ⅱ of Babylon," in *Diplomatic Correspondence*, 23 §7, p. 141; Itamar Singer, "Musili' s 'Fourth' Plague Prayer to the Assembly of Gods (arranged by localities)," in *Hittite Prayers* (Leiden: Brill, 2002), 13 §11, p. 67。

15 Aeschylus, *Agamemnon* 293.

16 史诗集成,《库普利亚》。

17 Ventris & Chadwick, *Documents in Mycenaean Greek*, 127, 304.

18 乌加里特也有海军（埃及和米诺斯人同样有），它可能还有桨帆船，甚至可能在希腊人之前就有了。见 Elisha Linder, "Naval Warfare in the El-Amarna Age," in D. J. Blackman, ed., *Marine Archaeology*, Proceedings of the Twentythird [sic] Symposium of the Colston Research Society held in the University of Bristol April 4th to 8th, 1971(London: Archon Books, 1973), 317-325; Paul Johnstone, *The Sea-Craft of Prehistory*, prepared for publication by Seán

McGrail (Cambridge, Mass.: Harvard University Press, 1980), 79-82。

19 阿克罗蒂里壁画（ Acrotiri frescoes，约公元前1625年以前）显示米诺斯人这样装饰他们的船只。见 L. Kontorli-Papadopoulou, "Fresco-Fighting: Scenes as Evidence for Warlike Activities in the LBA Aegean," *Le Contexte Guerrier en Égée à l' âge du Bronze. Aegaeum* 19 (1999) vol. II: 333。

20 Confederate Cavalry General Nathan Bedford Forrest.

21 Steve Vinson, *The Nile Boatman at Work* (Mainz: von Zabern, 1998), 132.

22 F. Tiboni, "Weaving and Ancient Sails: Structural Changes to Ships as a Consequence of New Weaving Technology in the Mediterranean Late Bronze Age," *Nautical Archaeology* 34.1 (2005): 127-130.

23 J. R. Steffy, as cited in T. G. Palaima, "Maritime Matters in the Linear B Tablets," *Thalassa: L' Égée Prehistorique et la Mer,* in *Aegaeum* 7 (1991): 288.

24 "Nausikles" 和 "Euplous" , Ventris & Chadwick, *Documents in Mycenaean Greek*, 95, 97; T.G. Palaima, "Maritime Matters in the Linear B Tablets," 284。

25 J. Hoftijzer and W.H. Van Soldt, "Appendix: Texts from Ugarit Pertaining to Seafaring," in S. Wachsmann, *Seagoing Ships and Seamanship in the Bronze Age Levant* (College Station: Texas A & M University Press, 1998), 336=M. Dietrich, O. Loretz,and J. Sanmartín,*The Cuneiform Alphabetic Texts from Ugarit, Ras Ibn Hani and Other Places:*(KTU:second,enlarged edition) 2(Münster:Ugarit-Verlag,1995),47.

26 *Iliad* 2.132-133.

27 D.B. Redford, *The Wars in Syria and Palestine of Thutmose III* (Leiden: Brill, 2003), 204-205; J. K. Hoffmeier, "Military: Materiel," in D. B. Redford, ed., *Oxford Encyclopedia of Ancient Egypt II* (New York: Oxford University Press, 2001),410.

28 John A. Wilson, "The Asiatic Campaigns of Thut-Mose III, Subsequent Campaigns, Fifth Campaign," in J. B. Pritchard, *Ancient Near Eastern Texts Relating to the Old Testament*, rev. edn. (Princeton: Princeton University Press, 1969), 239.

29 *Iliad* 1.478-482.

30　Th. P. J. Van den Hout, "Apology of Hattušili Ⅲ ," in Hallo, ed., *Context of Scripture*, vol. 1: 200.

31　Thuc. 1.7.

32　*Iliad* 5.60-61.

33　Homer, *Iliad* 5.60-64, trans. Pope.

34　*Iliad* 5.62.

35　Th. P. J. Van den Hout, "The Proclamation of Telepinu," in Hallo, ed., *Context of Scripture* vol. 1: 194.

36　*Iliad* 5.642.

37　Hoftijzer and Van Soldt, "Appendix: Texts from Ugarit," in Wachsmann, *Seagoing Ships and Seamanship*, RS 1.1, RS 20.238, pp. 343-344.

38　例如 , *Iliad* 2.287。

第三章　滩头堡行动

1　Itamar Singer, "Treaty between Muršili and Duppi-Tešub," in Hallo, ed., *Context of Scripture* vol. 2: 97.

2　Harry A. Hoffner, Jr., "The Hittite Conquest of Cyprus: Two Inscriptions of Suppiluliuma Ⅱ ," in Hallo, ed., *Context of Scripture* vol. 1: 193.

3　*Iliad* 2.808-810.

4　Thuc. 1.11.1.

5　Shamshi-Addad to Yashmah-Addad, Sasson, *Military Establishments at Mari*, 11.

6　A.L. Oppenheim, "A Letter from the Hittite King," in *Letters from Mesopotamia* (Chicago: University of Chicago Press, 1967), 145-146.

7　Houwink ten Cate, "Annals of Hattusilis Ⅰ ," 66.

8　*Iliad* 4.45.

9　*Iliad* 24.521.

10　*Iliad* 24.546.

11　例 如, Beckman, "Indictment of Madduwatta," in *Hittite Diplomatic Texts*, 29, 157。

12　J. M. Sasson, *The Military Establishments at Mari*, no.3 of *Studia Pohl* (Rome:

Pontifical Biblical Institute, 1969), 38.

13 Ventris & Chadwick, *Documents in Mycenaean Greek*, PY 56, p. 189, cf. p. 544.

14 *Iliad* 8.228-234.

15 Watkins, "Troy and the Trojans," in Mellink, ed., Troy and the Trojan War, 52-55.

16 Beckman, "Treaty between Muwattalli Ⅱ of Hatti and Alaksandu of Wilusa," in *Hittite Diplomatic Texts*, 87-93.

17 *Odyssey* 24.284-285.

18 Lichtheim, "The Kadesh Battle Inscriptions of Rameses Ⅱ, The Poem," in *Ancient Egyptian Literature*, vol 2: 64.

19 *Iliad* 4.437-438.

20 *Iliad* 2.362.

21 Heimpel, *Letters to the King of Mari*, 26 366, p. 321.

22 Heimpel, *Letters to the King of Mari*, A.486+, p. 507.

23 *Iliad* 15.494-499.

24 Billie Jean Collins, "The First Soldiers' Oath" and "The Second Soldiers' Oath," in Hallo, ed., *Context of Scripture*, vol. 1: 165-168.

25 *Iliad* 4.288-289.

26 *Iliad* 4.242-243.

27 Beckman, "Treaty between Muwattalli Ⅱ of Hatti and Alaksandu of Wilusa," in *Hittite Diplomatic Texts*, § 20, p. 92; H. Craig Melchert, ed., *The Luwians*, vlo68 of *Handbuch der Orientalistik* (Leiden: Brill, 2003), 221.

28 赫梯用语，见 Van den Hout, "Apology of Hattušili Ⅲ ," in Hallo, ed., *Context of Scripture* vol. 1: 203。

29 J. S. Cooper, *The Curse of Agade* (Baltimore: Johns Hopkins University Press, 1983), ll.166-169, p.59.

30 *Odyssey* 4.708.

31 *Iliad* 13.174.

32 Thuc. 4.10.5.

33 *Iliad* 10.261.

34 例如, *Iliad* 1.58; 可比较以下讨论 : Robert Drews, *The End of the Bronze Age: Changes in Warfare and the Catastrophe c. 1200 BC* (Princeton: Princeton University Press, 1993), 141-147, 211。

35 引自 Beckman, "Letter from Hattusˇili Ⅲ of Hatti to Kadasman-Enlil Ⅱ of Babylon," in *Hittite Diplomatic Texts*, § 17, p.143.

36 *Iliad* 24.279-280.

37 Lichtheim, "The Great Sphinx Stela of Amenhotep Ⅱ at Giza, the Narration," in *Ancient Egyptian Literature*, vol 2: 42.

38 *Iliad* 15.329, 510.

39 Thuc. 4.10.5.

40 *Odyssey* 3.279-283.

41 *Odyssey* 13.113-115.

42 *Iliad* 16.811, cf. 3.146.

43 见 Nanno Marinatos, *Art and Religion in Thera, Reconstructing a Bronze Age Society* (Athens: D. I. Mathioulakis, 1994), 54; Lichtheim, "The Autobiography of Ahmose son of Abana," in *Ancient Egyptian Literature*, vol 2: 12, 14。

44 Grayson, "Shalmaneser Ⅰ," *Assyrian Royal Inscriptions* vol. 1, From the Beginning to Ashur-resha-ishi (Wiesbaden: Otto Harra ssowitz, 1972), 1.536, p. 80.

45 *Iliad* 13.833-837.

46 也许只是一个象征性的名字 , 因为在希腊语中其意为 "第一个上岸"。

47 Lichtheim, "The Kadesh Battle Inscriptions of Rameses Ⅱ : The Poem," in *Ancient Egyptian Literature*, vol 2: 69.

48 at Medinet Habu, 20th Dynasty, Rameses Ⅲ (1184-1153 B.C.), see Yigael Yadin, *The Art of Warfare in Biblical Lands in the Light of Archaeological Discovery*, vol. 2 (London: Weidenfeld and Nicolson, 1963), 340-341.

49 Lichtheim, "Papyrus Lansing: A Schoolbook," in *Ancient Egyptian Literature*, vol 2: 171.

50 Lichtheim, "The Kadesh Battle Inscriptions of Rameses Ⅱ : The Bulletin," in *Ancient Egyptian Literature*, vol 2: 62.

51 Lichtheim, "From the Annals of Thutmose Ⅲ , The First Campaign: The Battle

of Megiddo, The Battle," in *Ancient Egyptian Literature*, vol 2: 32.

52 忒耳西忒斯，*Iliad* 2.231。关于埃及人如何绑他们的囚徒，见 the Medinet Habu relief, Yadin, *The Art of Warfare in Biblical Lands*, vol. 2: 343–343。

53 在近东神话中，例如，Singer, "Mursili's Hymn and Prayer to the Sun-goddess of Arinna (CTH 376.A)," in *Hittite Prayers*, 51–57。

54 例如，称拉美西斯为神，见 Lichtheim, "The Kadesh Battle Inscriptions of Rameses Ⅱ, The Poem," in *Ancient Egyptian Literature*, vol 2: 67。

55 Beckman, "Treaty Between Muwatttalli Ⅱ of Hatti and Alaksandu of Wilusa," in *Hittite Diplomatic Texts*, No. 13 §3, p. 87.

56 Lichtheim, "The Poetical Stela of Merneptah (Israel Stela)," in *Ancient Egyptian Literature*, vol 2: 74.

57 参看 Lichtheim, "The Poetical Stela of Merneptah (Israel Stela)," in *Ancient Egyptian Literature*, vol 2: 77。

58 Thuc. 1.11.1.

59 *Iliad* 3.184–190.

第四章　攻墙之战

1 参看 Yadin, *The Art of Warfare in Biblical Lands*, vol. 1: 21–22。

2 *Odyssey* 18.66–74. 关于衣服：*Odyssey* 19.225–243, 参看 *Iliad* 10.131–134 中涅斯托尔的衣服。

3 公牛是风暴之神在安纳托利亚地区的象征，见 Ann C. Gunter, "Animals in Anatolian Art," in Collins, ed., *History of Animal World in the Ancient Near East*, 90; 风暴之神是特洛伊军队的象征，见 Beckman, *Hittite Diplomatic Texts*, 92; 一个公牛像在特洛伊发现，见 Wendy Rigter and Diane Thumm-Dograyan, "Einhohlgeformter Stier Aus Troia," *Studia Troica* 14(2004): 87–100。

4 哈图西里什三世，Theo Van Den Hout, "Bellum Iustum," 26 中有引用。

5 Van den Hout, "Bellum Iustum," 17, 25.

6 *Keilschrifturkunden aus Boghazkoi* Ⅴ (Berlin: Zu beziehen durch die Vorderasiatische Abteilung der Staatlichen Museen, 1921–25): 6, E. Laroche, *Catalogue des Textes Hittites* ii (Paris: Klincksieck, 1971): 57–64; cf. Bryce,

Kingdom of the Hittites, 238-40; Bryce, Life and Society, 168.

7 Iliad 14.86-87.

8 Iliad 11.142.

9 Iliad 3.164.

10 Moran, Amarna Letters, EA 117, 83-94, p. 194.

11 Moran, Amarna Letters, EA 137, ll. 14-35, p. 218.

12 Houwink ten Cate, "Annals of Hattusilis I," 67.

13 Iliad 13.101-106.

14 Iliad 9.352-355.

15 Iliad 5.789.

16 引自 Yadin, The Art of Warfare in Biblical Lands, vol. 1: 16-18。

17 John A. Wilson, "Akkadian Proverbs and Counsels," in Pritchard, Ancient Near Eastern Texts, 425.

18 Odyssey 18.263-264.

19 Odyssey 18.258.

20 Thuc. 1.11.1.

21 Odyssey 14.235-236.

22 Odyssey 9.51.

23 Harry A. Hoffner, Jr., "Proclamation of Anitta of Kuššar," in Hallo, ed., Context of Scripture vol.1: 182-183.

24 阿里斯塔库斯（Aristarchus），相关讨论见 G.S. Kirk, The Iliad: A Commentary vol. II : books 5-8 (Cambridge: Cambridge University Press, 1990),217-218; 参看 G. S. Kirk, The Iliad: A Commentary vol. I : books 1-4 (Cambridge: Cambridge University Press, 1985),38-43。

25 Iliad 6.433-439.

26 I. M. Shear, Tales of Heroes, The Origins of the Homeric Texts (New York: Aristide D. Caratzas, 2000) ,p. 29 and fig. 42, p. 31.

27 Iliad 13.324-325.

28 Iliad 7.211.

29 Van den Hout, "Apology of Hattušilisi III ," in Hallo, ed., Context of Scripture vol. 1: 201.

30 A. Kirk Grayson, "Tukulti-Ninurta Ⅰ," in *Assyrian Rulers of the Third and Second Millennia BC (to 1115 BC)*. The Royal Inscriptions of Mesopotamia, Assyrian Periods/Volume 1.(Toronto: University of Toronto Press, 1987),1.v, 2-22, p. 238.

31 支持意见参见 D. F. Easton, J. D. Hawkins, A. G. Sherratt and E. S. Sherratt, "Troy in Recent Perspective," *Anatolian Studies* 52(2002): 91-93; 反对意见参见 D. Hertel and Frank Kolb, "Troy in Clearer Perspective," *Anatolian Studies* 53(2003):77-81。

32 Lichtheim, "The Kadesh Battle Inscriptions of Rameses Ⅱ : The Poem," in *Ancient Egyptian Literature*, vol 2: 70.

第五章　肮脏战争

1 Wilson, "Texts from the Tomb of General Hor-em-Heb," in Pritchard, *Ancient Near Eastern Texts*, 251.

2 *Odyssey* 11.469-470.

3 *Iliad* 21.108.

4 *Iliad* 18.105-106.

5 *Iliad* 9.328-329.

6 Kemal Balkan, *Letter of King Anum-Hirbi of Mama to King Warshama of Kanish*(Ankara: Türk Tarih Kurumu Basimevi, 1957), 16; Houwink ten Cate, "Annals of Hattusilis Ⅰ ," 69-70.

7 Bryce, *Kingdom of the Hittites*, 368, 369.

8 Wilson, "The Asiatic Campaigns of Thut-Mose Ⅲ , The Battle of Megiddo," and "Subsequent Campaigns," in Pritchard, *Ancient Near Eastern Texts*, 234-241 passim; Heimpel, *Letters to the King of Mari*, 27 112, p. 449; Hoffner, "Deeds of Šupiluliuma," in Hallo, ed., *Context of Scripture*, vol. 1: 185-192 passim; cf. Bryce, *Life and Society*, 104-107.

9 Beckman, "Indictment of Madduwatta," in *Hittite Diplomatic Texts*, 27 §19, p. 158.

10 *Iliad* 15.546-551.

11 Pausanias 2.16.5, 25.8.

12 *Iliad* 9.327.

13 Wilson, "The Asiatic Campaigns of Thut-Mose Ⅲ, The Battle of Megiddo," and "Subsequent Campaigns," in Pritchard, *Ancient Near Eastern Texts*, 234–241 passim; Hoffner, "Deeds of Šupiluliuma," in Hallo, ed., *Context of Scripture*, vol. 1: 185–192 passim; cf. Bryce, *Life and Society*, 104–107.

14 Ventris & Chadwick, *Documents in Mycenaean Greek*, PY 16, p. 161; cf. pp. 156, 579.

15 *Iliad* 9.326.

16 大量储物罐 "沉睡" 在特洛伊Ⅵi的一个房子的地板下（深达6英尺半），这说明特洛伊战争期间曾有大量难民涌入特洛伊，但房子可追溯到的时期并非特洛伊城Ⅵi晚期，而是早期，因此这说明这些罐子不是特洛伊战争期间的东西，而是属于约公元前1300年大地震后重建的特洛伊城。见P.A. Mountjoy, "Troy Ⅶ Reconsidered," *Studia Troica* 9 (1999), 296–297。

17 *Iliad* 22.155–156.

18 D. Pardee, "The Kirta Epic," in Hallo, ed., *Context of Scripture* vol.1: 334–335.

19 Pseudo-Apollodorus, *Epitome*, 3.33.

20 20世纪30年代的发掘可将毁坏追溯到约公元前1250年，但是最近对特洛伊陶器时间的再测定支持一个较晚的时间——符合特洛伊战争的发生时间。

21 Hoffner, "The Hittite Conquest of Cyprus: Two Inscriptions of Suppiluliuma Ⅱ," in Hallo, *Context of Scripture*, vol. 1: 192–193.

22 see the illustrations of Rameses Ⅲ's relief at Medinet Habu in Yadin, *Art of Warfare*, vol. 2: 250–252, 340–341.

23 *Iliad* 1.366.

24 *Iliad* 6.416.

25 *Iliad* 1.367.

26 *Iliad* 1.153.

27 *Iliad* 9.186–188.

28 *Iliad* 6.428.

29 *Iliad* 1.366–369, scholion on 1.366; see Kirk, *The Iliad: A Commentary*, vol.

1: 91.

30 *Iliad* 20.92-93.

31 图片见 Cooper, *Curse of Agade*, 1.159, p. 59。

32 青铜时代的安纳托利亚用"落到"表示"进攻",例如,Balkan, *Letter of King Anum-Hirbi*, 1.20, p. 8, comm. p. 14。

33 Compare Moran, *Amarna Letters*, EA 296, ll. 17-22, p. 338.

34 就是著名的金制环形角状杯(Silver Siege Rhyton),发现于 4 号竖井墓。

35 Wilson, "The War Against the Hyksos (continued)," in Pritchard, *Ancient Near Eastern Texts*, 554.

36 例如,Diodorus Siculus 13.14.5; cf. Aeneas Tacticus, *Siegecraft*, 40.4-5。

37 *Iliad* 19.295-297.

38 Amelie Kuhrt, *The Ancient Near East: c.3000-330 BC*, vol. 1 (London: Routledge, 1995), 242.

39 Wilson, "Campaigns of Seti I in Asia," in Pritchard, *Ancient Near Eastern Texts*, 254-255.

40 Andrea Gnirs, "Military: An Overview," in D.B. Redford, ed., *Oxford Encyclopedia of Ancient Egypt II* (New York: Oxford University Press, 2001), 401.

41 Grayson, "Shalmaneser I," in *Assyrian Rulers*, vol. 1: 1.56-87, p. 184.

42 *Iliad* 21.101-102.

43 *Iliad* 21.34-53, 23.740-747.

44 见 Bryce, *Kingdom of the Hittites*, 209-211; Akurgal, *Hattian and Hittite Civilizations*, 82-83; Hawkins, "Tarkasnawa," 24。

45 *Iliad* 2.119-122.

第六章　陷入困境

1 见 the letter to the King of Mari from one Bahdi-Addu in ARM 2 118 in Oppenheim, *Letters from Mesopotamia*, 106。

2 特洛伊附近最有可能用作此用途的树木是松树、月桂、杜松、石楠和干柳。动物粪便也可以用作引火物。

3　Balkan, *Letter of King Anum-Hirbi*, 8, p.16.

4　*Iliad* 22.31.

5　例如，Richard H. Beal, "Assuring the Saftey of the King During the Winter (KUB 5.4 + KUB 18.53 and KUB 5.3 + KUB 18.52)," in Hallo, ed., *Context of Scripture* vol. 1,1.79, § ii. 1–4, p. 210。

6　Maciej Popko, *Religions of Asia Minor*, Trans. by Iwona Zych(Warsaw: Academic Publications Dialog, 1995), 93.

7　*Iliad* 15.55.

8　*CTH* 7, obv. 10–18, in Gary Beckman, "The Siege of Uršu Text (CTH 7) and Old Hittite Historiography," *Journal of Cuneiform Studies* 47 (1995): 25.

9　即 "礼物," *Iliad* 1.123。

10　即 "阿开奥斯人中最英勇的," 如 *Iliad* 1.244.

11　*Iliad* 1.473.

12　Shelmerdine, "Review of Aegean Prehistory VI," 577–80 = 369–372.

13　Robin Hägg, "State and Religion in Mycenaean Greece," in R. Laffineur and W. D. Niemeier eds., *Politeia: Society and State in the Aegean Bronze Age*, in *Aegaeum* 12, Liège, 1995: 388.

14　Monika Schuol, *Hethitische Kultmusik: Eine Untersuchung der InStrumental- und Vokalmusik anhand hetitischer Ritualtexxte und von archaeologlogischen Zeugnissen*, Deutsches Archaeologisches Institut Orient-Abteilung, Orient-Archaeologie, Band 14 (Rahden/Westfalen, Germany: Verlag Marie Leidorf, 2004), 60.

15　E. A. Speiser, "The Epic of Gilgamesh," in Pritchard, *Ancient Near Eastern Texts* 87; cf. M. L. West, *The East Face of Helicon* (Oxford: Clarendon Press, 1997), 231–232.

16　"The Song of Hedammu" 和 "The Song of Ulikummi", in Hoffner, *Hittite Myths*, 51–52, 60。

17　Pardee, "Kirta Epic," in Hallo, ed., *Context of Scripture* vol. 1: 333.

18　Lichtheim, "The Report of Wenamun," in *Ancient Egyptian Literature* vol. 2: 229.

19　Kuhrt, *Ancient Near East*, vol. 1: 238.

20　Grayson, "Tukulti-Ninurta I," in *Assyrian Rulers*, vol. 1: 1.1, 1–20, p. 233.

240

21 Moran, *Amarna Letters*, EA 147, p. 233.

22 Oppenheim, "The Court of the Kassite Kings[BE 17 24]," in *Letters from Mesopotamia*, 116−117.

23 如 *Iliad* 21.265。

24 Ventris & Chadwick, *Documents in Mycenaean Greek*, 183−194.

25 *Iliad* 16.211−218.

26 Cooper, *Curse of Agade*, l. 86, p. 55.

27 Hoffner, "Apology of Hattušili Ⅲ," in Hallo, ed., *Context of Scripture* vol. 1 (1997): 200.

28 A. J. Spalinger, *War in Ancient Egypt: The New Kingdom* (Oxford: Blackwell Publishing, 2005), 239.

29 Hdt. 7.12−19.

30 *Iliad* 2.135.

31 Shlomo Izre' el and Itamar Singer, *The General' s Letter from Ugarit*, A Linguistic and Historical Reevaluation of RS 20.33 *Ugaritica* V, No. 20. (Tel Aviv: Tel Aviv University, 1990), 25.

32 *Iliad* 2.141−142.

33 Grayson, "Tukulti-Ninurta Ⅰ," in *Assyrian Rulers*, vol. 1: l.i 21−36, p. 234.

34 *Iliad* 2.205−206.

35 Sasson, *Military Establishments at Mari*, 41.

36 *Iliad* 2.232−238.

37 例如，见 Heimpel, *Letters to the King of Mari*, 62−63。

38 *Iliad* 9.71−72.

39 *Odyssey* 19.246.

40 *Iliad* 10.152.

41 *Iliad* 10.132.

42 *Iliad* 23.118−119.

43 cf. *Odyssey* 17.296−299.

44 *Iliad* 19.25.

45 cf. *Odyssey* 18.369−370.

46 *Iliad* 12.211−214.

47 *Odyssey* 24.398.

48 *Iliad* 10.32-33.

49 *Iliad* 2.183-184.

50 *Iliad* 8.526-527.

51 *Iliad* 2.248-251.

52 H. A. Hoffner, "Daily Life among the Hittites," in Richard E. Averback, Mark W. Chavalas, David B. Weisberg, *Life and Culture in the Ancient Near East* (Bethesda, Md.: CDL Press, 2003), 112.

53 *Iliad* 2.354-356.

54 *Iliad* 2.362.

55 Hoffner, "Deeds of Šupiluliuma," in Hallo, ed., *Context of Scripture*, vol. 1: 190, cf. Bryce, *Kingdom of the Hittites*, 192.

56 *Iliad* 2.480-481.

第七章　杀戮场

1 Monika Schuol, *Hethitische Kultmusik*, 207-208.

2 Calvert Watkins, "A Latin-Hittite Etymology," *Language* 45 (1969): 240-241.

3 Yadin, *The Art of Warfare in Biblical Lands* vol 1: 8.

4 Yadin, *The Art of Warfare in Biblical Lands* vol. 1: 7-8.

5 James K. Hoffmeier, "Military: Materiel," Donald B. Redford, ed. in chief, *Oxford Encyclopedia of Ancient Egypt* (New York: Oxford University Press, 2001) , vol. II : 406-412, 410.

6 *Iliad* 3.39.

7 André Parrot and Georges Dossin, eds., *Archives royales de Mari*, vol. 1 (Paris: Impr. Nationale, 1955), 69.

8 关于哈图西里什三世 (前 1267- 前 1237)，见 Van den Hout, "Apology of Hattus ˇ ili III ," in Hallo, ed., *Context of Scripture*, vol. 1, 201; Harry Hoffner, "A Hittite Analogue to the David and Goliath Contest of Champions?" *Catholic Biblical Quarterly* 30 (1968): 220-225。另一位参与勇士之战的国王可能是美索不达米亚的伊什麦 - 达干，尽管他带领军队前往的可能是一场敌人首领已经阵亡的战斗，

242

Parrot and Dossin, eds., *Archives royales de Mari*, 69。

9　Richard H. Beal, *The Organisation of the Hittite Military* (Heidelberg: Carl Winter Universitaetsverlag, 1992)，509-513.

10　Beckman, "Indictment of Madduwatta," in *Hittite Diplomatic Texts*, 27 § 12, p. 156.

11　各种例子见 Grayson, *Assyrian Rulers*, vol 1 (1987)，206; Van den Hout, "Apology of Hattušili Ⅲ ," in Hallo, ed., *Context of Scripture*, vol. 1: 200-201; Lichtheim, "The Kadesh Battle Inscriptions of Rameses Ⅱ , The Poem," in *Ancient Egyptian Literature*, vol 2: 66; cf. West, *East Face of Helicon*, 209.

12　可以确定的是，青铜武器虽为大多数，但赫梯已产出了铁的匕首、小刀、斧子、长矛和枪头，因此也很有可能有铁制箭头。见 J. O. Muhly, R. Maddin, T. Stech, and E. Özgen, "Iron in Anatolia and the Nature of the Hittite Iron Industry," *Anatolian Studies* 35 (1985): 67-84。

13　Scholion on *Iliad* 4.218-219.

14　Ventris & Chadwick, *Documents in Mycenaean Greek*, e.g. KN 206, p. 310; cf. Tzedakis and Martlew, general eds., *Minoans and Mycenaeans*, 266.

15　*Iliad* 2.385-390.

16　Grayson, "Tukulti-Ninurta Ⅰ ," in *Assyrian Rulers*, vol. 1: 5. 23-47, p. 244; 18.1-28, p. 266; 20.1-10, p. 268; 23.27-55, p. 272.

17　如 *Iliad* 3.31, 4.354。

18　如 *Iliad* 5.536。

19　Singer, "Tudhaliya's Prayer to the Sun-goddess of Arinna for Military Success (CTH 385.9)," in *Hittite Prayers*, 108.

20　*Iliad* 22.2.

21　例如，参见古巴比伦诗歌，Joan Goodnick Westenholz, "Sargon, the Conquering Hero," in *Legends of the Kings of Akkade: The Texts* (Winona Lake, Indiana: Eisenbrauns, 1997), 63, 65, 69。

22　*Iliad* 4.512-513.

23　*Iliad* 7.327-330.

24　*Iliad* 7.400-403.

1　有许多例子，其中关于青铜时代美索不达米亚、安纳托利亚和埃及，见 Kitchen, "First Beth Shean Stela, Year 1," "Second Beth-Shan Stela, [Year Lost]"; Frayne, "Iahdun-Lim," in Hallo, ed., *Context of Scripture*, vol. 2: 25, 28, 260; Hawkins, "Tarkasnawa King of Mira," 4–10 (the Karabel Relief)。

2　Beal, "Ten Year Annals," Year 3, in Hallo, ed., *Context of Scripture*, vol. 2: 85.

3　Benjamin R. Foster, "IV. Adad (a) Against Thunder," in *Before the Muses: An Anthology of Akkadian Literature* vol. II : *Mature, Late*, 2nd ed. (Bethesda, Md.: CDL Press, 1996), 540–541.

4　Moran, *The Amarna Letters* EA 76, p. 146.

5　Grayson, "Ashur-Uballit I ," in *Assyrian Royal Inscriptions* vol. 1:15*.325, p. 50.

6　Collins, "The First Soldiers' Oath," in Hallo, ed., *Context of Scripture*, 166.

7　*Iliad* 8.163.

8　*Iliad* 8.173–174.

9　Grayson, "Tukulti-Ninurta I ," in *Assyrian Rulers*, vol. 11: 1.vi 2–22, p.238.

10　Beckman, "Edict of Suppiluliuma I of Hatti Concerning the Tribute of Ugarit," in *Hittite Diplomatic Texts*, 166–168.

11　Sasson, *Military Establishments at Mari*, 42.

12　其他例子可见 Beckman, "Treaty Between Suppiluliuma I of Hatti and Huqqana of Hayasa," in *Hittite Diplomatic Texts*, 27 和 Moran, *Amarna Letters* EA 314, lines 11–16, p. 347。

13　*Iliad* 4.371; 8.378, 555; 11.160; 20.427.

14　Moran, *Amarna Letters*, EA 55, lines 10–15, p. 127; EA 324, lines 10–15, p. 352.

15　Heimpel, *Letters to the King of Mari*, 26 168, p. 239.

16　*Iliad* 9.78.

17　Beal, *Organization of the Hittite Military*, 251–260.

18　这一表述见 Moran, *Amarna Letters*, EA 89, lines 39–47, p. 162。

19　*Iliad* 10.173.

20　Heimpel, *Letters to the King of Mari*, s.v. "informer," 585; S. Dalley, *Mari and Karana, Two Old Babylonian Cities* (New York: Longman, 1984),150. Cf. Gabriel Lemkin, *My Just War, The Memoir of a Jewish Red Army Soldier in World War Ⅱ* .(Novato, Calif.: Presidio, 1998), 154.

21 Dalley, *Mari and Karana*, 161; Moran, *Amarna Letters*, EA 16, 9-12, pp. 39, 40 n.3.

22 Richard Holmes, ed., *Oxford Companion to Military History* (Oxford: Oxford University Press, 2001), 383-386.

23 Robert Taber, *The War of the Flea: The Classic Study of Guerrilla Warfare* (Dulles, Va.: Brassey's, 2002).

24 Sasson, *Military Establishments at Mari*, 39-42.

25 Albrecht Goetze, "The Middle Assyrian Laws," in Pritchard, *Ancient Near Eastern Texts*,188-197.

26 S. N. Kramer, "Lipit-Ishtar Lawcode," in Pritchard, *Ancient Near Eastern Texts*, 160.

27 Dalley, *Mari and Karana*, 150.

28 Lichtheim, "The Autobiography of Weni," in *Ancient Egyptian Literature, A Book of Readings,* vol. 1,*The Old Kingdom and Middle Kingdoms* (Berkeley: University of California Press,1973), 20.

29 Dalley, *Mari and Karana*, 150.

30 Moran, *Amarna Letters*, EA 81, lines 14-24, p. 150.

31 Lichtheim, "The Two Brothers," in *Ancient Egyptian Literature*, vol. Ⅱ : *The New Kingdom*, 205.

32 Grayson, "Shalmaneser Ⅰ ," in *Assyrian Rulers*, vol. 1: 22, pp. 210-211.

33 Sylvie Lackenbacher, *Textes Akkadiens d'Ugarit: Textes provenants des vingt-cinq premières campagnes*(Paris: Les Éditions du Cerf, 2002), RS 17.341=PRU Ⅳ, 161s. et pl. L, pp.143-44.

34 Lichtheim, "The Instruction Addressed to King Merikare," in *Ancient Egyptian Literature*, vol. Ⅰ ,*The Old and Middle Kingdoms*,103-104.

35 Sasson, *Military Establishments at Mari*, 18; Heimpel, *Letters to the King of Mari*, 26 156, p. 236; Beal, *Organization of the Hittite Military*, 260-263.

36 Beal, *Organization of the Hittite Military*, 266-268.

37 Dina Katz, "Gilgamesh and Akka," in Hallo, ed., *Context of Scripture*, vol. 1: 551.

38 Grayson, "Tukulti-Ninurta Ⅰ ," in *Assyrian Rulers*, vol. 1: 1.iii 8–11, p. 235.

39 Robert Drews, *The End of the Bronze Age: Changes in Warfare and the Catastrophe c. 1200 BC.* (Princeton: Princeton University Press, 1993), plate 2, pp. 140–141.

40 Piotr Michalowski, *The Lamentation over the Destruction of Sumer and Ur*(Winona Lake, Indiana: Eisenbrauns, 1989), ll. 390–391, p. 61

41 Moran, *Amarna Letters*, EA 125, ll. 14–24, 25–32, pp. 204–205.

42 Moran, *Amarna Letters*, EA 85, ll. 6–15, p. 156.

43 Moran, *Amarna Letters*, EA 29, lines 16–27, p. 93.

44 *Iliad* 6.444–446.

第九章　赫克托尔的进攻

1 *Iliad* 6.493–494.

2 Barber, *Prehistoric Textiles*, 372–373.

3 Grayson, " Shalmaneser Ⅰ ," in *Assyrian Rulers*, vol. 1: 1.88–106, p. 184.

4 Heimpel, *Letters to the King of Mari*, 26 379, p. 329.

5 如 Heimpel, *Letters to the King of Mari*, 26 170, p. 240.

6 Heimpel, *Letters to the King of Mari*, 26 221–bis, p. 263.

7 *Iliad* 13.126–131, 133–135.

8 *Iliad* 13.746–747.

9 *Iliad* 15.321–326.

10 Grayson, "Shalmaneser Ⅰ ," in *Assyrian Rulers*, vol. 1: 1.56–87, p. 184.

11 Beckman, "Treaty between Tudhaliya Ⅰ of Hatti and Sunashshura of Kizzuwatna," in *Hittite Diplomatic Texts*, 19.

12 *Iliad* 15.718.

13 *Iliad* 15.719–721.

14 *Iliad* 16.458, cf. Richard Janko, *The Iliad: A Commentary* volume Ⅳ :on books 13–16 (Cambridge: Cambridge University Press, 1992), 377. 西洛哥风（Sirocco, 古希腊称 Notos 或 Lips）有时会从撒哈拉沙漠带来大量沙尘，降下红色的雨水。见 J. B. Thornes and John Wainwright, *Environmental Issues in the Mediterranean* (New York: Routledge, 2002), 80; cf. Jamie Morton, *The Role of the Physical*

Environment in Ancient Greek Seafaring (Leiden: Brill, 2001), 50–51。

15 *Iliad* 11.14–15.

16 Foster, "To Nergal (a) Nergal the Warrior," in *Before the Muses*, vol. 2: 612.

17 *Iliad* 11.796–800.

18 *Iliad* 16.269–274.

19 Izre'el and Singer, *General's Letter from Ugarit*, 27, 在第 49~50 页有一段讨论，就是针对这里原文难懂的阿卡德语译文。

20 Moran,*Amarna Letters*, EA 147, lines 9–15, p. 233; Wilson, "The Egyptians and the Gods of Asia," in Pritchard, *Ancient Near Eastern Texts*, 249.

21 *Iliad* 18.282–283.

22 采用 Aristophanes, *Peace*, 269, 282 中的比喻。

23 *Iliad* 18.104.

24 *Iliad* 18.120–121.

25 Luce, *Celebrating Homer's Landscapes*, 103.

第十章　阿基琉斯之踵

1 例子见：Billie Jean Collins, "The 'Ritual Between the Pieces,'" in Hallo, ed., *Context of Scripture*, vol. 1: 160–161。关于这一仪式有不止一个例子：Collins, "The Puppy in Hittite Ritual," *Journal of Cuneiform Studies* 42 (1990): 211–226; Wilson, "The Egyptians and the Gods of Asia," in Pritchard, *Ancient Near Eastern Texts*, 248。

2 如 Moran, *Amarna Letters*, EA 64, p. 135; EA 151, p. 238; EA 314, p. 377。

3 Houwink ten Cate, "Annals of Hattusilis I ," 66–67.

4 *Iliad* 3.189, 6.186.

5 http://www.womensmemorial.org/PDFs/StatsonWIM.pdf.

6 *CTH* 7, rev. 31–32, Beckman, "The Siege of Uršu Texts(CTH) and Old Hittite Historiography," *Journal of Cuneiform Studies* 47(1995): 27, comm. 31.

7 Kuhrt, *Ancient Near East* vol. 1: 250–252, citing EA 31–32.

8 Bryce, *Kingdom of the Hittites*, 308–309.

9 *Odyssey* 11.488–491.

10 *Odyssey* 11.547.

11 *Little Iliad* frag. 3.

12 *Odyssey* 4.122.

13 c *Odyssey* 11.519-521, *Little Iliad* frags. 6-7.

14 图像见于 O. Tashin, *Die Hethiter und ihr Reich: das Volk der 1000 Götter* (Stuttgart: Theiss, 2002), 227-231, 344-347。

15 Ekrem Akurgal, *The Art of the Hittites* ,photographs by Max Hirmer, trans. Constance McNab (New York: H.N. Abrams, 1962) , 108-110.

16 见 "medicine bundle" , in Arlene Hirschfelder and Paulette Molin, *The Encyclopedia of Native American Religions, An Introduction* (New York: Facts on File, 1992), 176。

17 Houwink ten Cate, "Annals of Hattusilis Ⅰ ," 70.

18 见 "evocatio" , *Oxford Classical Dictionary* 3rd edn., 580。

19 Houwink ten Cate, "Annals of Hattusilis Ⅰ ," 73.

第十一章　特洛伊木马之夜

1 *Odyssey* 4.708。

2 Beal, "Le Strutture Militari Ittite di Attaco e di Difesa," in M. C. Guidotti and Franca Pecchioli Daddi, eds., *La Battaglia di Qadesh* (Livorno, Sillabe: 2000), 111, 114-115.

3 Heimpel, *Letters to the King of Mari*, xxii-xxiii, 67-69; 14 104, pp. 496-497.

4 Hdt. 6.115.

5 Appian, *Foreign Wars* 6.32-33; Plutarch, *Fabius Maximus* 21-22.

6 见 John Coates, "Power and Speed of Oared Ships," in Christopher Westerdahl, ed., *Crossroads in Ancient Shipbuilding. Proceedings: of the Sixth International Symposium on Boat and Ship Archaeology Roskilde 1991*, ISBSA 6 (Oxford: Oxbow Books, 1994), 249-256。

7 公元前 18 世纪，美索不达米亚城市卡阿特（Kahat）被阿塔亚（Attaya）军队在夜间攻陷。Heimpel, *Letters to the King of Mari*, 26 317, p. 299. 关于赫梯的夜间行军，见 Beal, "Le Strutture Militari Ittite," 112; Houwink ten Cate, "Annals

of Hattusilis I ," 68。

8 关于古今步兵行军速度，见 http://carlisle.www.army.mil/usamhi/bibliographies/
referencebibliographies/marching/rates.doc。

9 Dionysius of Halicarnassus, *Antiquitates Romanae* 1.63.1.

10 Piotr Michalowski, *The Lamentation over the Destruction of Sumer and Ur*
(Winona Lake, Indiana: Eisenbrauns, 1989), lines 297-299, p. 55.

11 Ventris & Chadwick, *Documents in Mycenaean Greek*, 123; KN 47, p. 179;
PY 51, p. 182; PY 189, p. 298.

12 Moran, *Amarna Letters*, ll. 29-42,EA 8, p. 19; n. 10, p. 20.

13 例如，见 Dalley, *Mari and Karana*, 153; Moran, *Amarna Letters*, EA 16, p. 39。

14 Manfred Korfmann, et al., *Traum und Wirklichkeit: Troia*(Stuttgart: Theiss Verlag ,
2001), 402.

15 *Iliad* 13.460-461.

16 引自 Van den Hout, "Bellum Iustum," 27。

17 Cooper, *Lagash-Umma Border Conflict*, 40, 48, 52.

尾 声

1 *Iliad* 20.306-308.

2 如 Royal Standard of Ur War Panel; Relief in the tomb of Anta, Deshashe,
Upper Egypt, Late Vth Dynasty, each depicted in Yadin, *Art of Warfare*, vol. 1:
132-133, 146;and Relief at Medinet Habu, XX th Dynasty, Rameses Ⅲ (1192-
1160 B.C.), depicted in Yadin, *Art of Warfare*, vol. 2: 342-343。

3 *Sack of Troy*, fragment 4.

4 Singer, "Hattusili' s Exculpation to the Sun-goddess of Arinna," in *Hittite
Prayers*, 99.

/ 参考文献

无人尽知特洛伊战争，比如荷马笔下的船舶总数、特洛伊考古、迈锡尼文明、青铜时代的战争，更不用说安纳托利亚和古代近东，它们本身就很令人兴奋。此部分只列出了本书所采用的主要学术成果，多为英语学术研究和近 20 年出版的作品。

特洛伊战争

在最近的一些重要导读中，最为重要的当属 Joachim Latacz, *Troy and Homer*: *Towards a Solution of an Old Mystery*, translated by Kevin Windle and Rosh Ireland (Oxford: Oxford University Press, 2004)。近年来考古学取得进展，对赫梯帝国和荷马的研究也有进步，此时在这样的大背景下这部作品的出现，让人不禁对特洛伊战争重新思考。但这对于非相关学者来说并非易事。一些相同课题上的研究进行得十分顺利，尽管提供的细节仍非常少，如这部优秀作品，Carol G. Thomas and Craig Conant, *The Trojan War*, Greenwood Guides to Historic Events of the Ancient World (Westport, Conn.: Greenwood Press, 2005)。这些研究成果还包括许多一次文献。介绍青铜时代晚期历史背景的优秀入门作品，见 Trevor Bryce, *The Trojans and Their Neighbours* (London: Routledge, 2006)，文中有些地方可能存在争议。Michael Wood 的 *In Search of the Trojan War* 的最新版本（Berkeley: University of California Press,1996），仔细研究了从荷马到现代考古学再到赫梯的相关议题。另一个容易查找到的相关概论篇幅较短，即 N. Fields 的 *Troy c.1700-1250 BC*（Osceola,

Fla.: Osprey Direct, 2004）。许多非常有含金量的文章，见 Ian Morris and Barry Powell,eds., *A New Companion to Homer* (Leiden: Brill, 1997)。Bettany Hughes, *Helen of Troy, Goddess, Princess, Whore* (London: Jonathan Cape, 2005) 一书中提供了许多更有裨益的介绍性材料。Recorded Books/Modern Scholar(2006)中收有考古学家和历史学家克莱恩（Eric Cline）的一系列讲座记录 "Archaeology and the Iliad: Did the Trojan War Take Place?"

读者很快会发现特洛伊战争不仅是一场有史料记载的战争，而且是因对史料的不同解读其面貌也会不断变化的战争。基于 1984 年 10 月在布林莫尔学院举行的一场研讨会 (Bryn Mawr, Pa.: Bryn Mawr College, 1986) 和 *Classical World* 91.5 (1998) 的一期特刊，Machteld J. Mellink 编辑的 *Troy and the Trojan War* 介绍了一系列相关学者的看法。2006 年底韦纳（Malcolm H. Wiener） 在 "Homer and History: Old Questions, New Evidence" 一文中对这种百家争鸣的状况做了一个总结，在即将出版的一期 *Aegeaum* 中发表，同期发表的还有主题为 "EPOS: Reconsidering Greek Epic and Aegean Bronze Age Archaeology" 的第 11 届国际 Aegeaum 大会上的论文。

19 世纪现代历史研究兴起以来，特洛伊研究中主要存在两大流派。实证论派认为特洛伊战争确有其事，而这在还原历史真相上是一个关键核心，某种程度上也是荷马史诗研究的要点。怀疑论派认为荷马史诗的真实性和神话故事无异。海因里希·施里曼的发现使得实证论派大放异彩并活跃在整个 20 世纪中期。这场论战所举的对于确定特洛伊战争真实存在的重要实例和荷马对于青铜时代风貌的描述，见 T. B. L. Webster, *From Mycenae to*

Homer 2nd edn. (New York: Norton, 1964, first edn., 1958); D. L. Page, *History and the Homeric Iliad* (Berkeley, Cal.: University of California Press, 1959); J. V. Luce, *Homer and the Heroic Age* (New York: Harper & Row, 1975)。

在第二次世界大战后的数十年里怀疑论派占上风。20 世纪 30 年代的考古发现表明特洛伊可能只是一处毫不起眼的小地方——而非《伊利亚特》中那个伟大的城市。语言学家和铭文学研究者一直在本该确定真实性的荷马史诗文本中寻找蛛丝马迹。最终第二次世界大战的苦果让英雄史诗沦为明日黄花，比如特洛伊战争。

在英语世界，最为杰出的战后怀疑论学者是芬利（M. I. Finley），他认为荷马史诗中描写更多的是黑铁时代早期而非青铜时代，见 M. I. Finley, *World of Odysseus* rev. edn. (New York: Viking Press, 1978); M. I. Finley, J. L. Caskey, G. S. Kirk and D. L. Page, "The Trojan War" *Journal of Hellenic Studies* 84 (1964): 1-20，或者 "Lost: the Trojan War" *Aspects of Antiquity: Discoveries and Controversies* (London: Penguin, 1991) 中的一文；还可见 J. K. Davies and L. Foxhall, eds., *The Trojan War: Its Historicity and the Context – Papers of the First Greenback Colloquium* (Liverpool: Bristol Classical Press, 1981) 中的一些论文和几位编者所作结语。最近怀疑论派为否认荷马史诗背景为青铜时代又举了更多例子，如 Ian Morris and Barry Powell, eds., *A New Companion to Homer* (Leiden: Brill, 1997); Ian Morris, "The Use and Abuse of Homer," *Classical Antiquity* 6 (1986): 81-138。根据新证据做出的新评估，见 Ian Morris, "Troy and Homer," Version 1.0, November 2005, Princeton/ Stanford Working

Papers in Classics, http://www.princeton.edu/~pswpc/pdfs/ morris/120506.pdf.（关于怀疑论派所说的特洛伊考古新发现，见下文。）

现在情况又发生了逆转。十年前卓越的实证论派学者包括：Latacz，著有 *Troy and Homer*；Bryce，著有 *Trojans and Their Neighbours*；研究爱琴－青铜时代（Aegean-Bronze Age）的学者 Ione M. Shear，著有 *Tales of Heroes: The Origins of the Homeric Texts* (New York:Aristide D. Caratzas, 2000)。G. S. Kirk 为实证论派提供了简明有力的例子，见 "History and Fiction in the Iliad"，in *The Iliad: A Commentary*, Vol. 2, Books 5-8 (Cambridge, England: Cambridge University Press, 1900), pp.36-50。休斯（Hughs）对于海伦做了深入而又生动的研究，认为她应该是一个生活在青铜时代的真实女性，见 *Helen of Troy*。早在我之前，她就已认为海伦并非完全处于被动地位，并对青铜时代国家间关系下的人性做出结论。

20 年前的两场革命极大地影响了特洛伊战争研究，一场发生在考古学，另一场发生在铭文学（研究铭文）。自 1988 年以来特洛伊的新发掘成果和其带来的争论见下文，概述见 W. D. Niemeier, "Greeks vs. Hittites: Why Troy is Troy and the Trojan War is Real," *Archaeology Odyssey* **V** No.4 (2002): 24-35。最新的赫梯文字研究证明特洛伊（伊利昂）很可能就是赫梯人口中的维鲁萨；荷马称作阿开奥斯人、我们称之为迈锡尼人或青铜时代希腊人的这批人，很可能是赫梯文献中的阿希亚瓦人；阿开奥斯很可能认为他们与赫梯人势均力敌；他们很可能从希腊本土扩张到爱琴海南部诸岛如克里特岛和罗德岛，再到大陆上的安纳托利亚；同时他们还可能对远至塞浦路斯和黎巴嫩的船只进行海盗突袭。关于赫梯象形文字的这些最新发现，见 霍金斯（J. D. Hawkins）在 A. Çilingiroğlu and D. French, eds., *Anatolian Iron Ages* 3 (London: British Institute of Archaeology at Ankara, 1994), 91–94 的 "The End of the Bronze Age in Anatolia. New Light from Recent Discoveries" 一文和 "Tarkasnawa King of Mira," *Anatolian Studies* 48 (1998): 1–31, Michael Siebler, "In Theben ging's los," *Frankfurter Allgemeine Zeitung* (August 12, 2003):31, http://www.faz.net/s/RubF7538E27 3FAA4006925CC36BB8AFE338/Doc~EC6CFECB6D44B43 44B70010A6675AF6A3~ATpl~Ecommon~Scontent.html, 以 及 F. Starke, "Ein Keilschrift-Brief des Konigs von Theben/ Ahhijawa(Griechenland) an den Konig des Hethitischen Reiches aus dem 13. Jh. V. Chr," *Handout*, August 2003。考古学新发现显示，青铜时代晚期希腊曾在安纳托利亚的爱琴海岸处殖民米利都城，见 W. D. Niemeier, "Miletus in the Bronze Age: Bridge between the Aegean and Anatolia," *Bulletin of the Institute of Classical Studies* 46 (2002–03): 225–227。

实证论派又分为几大类。一些人认为特洛伊战争发生在公元前1300年前后（特洛伊Ⅵh末期），其他人认为发生在公元前1210~前1180年（特洛伊Ⅶa，亦即过去的特洛伊Ⅵi末期）。本书认同后者观点，希尔在《英雄的神话》(*Tales of Heroes*)一书中也持同样观点。认为特洛伊战争发生在公元前1300年前后的包括 Michael Wood and D. F. Easton, "*Has the Trojan War Been Found?*" (1985)。其他人认为荷马史诗反映了希腊一段真正的历史记忆，但否认特洛伊战争的存在，认为荷马是将安纳托利亚大陆上几个世纪的战争全部浓缩到这一场冲突中。荷马史诗是各种事件的一个大杂烩，这些事件大部分历史上确实存在，但并非发生在同一时间或地点。现在的特洛伊考古学家更倾向于这种看法。韦尔默勒（Emily Vermeule）和莫里斯（Sarah P. Morris）将荷马史诗中的核心事件的发生时间追溯至迈锡尼时代早期，见 E. D. T. Vermeule, "Priam's Castle Blazing-A Thousand Years of Trojan Memories," *Troy and the Trojan War* (Cambridge: Harvard University, 1986): 77-92，以及 Sarah Morris, "A Tale of Two Cities: the Miniature Frescoes from Thera and the Origins of Greek Poetry," *American Journal of Archaeology* 93.4 (October, 1989): 511-535。

本书认为特洛伊战争是在恐惧、荣耀及利己主义的共同作用下发生。修昔底德认为的构成国家关系的三个动机。当然也不乏其他理论。以其中一类为例，这是希腊和安纳托利亚诸国（包括特洛伊）之间因为争夺经济利益而引发的一场战争，见 E. H. Cline, *Sailing the Wine-Dark Sea: International Trade and the Late Bronze Age Aegean* (Oxford: Tempus Reparatum, 1994); Christopher Mee, "Aegean Trade and Settlement in Anatolia in the Second Millennium B.C.," *Anatolian Studies* 28 (1978): 122-155; Christopher Mee, "Anatolia and the Aegean in the Late Bronze Age," in Eric H. Cline and Diane Harris-Cline, eds., *The Aegean and the Orient in the Second Millennium B.C.*, Proceedings of the Fiftieth Anniversary Symposium, Cincinnati 18-20 April 1997, *Aegaeum* 18 (1998): 137-148; T. R. Bryce, "The Nature of Mycenaean

Involvement in Western Anatolia," *Historia* 38 (1989): 1-21。

特洛伊战争不只是一场战争，更是一种文化符号。电影、小说、时尚还有时下热点都极大地影响了对这场战争的认知，甚至专家学者也无法免受影响。塔奇曼（Barbara Tuchman）从越南战争的角度来解读荷马史诗，见 Barbara, Tuchman, *The March of Folly from Troy to Vietnam* (New York: Ballantine Books, 1984): 35-50。关于特洛伊和现代文化，见 Johannes Haubold, "Wars of *Wissenschaft*: the New Quest for Troy," *International Journal of the Classical Tradition* 8.4 (Spring 2002): 564-579；Barry Strauss, "Why Is Troy Still Burning?" Historically Speaking: The Bulletin of the History Society, 8:1 (September-October 2006: 18-20; Martin M. Winkler, ed., *Troy, From Homer's Iliad to Hollywood's Epic* (Oxford: Blackwell Publishing, 2007)。

特洛伊和考古学

特洛伊的首次发掘工作是 1871~1891 年在海因里希·施里曼（Heinrich Schliemann）和威尔海姆·多普菲尔德（Wilhelm Dörpfeld）的带领下展开的，卡尔·W.布雷根（Carl W. Blegen）则于 1932~1938 年进行了第二次发掘工作。1988 年，特洛伊的发掘工作在中断 5 年后终于再次开始，早些年在距贝斯克海湾 5 英里处曾进行发掘。这次新的发掘工作由斯特·珀尼卡（Ernst Pernick）指导，从已故的曼弗雷德·考夫曼（Manfred Korfmann）手中接过这项任务，与布莱恩·罗斯（Brian Rose）携手合作。除了这些考古学家外，考古队成员中还有人类学家、艺术史学家、化学家、电脑科学家、铭文学家、地理学家、赫梯专家、荷马专家、古代植物生命研究者（考古生物学家）等。有关"特洛伊工程"（Project Troia）的报告、在特洛伊持续进行的发掘，还有关于特洛伊和特洛阿德考古的文章，都可以在自1991年即开始发行的学术年刊 *Studia Troica* 中找到。其中的文章以英语或德语的形式呈现，无论使用哪种语言都会有一个简短的双语总结。自1998年起，这份考古年刊以双语形式发行；早期报告以德语写成，附有英语总结。英语的新闻、参考书目和其他有价值的信息可以在 http://www.uni-tuebingen.de/troia/eng/index.html 上找到。一份2003年的特洛伊考古报告，见 http://www.uni-tuebingen.de/troia/eng/workshop_report.pdf。对考古发掘和其对历史学家的意义的介绍，可见 Latacz, *Troy and Homer*, 15–100。

这些考古学家写了一本考古遗址指南，可以找到英文版本，见曼弗雷德·考夫曼和迪特里希·曼斯伯格（Dietrich Mannsperger）所著的 *Troia/Wilusa: Overview and Official Tour* (Istanbul: Ege Yayınları, 2005)，在土耳其以外的国家依然很难得到。在德国，有一本可读性和可信度非常高的入门读物，书中有精美彩图、假想的特洛伊城市复原图，即 Birgit Brandau, Hartmut Schckert 和 Peter Jablonka 的 *Troia wie es wirklich Aussah* (Munich: Piper, 2004)。"特洛伊工程"里具有创新性（和争议性）的一点是用电脑建模来重建假想的特洛伊，可见 http://www.uni-tuebingen.de/troia/vr/index_en.html。2001年，一个博物馆的配有大量插图的展品目录包括一篇关于特洛伊的介绍性文章（德语），涉猎颇广，由一些顶尖学者完成：M. Korfmann, et al., *Troia: Traum und*

Wirklichkeit (Stuttgart: Theiss Verlag, 2001)。两份关于特洛伊的安纳托利亚特点的重要声明，见 Manfred Korfmann, "Troia, An Ancient Anatolian Palatial and Trading Center," *Classical World* 91.5 (1998): 369–385 和 F. Starke, "Troia im Kontext des historisch-politischen und sprachlichen Umfeldes Kleinasiens im 2," *Studia Troica* 7 (1997): 447–487。

关于在特洛伊发现的双凸面印章，见 J. David Hawkins and Donald F. Easton, "A Hieroglyphic Seal from Troy," *Studia Troia* 6 (1996): 111–118。关于青铜小雕塑，见 M. Korfmann, "Ausgrabungen 1995," *Studia Troica* 6 (1996): 34, 36; Machteld J. Mellink and Donna Strahan, "The Bronze Figurine from Troia Level Ⅶ a," *Studia Troica* 8 (1998) 141–149。关于特洛伊大门外刻有文字图案的石碑，见 Manfred Korfmann, "Stelen vor den Toren Troias, Apaliunas-Apollon in Truisa/Wilusa?" in Güven Arsebük, Machteld J. Mellink, and Wulf Schirmer, eds., *Light on Top of the Black Hill, Studies Presented to Halet Çambel* (Istanbul: Ege Yayınları, 1998) pp.471–478。一个刻字银碗可能证明某位赫梯国王打败过特洛伊，或许是早期的某一位，但准确身份仍然存有争议，见 J. David Hawkins, "A Hieroglyphic Inscription on a Silver Bowl," *Studia Troica* 15 (2005): 193–204。

关于特洛阿德，也即特洛伊所在区域的介绍，考虑到荷马专家的学术研究和新近的考古发现，见 J. V. Luce, *Celebrating Homer's Landscapes: Troy and Ithaca Revisited* (New Haven: Yale University Press, 1999), 21–64; Cook, *The Troad: An Archaeological and Topographical Survey* (Oxford:

Clarendon Press, 1973)，尽管现在看可能有点过时，但内容依然十分详细周密。对贝斯克海湾（特洛伊海港）旁进行的一次十分细致的考古研究，包括大片墓地，见 Maureen A. Basedow, *Besik Tepe. Das spätbronzezeitliche Gräberfeld.* (Munich: Verlag Philipp von Zabern, 2000)。刻有笑脸的迈锡尼样式的印石，就是在这片港区挖掘出的，见 Ingo Pini, "Zu den Siegeln aus der Beşik-Necropole," *Studia Troica* 2 (1992): 157-164, esp. 157-158。Rüstem Aslan and Gerhard Bieg with Peter Jablonka and Petra Krönneck, "Die Mittel- Bis Spätbronzezeitliche Besiedlung (Troia Ⅵ und Troia Ⅶ a) der Troas under der Gelibolu-Halbinsel, Ein Überblick," *Studia Troica* 13 (2003): 165-213，是对青铜时代中期和晚期特洛伊城外的特洛阿德地区进行考古研究的一项十分重要的调查。在这片地区发现的令人非常感兴趣的生态学和地质学信息，见 G. A. Wagner, Ernst Pernicka, and Hans-Peter Uerpmann, *Troia and the Troad: Scientific Approaches* (New York: Springer, 2003)。对于荷马史诗中船舶驻地的争论，见 J. C. Kraft, "Harbor Areas at Ancient Troy: Sedimentology and Geomorphology Complement Homer's *Iliad*," *Geological Society of America* 31 No.2 (2003): 163-166。植物学家马丁·里克斯（Martin Rix）为我们提供了伊达山植物的相关知识，见 "Wild About Ida: the Glorious Flora of Kaz Dagi and the Vale of Troy", *Cornucopia* 5.26 (2002): 58-75。

关于特洛阿德化石的一场讨论，见 A. Mayor, *The First Fossil Hunters* (Princeton: Princeton University Press, 2000)。关于达达尼尔海峡和其对特洛伊繁荣的影响，见 J. Neumann,

"Number of Days that Black Sea Bound Sailing Ships Were Delayed by Winds at the Entrance to the Dardanelles Near Troy's Site," *Studia Troica* (1991): 93–100。

　　极少数学者并不承认"特洛伊工程"所得出的结论；他们怀疑发现的是真正的下城区，特洛伊是一个大型商业中心，它和维鲁萨就是同一个城市——甚至还有部分学者认为希沙利克和特洛伊紧密相关，就连施里曼也认为这二者需要综合考虑。影响较大的怀疑论派学者有古代史学家兰克·科尔布（Frank Kolb）和考古学家迪特尔·赫特尔，还有一些赫梯专家、古代近东专家、古代史学家和考古学家也加入了他们的阵营。英文版本见 Frank Kolb, "Troy Ⅵ: A Trading Center and Commercial City?" *American Journal of Archaeology* 108 No.4 (2004): 577–613; D. Hertel and Frank Kolb, "Troy in Clearer Perspective," *Anatolian Studies* 53 (2003): 71–88。克里斯托弗·乌尔夫编辑了一批主要是批判这部分考古学家结论的文章（德语），见 *Der neue Streit um Troia, Eine Bilanz* (Munich: C. H. Beck Verlag, 2003)。

　　但这些批评大部分得到了相当有说服力的回应，见 D. F. Easton, J. D. Hawkins, A. G. Sherratt, E. S. Sherratt, "Troy in Recent Perspective," *Anatolian Studies* (2002); P. Jablonka and C. B. Rose, "Late Bronze Age Troy: A Response to Frank Kolb," *American Journal of Archaeology* 108 No.4 (2004): 615–630。2006 年新发现了一部分非常重要的下城区防御壕沟，为他们的理论提供了更加坚实的后盾：http://www.uni-tuebingen.de/uni/qvo/pm/pm2006/pm-06-128.html。现在还不清楚维鲁萨是否就是特洛伊，也不清楚

赫梯文献中的阿希亚瓦人是否就是荷马笔下的阿开奥斯，也就是我们说的希腊人，但这两个结论都很相似。青铜时代晚期爱琴海地区和黑海地区有贸易往来的证据，比怀疑论派承认的还要更加令人信服，尽管这需要进行更多调查研究，见 Olaf Höckmann, "Zu Früher Seefahrt in den Meerengen," *Studia Troica* 13 (2003): 133–60。

1932~1938 年辛辛那提大学在特洛伊的考古发现成果，见 Carl W. Blegen, John L. Caskey, and Marion Rawson, *Troy; Excavations Conducted by the University of Cincinnati, 1932–1938* (Princeton: Princeton University Press, 1950–1953)，同时也在三部专题著作中发表（1951~1963）。布雷根将他的研究成果浓缩在 *Troy and the Trojans* (New York: Praeger, 1963)。威尔海姆·多普菲尔德（Wilhelm Dörpfeld）在特洛伊的考古成果则在一本英语书中有所描述，见 Herbert Cushing Tolman, *Mycenaean Troy* (1903)。令施里曼成名的特洛伊考古发掘始于 1871 年，并出版了他具有先导性的考古成果，分为两卷：*Ilios* (1881) 和 *Troja* (1884)。

荷马史诗

大部分读者接触到的是荷马史诗的译本。尽管它们并不能替代希腊文原版的位置，但许多优秀的译本很容易到手。本书使用了亚历山大·蒲柏 1720 年《伊利亚特》和 1725~1726 年《奥德赛》的庄严精确的译本，以英雄双韵体的形式来表现荷马史诗。最近的译本中，有两本非常杰出的《伊利亚特》正式译本，即 Richmond Lattimore, *The Iliad of Homer* (Chicago: University of Chicago Press, 1951) 和 Robert Fagles, *The Iliad/Homer*

(New York: Penguin Books, 1991)，而且后者的《奥德赛》译本的文字尤为优美：*Odyssey/Homer* (New York: Penguin Books, 1996)。以平实文字翻译出的荷马史诗中，相当出彩的是 Stanley Lombardo, *Iliad/Homer* and *Odyssey/ Homer* (Indianapolis: Hackett Publishing Company, Inc., 2000)。

要认真研究荷马史诗，必不可少的是一本六卷的学术性评论著作：G. S. Kirk, Mark W. Edwards, Richard Janko, J. B. Hainsworth, and N. J. Richardson, *The Iliad: A Commentary* (Cambridge: Cambridge University Press, 1985-93)。关于《奥德赛》第1~16卷的英语学术性评论，见 A. W. Heubeck, Stephanie & J. B. Hainsworth, *A Commentary on Homer's Odyssey* (Oxford: Clarendon Press, 1990)。关于为数不多还幸存于世的希腊史诗集成中的诗歌，见 M. Davies, *The Epic Cycle* (Bristol: Bristol Classical Press, 1989)。有一部书也是有用的，见 M. P. O. Morford and Robert J. Lenardon, *Classical Mythology* (New York: Longman, 1971)。

有关荷马史诗的学术性书刊和文章数不胜数。比较好的入门图书是：Barry Powell, *Homer* (Malden, Mass.: Blackwell, 2004) or Mark W. Edwards, *Homer, Poet of the Iliad* (Baltimore: Johns Hopkins University Press, 1987)，而关于从诗歌格律到战争经历等的专业文章，则见 Ian Morris and Barry Powell, eds., *A New Companion to Homer* (London: Brill, 1997)。关于各种相关事件的重要文章，可见 Jane B. Carter and Sarah P. Morris, eds., *The Ages of Homer: A Tribute to Emily Townsend Vermeule* (Austin: University of Texas Press, 1995)。关于吟游诗人荷马的入门图书，见 A. B. Lord, *The Singer of*

Tales (Harvard: Cambridge University Press, 1960)。还有其他非常有价值的著作，Gregory G. Nagy, *The Best of the Achaeans* (Baltimore: The Johns Hopkins University Press, 1999)。

要了解古代近东对荷马史诗的影响，见 M. L. West, *The East Face of Helicon* (Oxford: Clarendon Press, 1997)，Webster, *From Mycenae to Homer*, 27−64; Walter Burkert, *The Orientalizing Revolution: Near Eastern Influence on Greek Culture in the Early Archaic Age*, trans. Margret E. Pinder and Walter Burkert (Cambridge, Mass.: Harvard University Press, 1992), 1−6, 88−100。Calvert Watkins 对于荷马史诗可能的特洛伊源头的研究十分具有突破性，见 "The Language of the Trojans," in Mellink, ed., *Troy and the Trojan War*, 45−62; "Homer and Hittite Revisited," in P. Knox, C. Foss, eds., *Festschrift Wendell Claussen* (Stuttgart: Leipzig, 1998), 201−211; "Homer and Hittite Revisited Ⅱ ," in K. Alishan Yener and Harry A. Hoffner Jr., eds., *Recent Developments in Hittite Archaeology and History: Papers in Memoriam of Hans G. Güterbock* (Winona Lake, Ind.: Eisenbrauns，2002), 167 − 176。而关于《伊利亚特》中某些场景、动词形式和明喻的赫梯源头，见 Jaan Puhvel, *Homer and Hittite*, Innsbrucker Beiträge zur Sprachwissenschaft, Vorträge und Kleinere Schriften 47 (Innsbruck: Inst. F. Sprachwiss. D. Univ., 1991)。莫里斯关于希腊和近东艺术和诗歌关系的创新性著作有 *Daidalos and the Origins of Greek Art* (Princeton: Princeton University Press, 1992) 和 "The Sacrifice of Astyanax: Near Eastern Contributions to the

Siege of Troy," in Carter and Morris, eds., *The Ages of Homer*, 221-245。

而关于如荷马这样的早期诗人心态的不同寻常而又具有创新性的见解，见 Elizabeth Wayland Barber and Paul T. Barber, *When They Severed Earth from Sky: How the Human Mind Shapes Myth* (Princeton: Princeton University Press, 2004)。

关于战争

尽管荷马在西方文化中地位突出，但是他对战争的描述还是饱受争议，人们对于他的诗篇也是各持己见。关于荷马对战场的描写，约阿希姆·拉塔茨（Joachim Latacz）对此展开了刨根问底式的研究，见于 *Kamfparänese, Kampfdarstellung und Kampfwirklichkeit in der Ilias, bei Kallinos und Tyrtaios* （Munich: Beck, 1997）。拉塔茨十分自信地强调，荷马笔下的激战主要是大规模的战争，而不是单打独斗。他认为与其说荷马是在描述青铜时代的战场，倒不如说他描述的是自己那个时代的希腊战场，即公元前 700 年稍早的那段时期。韦斯（Hans Van Wees）也以敏锐的眼光，对荷马所描写战争的种种（包括抢掠）做了详尽的研究。不过，他还是没有把荷马笔下的青铜时代战场的全部细节都考虑进来。比较有代表性的有：*Status Warriors: War, Violence and Society in Homer and History* (Amsterdam: J. C. Gieben, 1992)，"The Homeric Way of War: The 'Iliad' and the Hoplite Phalanx(I)," *Greece and Rome*, 2nd series, 41:1(1994):1–18 和 "The Homeric Way of War: The 'Iliad' and the Hoplite Phalanx(II)," *Greece and Rome*, 2nd series, 41:2(1994):131–55；*Greek Warfare,*

Myths and Realities(London: Duckworth, 2004), 151-65,249-52,290-94。与拉塔茨一样，韦斯（Van Wees）也认为荷马笔下的战争并非发生在青铜时代。他与拉塔茨的不同之处在于，他认为荷马生活于公元前 7 世纪，并对史诗中的决斗信以为真。他重构了荷马式战场，认为这是群体和个人势力的此消彼长，就像新几内亚的战争一样。拉塔茨的重构更有说服力，但对于史诗中一些重要证据，如青铜时代的兵器和铠甲及大规模战斗，他没有给予足够重视。相关辨正，见 Shear, *Tales of Heroes*。正如普里切特（Pritchett）所说，方阵几乎不可能是古风时代希腊的产物，更像是苏美尔人的创造：Pritchett, *Greek State at War*, part 4，pp. 5-22。研究劫掠方面，可见于沃尔特·利夫（Walter Leaf）的 *Troy: A Study in Homeric Geography* (London: Macmillan, 1912)。

范·维斯（Van Wees）和拉夫·加卢奇(Ralph Gallucci)力排众议，认为荷马笔下的马车战术是真实且有历史根据的。参见 Gallucci, "Studies in Homeric Epic Tradition," in Karlene Jones-Bley et al., eds., *Proceedings of the Tenth Annual UCLA Indo-European Conference, Los Angeles 1998*(Washington, D. C.: Institute for the Study of Man, 1999)，165-82。在这篇文章中，Gallucci 还表明青铜时代的亚述人以马来为他们的围攻器械命名，特洛伊木马可能是对此朦胧的、神话了的反映。

怀疑论者会否认青铜时代的战争与荷马史诗存在关联，但其实只有这本书中的前提最具相关性。尽管已出版有 40 年，亚丁（Yigael Yadin）的两卷本著作仍不失为对青铜时代战争的最佳介绍，见 Yigael Yadin, *The Art of Warfare in Biblical*

Lands in the Light of Archaeological Discovery (London: Weidenfeld & Nicolson, 1963)。斯提尔曼（Nigel Stillman）和塔利斯（Nigel Tallis）的书也十分有价值，见 Nigel Stillman, Nigel Tallis, *Armies of the Ancient Near East, 3000 B.C. to 539 B.C.* (Worthington, England: Wargames Research Group, 1984)。关于青铜时代战争的优秀而简洁的讨论，见 General Sir John Hackett, ed., *Warfare in the Ancient World* (New York: Facts on File, 1989); Simon Anglim, Phyllis G. Jestice, Rob S. Rice, Scott Rusch, and John Serrati, *Fighting Techniques of the Ancient World 3000 BC-AD 500: Equipment, Combat Skills, and Tactics* (New York: Thomas Dunne Books, 2002)。德鲁斯（Robert Drews）对青铜时代后期的冲突有许多重要而深刻的见解，见 *The End of the Bronze Age: Changes in Warfare and the Catastrophe c. 1200 BC* (Princeton: Princeton University Press, 1993)；但是他关于马车战、步兵的有限作用，以及荷马与迈锡尼社会脱节的理论，都是不具说服力的。哈丁（A. Harding）的文章对于战争和那个时代的文化颇有真知灼见，见 A. Harding "Warfare: A Defining Characteristic of Bronze Age Europe?" in John Carman and Anthony Harding, eds., *Ancient Warfare: Archaeological Perspectives* (Stroud, England: Sutton Publishing, 1999), 157-74。

考古发现、军事建筑和线形文字 B 泥版中有关于青铜时代希腊战争的翔实细节。关于该主题的概览，见 Sarah Monks, "The Aegean," in R. Osgood, Sarah Monks, and Judith Toms, *Bronze Age Warfare* (Phoenix Mill, England: Sutton Publishing,

2000), 115-37。关于第一代线形文字 B 证据的讨论，见 Michael Ventris and John Chadwick, *Documents in Mycenaean Greek*, 2nd edn. (London: Cambridge University Press, 1973)；关于最新证据，见 Thomas G. Palaima, "Mycenaean Militarism from a Textual Perspective: Onomastics in Context: *Lawos, Damos, Klewos*," in *Robert Laffineur ed., Polemos: Le Contexte Guerrier en Égée à l'âge du Bronze*, vol. 2, in *Aegaeum* 19 (1999): 367-80。关于迈锡尼攻防之器，见 Shear, *Tales of Heroes*, 29-60, A. M. Snodgrass, *Arms and Armor of the Greeks* (Ithaca: Cornell University Press, 1967), 14-34。

关于赫梯战争的介绍，见 P. H. J. Houwink ten Cate, "The History of Warfare According to Hittite Sources: The Annals of Hattusilis I (Part II)," *Anatolica* 11 (1984): 47-83; Richard Beal, *The Organisation of the Hittite Military* (Heidelberg: Carl Winter Universitaetsverlag, 1992); R. H. Beal, "Hittite Military Organization," in Sasson, ed., *Civilizations of the Ancient Near East*, vol. 1: 545-554; R.H. Beal, "Le Strutture Militari Ittite di Attaco e di Difesa" [in Italian], M. C. Guidotti and Franca Pecchioli Daddi, eds., *La Battaglia di Qadesh* (Livorno: Sillabe, 2000), 109-21。这些具体的研究也十分重要：Kermal Balkan, *Letter of King Anum-Hirbi of Mama to King Warshama of Kanish* (Ankara: Türk Tarih Kurumu Basimevi, 1957); H. A. Hoffner, "A Hittite Analogue to the David and Goliath Contest of Champions?" *Catholic Biblical Quarterly* 30 (1968): 220-225; Hans G. Güterbock and Theo P. J. Van den Hout, eds., *The Hittite Instruction for the*

Royal Bodyguard, *The Oriental Institute of the University of Chicago*, *Assyriological Studies* No. 24 (Chicago: University of Chicago Press, 1991); G. Beckman, "The Siege of Uršu Text (CTH 7) and Old Hittite Historiography," *Journal of Cuneiform Studies* 47 (1995): 23-32; S. Izre'el and S. Itamar Singer, *The General's Letter from Ugarit* (Tel Aviv: Tel Aviv University, 1990); T. P. J. Van den Hout, "Bellum Iustum, Ius Divinum: Some Thoughts About War and Peace in Hittite Anatolia," in *Grotiana*, *New Series* 12-13 (1991-1992 [1994]): 13-35。

　　埃及新王国战争的记录保存完好。至少从广义上说，它可以反映青铜时代后期的战争。见 Ian Shaw, *Egyptian Warfare and Weapons* (Buckinghamshire, England: Shire Publications Ltd., 1991); A. J. Spalinger, *War in Ancient Egypt* (Oxford: Blackwell Publishing, 1991); Andrea Gnirs, "Ancient Egypt," in Kurt Raaflaub and Nathan Rosenstein, eds., *War and Society in the Ancient and Medieval Worlds, Asia, the Mediterranean, Europe, and Mesoamerica* (Washington, D.C.: Center for Hellenic Studies, 1999), 71-104。还可见 J. K. Hoffmeier, "Military: Materiel," in D. B. Redford, ed., *Oxford Encyclopedia of Ancient Egypt* Ⅱ (New York: Oxford University Press, 2001), 406-412, D. B. Redford, *The Wars in Syria and Palestine of Thutmose* Ⅲ (Leiden: Brill, 2003)。

　　关于青铜时代早期美索不达米亚的战争，见 J. S. Cooper, *Reconstructing History from Ancient Inscriptions: The Lagash-*

Umma Border Conflict, Sources from the Ancient Near East, volume 2, fascicle 1 (Malibu: Undena Publications, 1983)。关于青铜时代中期马里战争的翔实证据，见 J. M. Sasson, *The Military Establishments at Mari, Studia Pohl* (Rome: Pontifical Biblical Institute, 1969), W. Heimpel, *Letters to the King of Mari: A New Translation, with Historical Introduction, Notes, and Commentary* (Winona Lake: Eisenbrauns, 2003)。关于马里的介绍，见 S. Dalley, *Mari and Karana: Two Old Babylonian Cities* (New York: Longman, 1984)。

关于古代近东的对阵，如美吉多战役（公元前 1479 年），见 E. H. Cline, *The Battles of Armageddon* (Ann Arbor: The University of Michigan Press, 2003), 6-28; 卡迭石战役（公元前 1274 年），见 W. J. Murnane, *The Road to Kadesh: A Historical Interpretation of the Battle Reliefs of King Sety I at Karnak* (Chicago: The Oriental Institute of Chicago, 1990), M. Healy, *Qadesh 1300 BC: Clash of the Warrior Kings* (Oxford: Osprey Publishing, 1993)。

关于战车，见 S. Piggott, *Wagon, Chariot, and Carriage: Symbol and Status in the History of Transport* (New York: Thames and Hudson, 1992), Mary Aiken Littauer, Joost H. Crouwel, Peter Raulwing, eds., *Selected Writings on Chariots, Other Early Vehicles, Riding and Harness*, in *Culture & History of the Ancient Near East*, vol. 6 (Brill: Leiden, 2002), Juliet Clutton-Brock, *Horse Power: A History of the Horse and the Donkey in Human Societies* (Cambridge: Harvard University Press, 1992)。

关于青铜时代和荷马式的海军历史，见 S. Wachsmann, *Seagoing Ships and Seamanship in the Bronze Age Levant* (College Station: Texas A & M University Press, 1998); Lionel Casson, *Ships and Seamanship in the Ancient World* (Baltimore: The Johns Hopkins University Press, 1971), 30–35, 38–53, 445–446; Lucien Basch, *Le Musée Imaginaire de la Marine Antique* (Athens: Institut Hellénique pour la Préservation de la Tradition Nautique, 1987), 76–202; Shelley Wachsmann, "The Pylos Rower Tablets Reconsidered," *Tropis V, 5th International Symposium on Ship Construction in Antiquity: Nauplia, 26, 27, 28 August 1993, Proceedings* ed. Harry Tzalas (Nauplion, Greece: Hellenic Institute for the Preservation of Nautical Tradition, 1993), 491–504; T. G. Palaima, "Maritime Matters in the Linear B Tablets," *Thalassa, L'Égée Prehistorique et la Mer, Aegaeum 7* (1991): 273–310; J. Crouwel, "Fighting on Land and Sea in Late Mycenaean Times," *Polemos,* 455–64。关于迈锡尼人在青铜时代晚期制造军舰的讨论，见 Michael Wedde, "War at Sea: the Mycenaean and Early Iron Age Oared Galley," *Polemos le Contexte Guerrier en Égée à l'âge du Bronze Aegaeum 19 vol. II* (1999): 465–478，以及 Michael Wedde, *Towards a Hermeneutics of Aegean Bronze Age Ship Imagery* (Mannheim: Bibliopolis, 2000)。关于埃及海军，见 E. Linder, "Naval Warfare in the El-Amarna Age," in D. J. Blackman, ed., *Marine Archaeology,* Proceedings of the Twentythird [sic] Symposium of the Colston Research

Society Held in the University of Bristol (London: Archon Books, 1973), 317–325; Steve Vinson, *Egyptian Boats and Ships* (Princes Risborough, Buckinghamshire, UK: Shire Publications,1994)。关于青铜时代的船难事件，见 George Bass, "Cape Gelidonya, A Bronze Age Shipwreck," *Transactions of the American Philosophical Society* 57, part 8 (1967), cf. http://ina.tamu.edu/capegelidonya. htm。

特洛伊战争中的卫生条件也是一个不容忽视的重要问题。关于战争中负伤情况和战场上所用药物，见 Christine Salazar, *The Treatment of War Wounds in Greco-Roman Antiquity* (Leiden: Brill, 2000), 126–158; Guido Majno, *The Healing Hand: Man and Wound in the Ancient World* (Cambridge: Harvard University Press, 1975), 142–147; Wolf-Hartmut Friedrich, *Wounding and Death in the Iliad: Homeric Techniques of Description*, trans. Gabriele Wright and Peter Jones (London: Duckworth, 2003); R. Arnott, "War Wounds and Their treatment in the Aegean Bronze Age," *Aegaeum, Polemos le Contexte Guerrier en Égée à l'âge du Bronze* **II** (1999):499–506。关于疟疾的十分重要的信息，见 Robert Sallares, *Malaria and Rome: A History of Malaria in Ancient Italy* (Oxford: Oxford University Press, 2002)。关于《伊利亚特》中对战争压力的深入讨论，见 J. Shay, *Achilles in Vietnam* (New York: Maxwell Macmillan International, 1994)。关于史诗中毒药的研究，见 A. Mayor, *Greek Fire, Poison Arrows & Scorpion Bombs* (Woodstock: The Overlook Press, Peter Mayer Publishers, Inc., 2003)。

关于亚马孙人，见 J. H. Blok, *The Early Amazons: Modern and Ancient Perspectives on a Persistent Myth* (Leiden: Brill, 1995); Lyn Webster Wilde, *On the Trail of the Women Warriors: The Amazons in Myth and History* (New York: Thomas Dunne Books, 2000); Jeanine Kimball-Davis, *Warrior Women: An Archaeologist' s Search for History's Hidden Heroines* (New York: Warner Books, 2002); Renate Rolle, *World of the Scythians*, trans. F. G. Walls (Berkeley: University of California Press, 1989); the Center for the Study of Eurasian Nomads, http://www.csen.org/。关于达荷美女战士，见 Stanley B. Alpern, *Amazons of Black Sparta: The Women Warriors of Dahomey* (New York: New York University Press, 1998), Robert B. Edgerton, *Warrior Women: The Amazons of Dahomey and the Nature of War* (Boulder, Colo.: Westview Press, 2000)。关于女弓箭手多是亚马孙人（或许只是男弓箭手乔装成女性），而且遵循赫梯仪式，见 Watkins, "The Language of the Trojans," in Mellink, ed., *Troy and the Trojan War*, 53, 55。

战争和宗教总是形影不离。有关青铜时代安纳托利亚的宗教背景及其在荷马史诗中的体现，见 Christopher Faraone, *Talismans and Trojan Horses* (Oxford: Oxford University Press, 1992)。关于对古代安纳托利亚信仰的介绍，见 M. Popko, *Religions of Asia Minor* (Warsaw: Academic Publications, 1995); 关于卢维人的信仰，见 Manfred Hutter, "Aspects of Luwian Religion," in H. Craig Melchert, ed., *The Luwians*, Handbuch der Orientalistik vol. 68 (Leiden:

Brill, 2003), 211-80。下面的著作对迈锡尼信仰也多有涉及。

关于迈锡尼人

关于该主题的诸多优秀且可读性强的介绍之一, 见 John Chadwick, *The Mycenaean World* (Cambridge: Cambridge University Press, 1976), W. D. Taylour, *The Mycenaeans,* 2nd edition (London: Thames & Hudson, 1983)。更具体和学术性的介绍可见 O. Dickinson, *The Aegean Bronze Age* (Cambridge: Cambridge University Press, 1994)。

对最近发现考古遗存的学术研究, 见 C. W. Shelmerdine, "Review of Aegean Prehistory Ⅵ: The Palatial Bronze Age of the Southern and Central Greek Mainland," *American Journal of Archaeology* 101, No.3 (1997): 537-585, reprinted with an addendum on the period 1997-1999 in Tracey Cullen, ed., *Aegean Prehistory: A Review,* Supplement 1 to *American Journal of Archaeology* (Boston: Archaeological Institute of America, 2001):329-82。关于迈锡尼最重要的遗址的简要介绍, 见 Elizabeth French, *Mycenae, Agamemnon's Capital: The Site in Its Setting* (Charleston: Tempus, 2004)。关于佩拉那的考古发现和传说中墨涅拉俄斯与海伦的宫殿, 见 Theodore G. Spyropoulos, "The Palace of Menelaus and Helen in Mycenaean Lacedaemon," *Aeropos* 54 (March-April 2004): 4-15。宫殿的一个稍早的候选地是特拉波涅 (Therapne) 的一处遗址, 见 Hughes, *Helen of Troy,* 29-33。

关于线性文字 B 文书，见 Ventris and Chadwick, *Documents in Mycenaean Greek,* (above) and J. T. Hooker, *Linear B: An Introduction* (London: Bristol Classical Press,1980)。关于学术研究激动人心的故事，见 John Chadwick, *The Decipherment of Linear B*, 2nd edn. (London: Cambridge University Press,1967)。

关于迈锡尼人的，特别是基于线形文字 B 文书的早期学术研究，认为青铜时代后期的希腊王国是集权的，存在官僚机器，与《伊利亚特》中所见腐朽无能的首领的权威截然不同。见 D. B. Small, "Surviving the Collapse: The Oikos and Structural Continuity Between Late Bronze Age and Later Greece," in Michael Galaty and William A. Parkinson, eds., *Rethinking Mycenaean Palaces* (Los Angeles: The Cotsen Institute of Archaeolgy at UCLA, 1999), 283–291; I. M. Shear, *Kingship in the Mycenaean World and Its Reflections in the Oral Tradition* (Philadelphia: INSTAP Academic Press, 2004)。关于线形文字 B 文书和迈锡尼军事，见 Palaima, "Mycenaen Militarism"。

关于安纳托利亚对迈锡尼文化和社会产生的影响，见 S. Morris, "Potnia Aswiya: Anatolian Contributions to Greek Religion," *Potnia: Deities and Religion in the Aegean Bronze Age,* in *Aegaeum* 22 (2001): 423–434; T. R. Bryce, "Anatolian Scribes in Mycenaean Greece," *Historia* XLVIII /3 (1999): 257–64。

关于埃及图特王军中可能有迈锡尼雇佣兵，见 R. Parkinson and Louise Schofield, "Images of Mycenaeans: A Recently

Acquired Painted Papyrus from El-Amarna," in W. Vivian Davies and Louise Schofeld, eds., *Egypt, the Aegean and the Levant – Interconnections in the Second Millennium BC* (London: British Museum Press, 1995), 125–26。

关于迈锡尼珠宝，见 Eleni M. Konstantinidi, *Jewellery Revealed in the Burial Contexts of the Greek Bronze Age* (Oxford: J. & E. Hedges, distributed by Hadrian Books, 2001)，以及 http://www.fhw.gr/chronos/02/mainland/en/mg/technology/index.html。

关于迈锡尼饮食和香料，见 Y. Tzedakis, H. Martlew, *Minoans and Mycenaeans: Flavors of Their Time* (Athens: Production Kapon Editions, 1999), Cynthia W. Shelmerdine, *The Perfume Industry of Mycenaean Pylos* (Göteborg, Sweden: P. Åström, 1985)。关于米诺斯时期克里特岛活人祭祀的可能性，见 J. A. Sakellarakis and S. E. Sapouna, *Archanes* (Athens: Ekdotike Athenon S.A., 1991)。

关于赫梯人与其他安纳托利亚人

关于古代安纳托利亚地区人与自然的关系，见 J. Yaker, *Ethnoarchaeology of Anatolia* (Jerusalem: Graphit Press, 2000)。关于动物，见 Billie Jean Collins, ed., *A History of the Animal World in the Ancient Near East* (Leiden: Brill, 2002)。关于土耳其考古遗址的介绍，见 Ekrem Akurgal, *Ancient Civilizations and Ruins of Turkey* (Turkey: Guzel Sanatlar Matbaasi A.S., 2001)。这本书具有重要参考价值：Bernard McDonagh, *Blue Guide: Turkey* 3rd edn. (New York: W. W. Norton, 2001)。

乌马尔（Bilge Umar）著有许多土耳其历史地理相关书籍。要想了解土耳其人，一定要看看 *Türkiye'deki Tarihsel Anıtlar* (Istanbul: Inkılâp Kitabevi, 1995) 中的图片。

关于赫梯人，这里有非常棒的介绍，见 Trevor Bryce, *Kingdom of the Hittites*, new edition (Oxford: Clarendon Press, 2006), *Life and Society in the Hittite World*, new edition (Oxford: Oxford University Press, 2004); J. G. MacQueen, *The Hittites and Their Contemporaries in Asia Minor* rev. ed. (London: Thames & Hudson, 1986); Several articles in Sasson, ed., *Civilizations of the Ancient Near East*; O. Tashin, *Die Hethiter und ihr Reich: das Volk der 1000 Götter* (Stuttgart: Theiss Verlag, 2002 [in German]) ; 哈图沙发掘者提供的向导，J. Seeher, *Hattusha Guide: A Day in the Hittite Capital*, rev. edn. (Istanbul: Ege Yayinlari, 2002)。关于哈图沙毁灭的新理论，见 J. Seeher, "Die Zerstörung der Stadt Hattuša," *Akten der Ⅳ. Internationalen Kongresse für Hethitologie* (Wiesbaden: 2001), 623–634。H. A. Hoffner, "Daily Life among the Hittites," R. E. Averbeck, Mark W. Chavalas, David B. Weisberg, eds., *Life and Culture in the Ancient Near East* (Bethesda: CDL Press, 2003): 95-120 是一篇出色的综述。近期的重要论文见 K. Alishan Yener and Harry A. Hoffner Jr., eds., *Recent Developments in Hittite Archaeology and History: Papers in Memoriam of Hans G. Güterbock* (Winona Lake: Eisenbrauns, 2003)。这些专著很有参考价值，见 Gary Beckman, *Hittite Diplomatic Texts*, 2nd edn. (Atlanta: Scholars Press, 1999); I. Singer,

Hittite Prayers (Leiden: Brill, 2002); Harry A. Hoffner, Jr., *The Laws of the Hittites: A Critical Edition* (Leiden: Brill, 1997); *Idem*, *Hittite Myths* (Atlanta: Scholars Press, 1998)。关于赫梯音乐，见 Stefano de Martino, "Music, Dance, and Processions in Hittite Anatolia," in Sasson, ed., *Civilizations of the Ancient Near East*, vol.4:2668-69。

关于赫梯的邻国和安纳托利亚的政治地理环境，见 H. Craig Melchert, ed., *The Luwians*, Handbuch der Orientalistik vol. 68 (Leiden: Brill, 2003) with important contributions by Trevor Bryce, J. D. Hawkins, Manfred Hutter, and others; J. D. Hawkins, "Tarkasnawa King of Mira" (above); *Idem*, "Anatolia: The End of the Hittite Empire and After," in Eva Andrea Braun-Holzinger and Hartmut Mattha¨us, eds., *Die naho¨stlichen Kulturen und Griechenland an der Wende vom 2. zum 1. Jahrtausend v. Chr.: Kontinuita¨t und Wandel von Strukturen und Mechanismen kultureller Interaktion*, Kolloquium des Sonderforschungsbereiches 295 "Kulturelle und sprachliche Kontakte" der Johannes Gutenberg-Universita¨t Mainz, 11.-12. Dezember 1998 (Mo¨hnesee: Bibliopolis, 2002): 143-151; M. Benzi, "Anatolia and the Eastern Aegean at the Time of the Trojan War," in Franco Montanari and Paola Ascheri, eds., *Omero Tremila Anni Dopo* (Rome: Edizioni di Storia e Letteratura, 2002): 343-409。

特洛伊人究竟使用哪种语言或哪些语言？关于这个仍未回答的问题，见 Watkins and Melchert cited above; 也见 G. Neumann,

"Wie haben die Troer in 13. Jahrhundert gesprochen?" *Würzberger Jahrbücher für die Altertumswissenschaften* 23 (1999): 15–23; Ruggero Stefanini, "Toward a Diachronic Reconstruction of the Linguistic Map of Ancient Anatolia," in S. De Martino and F. Pecchioli Daddi, eds., *Anatolia antica: Studi in Memoria di Fiorella Imparati*, *Eothen* 11 (Florence: Logisma editore, 2002), 783–806; Itamar Singer, "Western Anatolia in the Thirteenth-Century B.C. According to the Hittite Sources," *Anatolian Studies* 33 (1983): 206–17。

关于希腊与安纳托利亚之间的关系，见 H. G. Güterbock, "The Hittites and the Aegean World: Part 1, The Ahhiyawa Problem Reconsidered," *The American Journal of Archaeology* 87, No. 2 (1983): 133–138; M. J. Mellink, "The Hittites and the Aegean World: Part 2, Archaeological Comments on Ahhiyawa-Achaians in Western Anatolia," *American Journal of Archaeology* 87, No.2 (1983): 138–141; E. T. Vermeule, "*Response to Hans Güterbock*," *American Journal of Archaeology* 87, No.2 (1983): 141–143。也见 T. R. Bryce, "Ahhiyawans and Mycenaeans: An Anatolian Viewpoint," *Oxford Journal of Archaeology* 8 (1989): 297–310; T. Bryce, "Relations Between Hatti and Ahhiyawa in the Last Decades of the Bronze Age," in Beckman, Beal, and McMahon, eds., *Hittite Studies* (2003): 59–72; E. Cline, "A Possible Hittite Embargo Against the Mycenaeans," *Historia* 40(1991) 1–9; W. D. Niemeier, "Mycenaeans and Hittites in

War in Western Asia Minor," *Aegaeum, Polemos le Contexte Guerrier en Égee à L'âge du Bronze* 19: Ⅰ － Ⅱ (1999): 141－156; P. H. J. Houwink ten Cate, "Contact Between the Aegean Region and Anatolia in the Second Millennium B.C." (1973), in R. A. Crossland and Ann Birchall, eds., *Bronze Age Migrations in the Aegean: Archaeological and Linguistic Problems in Greek Prehistory* (Park Ridge: Noyes Press, 1974):141－61。

安纳托利亚之外的古代近东

关于埃及新王国的文学选集，见 Miriam Lichtheim, *Ancient Egyptian Literature, A Book of Readings,* vol 2: *The New Kingdom* (Berkeley: University of California Press, 1976)。一篇优秀的历史介绍可见 Donald B. Redford, *Egypt, Canaan, and Israel in Ancient Times* (Princeton: Princeton University Press, 1992)。有价值的参考资料，见 Redford, ed. in chief, *Oxford Encyclopedia of Ancient Egypt* (New York: Oxford University Press, 2001)。这部著作可读性很强，即 P. H. Newby, *Warrior Pharaohs: The Rise and Fall of the Egyptian Empire* (London: Faber and Faber, 1980)。

关于亚述王室碑文，见 A. K. Grayson, *Assyrian Royal Inscriptions,* vol. 1, *From the Beginning to Ashur-resha-ishi* (Wiesbaden: Otto Harrassowitz, 1972), A. K. Grayson, *Assyrian Rulers of the Third and Second Millennia BC (to 1115 BC)* (Toronto: University of Toronto Press, 1987)。关于亚述历史的介绍，见于 H. W. F. Saggs, *The Might That Was Assyria* (London:

Sidgwick & Jackson, 1984)。

关于古代美索不达米亚文献选集，见 B. R. Foster, *Before the Muses: An Anthology of Akkadian Literature* (Bethesda: CDL Press, 2005), A. L. Oppenheim, *Letters from Mesopotamia* (Chicago: University of Chicago Press, 1967)。关于战争和毁灭的两卷美索不达米亚诗歌选集，见 Piotr Michalowski, *The Lamentation over the Destruction of Sumer and Ur* (Winona Lake: Eisenbrauns, 1989), J. S. Cooper, *The Curse of Agade* (Baltimore: Johns Hopkins University Press, 1983)。关于古代美索不达米亚最成功的介绍，见 A. Leo Oppenheim, *Ancient Mesopotamia: Portrait of a Dead Civilization*, Rev. edn. completed by Erica Reiner (Chicago: University of Chicago Press, 1977)；关于更多最新发现，见 Stephen Bertman, *Handbook to Life in Ancient Mesopotamia* (New York: Facts on File, 2003)。Stephanie Dalley 和 A. T. Reyes 探讨了美索不达米亚对青铜时代希腊的影响，见 Stephanie Dalley et al., *The Legacy of Mesopotamia* (Oxford: Oxford University Press, 1998), 85–94。

关于阿马尔奈文书，见 William L. Moran, ed. and trans., *The Amarna Letters* (Baltimore: Johns Hopkins University Press, 1992)。关于这些文书中涉及的对国际关系系统的分析，见 Raymond Cohen and Raymond Westbrook, eds., *Amarna Diplomacy: The Beginnings of International Relations* (Baltimore: Johns Hopkins University Press, 2000)。亦见 T. Bryce, *Letters of the Great Kings of the Ancient Near East* (London: Routledge Taylor and Francis Group, 2003), Mario

Liverani, *International Relations in the Ancient Near East, 1600-1100 B.C.* (New York: Palgrave, 2001)。

关于乌加里特的文献选集，见 Michael David Coogan, *Stories from Ancient Canaan* (Louisville: Westminster John Knox Press, 1978); S. Lackenbacher, *Textes Akkadiens d'Ugarit: Textes Provenants des vingt-cinq Premières Campagnes* (Paris: Les Éditions du Cerf, 2002 [in French])。关于乌加里特和青铜时代迦南的简介，见 Cyrus H. Gordon and Gary Rendsburg, *The Bible and the Ancient Near East* 4th edn. (New York: W. W. Norton & Co., 1998), 82-95。

关于赫梯的"阿拉希亚"（Alashiya）被认为是塞浦路斯，见 Y. Goren, Shlomo Bunimovitz, Israel Finkelstein & Nadav Na'Aman, "The Location of Alashiya," *American Journal of Archaeology* 107 (2003): 233-55。

近年来关于海上民族的最新研究很有参考价值，见 Eliezer D. Oren, ed., *The Sea Peoples and Their World: A Reassessment* (Philadelphia: University of Pennsylvania, 2000)。亦见 Seymour Gitlin, Amihai Mazar, and Ephraim Stern, *Mediterranean Peoples in Transition: Thirteenth to Early Tenth Centuries BCE: In Honor of Professor Trude Dothan* (Jerusalem: Israel Exploration Society, 1998) 中的论文。一部出版时间较久，但是依然有参考价值的著作：N. K. Sandars, *The Sea Peoples: Warriors of the Ancient Mediterranean, 1250-1150 BC* (London: Thames & Hudson, 1978)。

/ 致　谢

由于三大洲的共同帮助，我得以最终完成本书。朱迪斯·杜普蕾、马克·莱文、玛莎·莫格隆斯基、金·麦克奈特、简·帕克和梅瑞狄斯·斯茂慷慨地阅读了初稿，并提出修改意见。我的导师唐纳德·卡根在项目初始就提供了很多宝贵的建议。盖泽尔·科恩为我打开了特洛伊世界的大门；我十分感激他和特洛伊项目的全体人员，尤其是之后的负责人曼弗雷德·考夫曼，还有彼得·雅布隆卡、鲁斯特姆·阿斯拉姆、格哈德·比格。穆斯塔法·阿兹金带我游历特洛阿德；塞尔玛和伊斯肯达尔·阿兹洛格卢接待了我，并带我去伊达山；瑟涵·古恩格是一位非常杰出的导游。艾伦·沃德把我介绍给伊莱亚斯和玛利亚·托玛佐斯，他们带我参加了关于近期佩拉那发掘情况的一个会议，会议由当地社区慷慨举办，在那里我遇到了拉尔夫·加卢茨、马修·迪隆，还有佩拉那考古负责人西奥多·斯皮罗普洛斯，他提供了很多有价值的学术建议。我在康奈尔大学的同事约翰·科尔曼、彼得·库尼霍尔姆、乔恩·帕曼特、海顿·佩里西亚、皮特罗·普奇、亨特·劳林斯、埃里克·莱比拉德、杰弗里·拉斯顿还有詹姆斯·韦恩斯坦分享了他们从修昔底德到安纳托利亚的树木再到美国本土宗教方面的知识。其他帮助过我的学者还有：古恩汉·博莱奇、保罗·卡特里奇、埃里克·科林、彼得·多曼、伊丽莎白·S.格林、维克多·戴维斯·汉森、西蒙·西里尔、约翰·李、约瑟夫·曼宁、米歇尔·马斯基尔、阿德里安·梅厄、约西亚·奥柏、乔弗里·帕克、斯蒂芬·拉登兹、卡特琳娜·扎卡里亚斯。苏珊·朗在文书和逻辑方面提供了极大帮助。伊丽莎白·谢德负责拍摄研究照片，苏珊·迪克逊设计并建立了我的网站。

　　我还要感谢戴安·巴塞罗、妮娜·巴克莱、斯蒂芬·布鲁姆、苏珊·博歇、马提亚斯·西斯列克、席勒·西林吉尔奥卢、罗伯特·A.格拉汉姆、帕沃尔·尼拉、艾莉森·明顿、凯文·鲁尼、比尔·帕特森、拉比·艾利·西博施坦恩、塞维姆·卡拉比伊克·托科塔、斯南·尤乌尔、斯蒂芬·怀特、查雅·丽芙卡·佐林斯基。

　　康奈尔大学历史系同意我离校著书。我十分感谢康奈尔大学的古典学系，还有康奈尔大学约翰·M.奥林图书馆的全体员工。无论是过去还是现在，无论是在康奈尔还是别处，我都因为学生对我的鼓舞和支持而欠他们良多。

　　希腊和土耳其人民一如既往地慷慨大方。

　　我非常感激我在西蒙和舒斯特出版社的编辑罗伯特·班德。本书的每一页都包含他的建议。我也要感谢他的助手乔安娜·李。我也十分感谢我在哈钦森的编辑保罗·西德，感谢他对手稿全面、精辟而又十分实用的审读。我还要感谢他的助手蒂凡尼·斯坦菲尔德。没有霍华德·默海姆这位最好的作品经纪人、顾问和朋友，本书不会出版。

　　我也欠我的家人许多。我的母亲一直在鼓励我，记忆中已故的父亲也是如此。我的妻子玛莎还有女儿希尔薇和儿子迈克尔的支持和喜爱，让本书的历程最后没有变成"马拉松"，而是成为"奥德赛"。无论是自小陪我长大的兄弟姐妹，还是婚后的妯娌连襟，都是我最棒的朋友，而我现在要把本书献给他们。

图书在版编目（CIP）数据

特洛伊战争：旧史新解 / (美) 巴里·施特劳斯
(Barry Strauss) 著；王舒琴，杜萍译. -- 北京：社
会科学文献出版社，2020.9
　　书名原文: The Trojan War: A New History
　　ISBN 978-7-5201-5372-0

　　Ⅰ.①特⋯　Ⅱ.①巴⋯　②王⋯　③杜⋯　Ⅲ.①特洛伊
战争-研究　Ⅳ.①K125

　　中国版本图书馆CIP数据核字（2019）第263226号

特洛伊战争：旧史新解

著　　者 / 〔美〕巴里·施特劳斯（Barry Strauss）
译　　者 / 王舒琴　杜　萍

出 版 人 / 谢寿光
组稿编辑 / 段其刚
责任编辑 / 周方茹
文稿编辑 / 肖世伟

出　　版 / 社会科学文献出版社·联合出版中心（010）59367151
　　　　　　地址：北京市北三环中路甲29号院华龙大厦　邮编：100029
　　　　　　网址：www.ssap.com.cn
发　　行 / 市场营销中心（010）59367081　59367083
印　　装 / 北京盛通印刷股份有限公司

规　　格 / 开　本：787mm×1092mm　1/16
　　　　　　印　张：20.25　插　页：2.25　字　数：246千字
版　　次 / 2020年9月第1版　2020年9月第1次印刷
书　　号 / ISBN 978-7-5201-5372-0
著作权合同
登 记 号 / 图字01-2019-3632号
定　　价 / 76.00元